다문화 인문학 총서 03
문학으로 다문화 사회 읽기

문학으로
다문화 사회 읽기

김영순

신동흔

나수호

이성희

오정미

윤여탁

최현식

류수연

다문화
인문학
총서03

다문화 인문학 총서 03

문학으로 다문화 사회 읽기

서문　◦07

총론
문화기호학과 연민의 문학 텍스트　◦14

1부 고전 문학으로 읽는 다문화 사회

1장
설화 구술을 통해 본 문화 주체로서의 이주민　◦54

2장
다문화 사회에서의 정체성과 구비 문학　◦100

3장
신데렐라 스토리를 통한 다문화 교육　◦138

4장
다문화 동화로서의 아시아 전래 동화　◦162

2부 현대 문학으로 읽는 다문화 사회

1장
다문화 문학과 문학 교육: 다수자를 대상으로 하는 다문화 교육　◦190

2장
타자들을 향한 연민과 연대의 시학: 정지용과 윤동주의 동시童詩　◦215

3장
'우리'의 확장, 한국 소설과 다문화적 풍경들　◦253

참고 문헌　◦283
찾아보기　◦298

서문
: 별을 노래하는 마음으로

별을 노래하는 마음으로 서문을 적는다.

어두운 밤에 별이 더욱 빛난다. 우리도 이 현상을 알고 있지만 이를 아름답게 표현하는 일은 오로지 시인에게 맡겨진 듯하다. 별을 노래한 주옥같은 우리나라 시가 별만큼 많다.

가장 먼저 윤동주의 「별 헤는 밤」이, 이어서 김광섭의 「저녁에」가 떠오른다. "저렇게 많은 별 중에서/별 하나가 나를 내려다본다/이렇게 많은 사람 중에서/그 별 하나를 쳐다본다//밤이 깊을수록/별은 밝음 속에 사라지고/나는 어둠 속에 사라진다//이렇게 정다운/너 하나 나 하나는/어디서 무엇이 되어/다시 만나랴."

시는 각박한 우리 마음을 영롱하게 만든다. 시를 포함한 모든 문학은 우리를 상상하게 한다. 문학은 언어를 예술적 표현의 제재로 삼아 새로운 의미를 창조한다. 더불어 인간과 사회를 진실되게 묘사하는 예술의 한 분야다. 어떻게 보면 문학은 언어를 통해 인간의 삶을 미적으로 형상화한 것인 셈이다.

우리는 이제껏 제대로 경험하지 못한 다양성의 도전을 맞이하고 있다. 세계화는 우리 사회에 '다문화 사회'라는 새로운 세상을 열어놓는다. 다문화 사회는 민족이나 인종, 문화적으로 다원화된 사회를 말한다. 또한 한 국가나 사회 속에 여러 다른 생활 양식이 존재한다는 것을 의미한다. 그래서 다문화 사회에서는 다양한 사회적 상호 작용이 일어날 수밖에 없으며 협동적 상호 작용보다는 갈등적 상호 작용이 돋보일 수 있다. 다양성에서 기인한 오해들은 자칫 혐오로 이어질 수 있다.

타자에 대한 오해와 혐오에서 벗어나기 위해 문학 텍스트의 역동에 기대를 걸어본다. 문학 텍스트를 통해 인간은 자신을 세상으로, 세상을 자신의 심연으로 나아갈 수 있게 한다. 나아가 자신을 가둬둔 문화와 다른 문화를 만나도록 한다. 우리는 문학 텍스트를 통해 다른 문화의 가치와 생각을 이해하고 서로의 차이를 존중할 수 있다. 문학 텍스트는 다양성을 확장해주고 다른 문화와의 사이에 다리를 놓아준다. 문학 텍스트는 우리의 삶에 풍요로움을 더하며 그 안에는 열정과 사랑, 아픔과 희망, 연민의 기호들이 담겨 있다. 그래서 문학 텍스트는 우리를 웃게도, 울게도 하며 우리에게 희망을 만들어주기도 한다. 무엇보다 문학 텍스트는 기쁨, 슬픔, 사랑 등 감정의 꽃을 피워 문화와의 대화를 이어가도록 해준다.

이런 맥락에서 인하대학교 다문화융합연구소에서는 다문화 사회에 문학이 어떻게 관여하는가에 대한 이야기를 시민과 나누기 위해 시민 인문학 강좌를 열었다. 이 책은 이 강좌에 초대된 강연자들의 글을 총서로 엮은 것이다.

이 책은 총론, 1부「고전 문학으로 읽는 다문화 사회」, 2부「현대 문학으로 읽는 다문화 사회」로 구성된다.

총론 '문화기호학과 연민의 문학 텍스트'는 문학과 문화의 관계를 기술하면서 글을 시작한다. 특히 문학을 기호로 엮인 텍스트로 간주하고 이를 문화기호학으로 설명하였다. 문화기호학은 한 사회의 상징 형식들이 그 사회의 문화를 규명하는 논제를 다루는 학문 영역이다. 이 글에서는 연민의 문학 텍스트를 통해 문화기호적 역동성과 세계 시민 교육에 관한 함의를 기술하였다. 나아가 연민의 감정이 어떻게 문화기호학적으로 작동하는지도 살펴보았다.

1부「고전 문학으로 읽는 다문화 사회」에는 글 네 편을 배치하였다.

1장 '설화 구술을 통해 본 문화 주체로서의 이주민'에서는 문화 다양성의 인정과 구현이 밑바탕으로부터 우러난 진정한 체험적 공감에서 성취된다고 이야기한다. 이 글에서는 그 문화적 교감의 매개체가 문학적 담화로서의 설화다. 이 글은 만 3년 동안 한국에서 생활하는 이주자들이 구술한 설화를 녹음해서 정리한 DB에 기초한다. 이주민 설화 구술 조사 과정은 쌍방적·다문화적 소통의 장이자 뜻깊은 연대의 장이었다. 모국의 설화를 구술하는 이주민들은 문화 주체자였고 이러한 조사 과정은 다문화 감수성과 이해도 증진의 장이었다. 요컨대 설화 구술을 통한 다문화 문식성 발현은 입체적이고 쌍방적인 것으로서 '상호 주체성'이다.

2장 '다문화 사회에서의 정체성과 구비 문학'에서는 지난 몇십 년간 미국을 비롯한 영미권에서 이루어진 다문화주의에 대한 논의나 논쟁, 특히 구비 문학자(혹은 민속학자)의 다문화주의에 대한 견해를 살펴보았다. 그럼으로써 한국 구비 문학에서 다문화주의의 미래, 다문화 사회에서 한국 구비 문학의 미래에 대해 고찰하였다. 필자는 타문화 출신의 한국 사회 구성원을 대상이자 협력자로 삼은 구비 문학 연구가 계속 진행되기를 바라며, 집단의 정체성을 인식하고 가치를 인정하면서 그들의 얼굴에서 한국의 새로운 모습을 발견하기를 희망한다.

3장 '신데렐라 스토리를 통한 다문화 교육'은 신데렐라 이야기가 거의 모든 문화권과 국가에서 전승된다는 점에 주목하였다. 고전으로서 〈콩쥐팥쥐〉와 〈섭한〉의 주제 의식은 현재 우리가 당면한 다문화 상황에 현실적 대안과 혜안을 제공할 수 있다. 낯선 존재, 나와 다른 존재와 어떻게 공감하고 이해하며 어울려 살아가는지에 대한 주제론적 접근은 더 나은 다문화 세계를 구현해나가야 하는 우리에게 또 하나의 새로운 시각을 제공할 수 있을 것이다.

4장 '다문화 동화로서의 아시아 전래 동화'는 아시아계 이주민이 중심인 한국의 다문화 사회를 반영해 다문화 동화로서의 아시아 전래 동화집이 나아갈 방향을 모색하기 위한 글이다. 기존의 다문화 동화가 아시아계 이주민과 다문화 가정의 갈등을 주요 스토리로 삼았다면, 이 글에서는 우리 사회로 이주한 다양한 사람의 문화와 가치관을 소개하고 이해하는 것이 진정한 다문화 동화라고 규정하며 낯선 아시아 설화를 바탕으로 한 아시아 전래 동화집의 개발과 구체적 기획 방안을 모색한다.

2부 「현대 문학으로 읽는 다문화 사회」는 세 장으로 구성하였다.

1장 '다문화 문학과 문학 교육: 다수자를 대상으로 하는 다문화 교육'에서는 문학 작품을 활용하는 다문화 문학 교육을 강조하였다. 다문화 문학 교육은 기본적 목표인 소수자의 언어 교육과 문화 교육을 실천하게 한다. 또한 소수자와 다수자 모두에게 필요한 덕목인 공감하는 능력과 조화롭게 협력하는 인간으로의 성장을 추구하는 인간 교육이라는 궁극적 목표를 실현한다. 그래서 이 글에서는 한국 문학계에 발표된 다문화 문학 작품의 내용을 살펴봄으로써 이러한 문학 작품을 활용하는 다문화 교육의 가능성과 전망을 제시한다.

2장 '타자들을 향한 연민과 연대의 시학: 정지용과 윤동주의 동시童詩'에서는 정지용과 윤동주가 동시에서 표현한 타자들을 향한 연민과 연대의 정에 주목하였다. 두 시인은 동시에서 식민지 현실 속 어린아이들의 견디기 어려운 가난한 현실과 상실의 세계를 날카롭게 드러냈을 뿐 아니라 어리고 약한 타자들을 향한 연민과 연대의 정을 특별히 살뜰하게 표현한다. 두 시인이 살던 시대의 고통스러운 현실은 그 형태와 방법이 달라졌을 뿐 오늘날에도 여전히 지속되고 있다. 이제 한국의 동시는 이주민 아동들의 천진난만함만을 노래할 것이 아니라 점점 깊어지는 한국인과 이주민 사이의 갈등과 균열에도 관심을 돌려야 할 것이다.

3장 "'우리'의 확장, 한국 소설과 다문화적 풍경들'은 이주와 이산을 우리 앞에 다가온 타자와의 새로운 관계 맺기의 출발점으로 제시한다. 또한 이러한 변화의 과정에 대한 문학적 형상화로서 한국 소설이 그려낸 다문화적 풍경들을 되짚는다. 한국 문학은 지금 총체적 위기이자 새로운 도전과 기회의 시대를 맞이하였다. 우리에게는 21세기에 걸맞은 새로운 한국 문학을 정의해야 한다는 새로운 과제가 던져졌다. 그 해답의 실마리는 다문화(주의)와 문화적 정체성에 있다. 바로 이 지점에서 한국 문학, 그중에서도 특히 한국 소설의 역할이 더없이 소중하다.

지금까지 소개한 글 여덟 편은 문학을 통해 다문화 사회를 읽기 위한 제안으로 이해할 수 있다. 이 제안들이 어쩌면 다양성의 '어두운 밤'을 별빛으로 수놓을 수 있을지도 모른다. 다시 별 이야기를 이어가 보자. 이번에는 평생 절친한 친구로서 함께 별을 보다가 죽어서도 나란히 묻힌 미국의 두 여성 천문학자의 이야기다. 그들의 무덤 가운데 세워진 묘비에는 이렇게 적혀 있다. "우리는 별을 너무나 사랑한 나머지 밤을 두려워하지 않게 되었다." 별에 대한 한없는 사랑과 깊은 통찰이 담긴 이 시구는 별을 사랑하는 모든 사람의 심금을 울리는 데 부족함이 없다.

별을 애틋하게 사랑하듯 다른 사회에서 온 이주민들을 사랑할 방법은 무얼까? 이 책에서는 문학 텍스트를 그 가능성으로 감히 설정한다. 애기애타愛己愛他, 즉 나를 사랑하듯 타인을 사랑하기 위해서 우리는 문학의 세계를 탐방해야 한다. 어두운 밤하늘에 펼쳐진 수많은 별을 헤아리듯 말이다.

2025년 봄, 사람들도 봄꽃처럼 돌아오기를 희망하며
저자들을 대표하여 김영순 적음

총론

—

문화기호학과
연민의 문학 텍스트

김영순

—————

인하대학교 대학원 다문화교육학과 교수

1. 문화와 문학의 접점

문학은 인간종만이 지닌 고유의 가치 체계인 문화를 향유하는 일과 새로운 문화를 창조하는 일에 기여한다. 그래서 문학을 '읽어내는 것'은 어떤 개인이나 사회 구조를 이해하고, 그 집단 구성원의 사회화 과정을 파악하는 데 지침을 제공한다. 문학을 읽어내기 위한 기호학적 전제는 문학을 기호로 얽힌 텍스트로 간주해야 한다는 사실이다. 다시 말해 문학 기호를 생산하는 기호 발신자가 자신의 경험과 상상력을 그 사회의 맥락에 연결해 하나의 텍스트로 만들어내는 과정에 아울러 기호 수신자는 발신자가 생산한 텍스트를 읽어내는 수용과 해석의 기호 과정을 수행한다.

필자가 주목하는 지점은 바로 기호 발신자의 경험과 상상력, 그리고 사회적 맥락이다. 한국 사회는 초국적 이주자의 증가로 이전에 경험하지 못한 다양성이 봇물처럼 범람하는 사회에 직면하였다. 따라서 우리 사회에 유통되는 문학 텍스트 역시 다양성을 포괄할 수 있어야 한다. 문화 다양성을 표출한 사회문화 현상이 어떻게 문학 텍스트로 전환되며 이 문학 텍스트를 어떻게 읽어내느냐가 그 사회를 지속 가능하게 하는 지표가 될 것이다.

　이런 문화적 맥락에서 문학 텍스트는 언어의 향연이자 문화 교류의 통로로서 우리의 삶에 깊은 감동을 선사한다. 문학 텍스트는 나와 차이가 있는 개인의 삶을 들여다볼 수 있게 하고 이전에 경험하지 못한 세계로 안내하며 다른 문화와의 접점을 만들어준다. 그 텍스트 속에는 우리의 가슴을 뛰게 하는 다채로운 감정의 기호가 숨어 있다. "나는 그 사람이 아프다."라는 말을 되뇌어보자. 우리 가슴 깊숙이 사랑하는 이를 향한 연민이 용솟음친다. 이 말은 롤랑 바르트Roland Barthes의 『사랑의 단상』에 등장한 '심쿵'할 만한 문학 기호다. 이 문장은 사랑하는 사람을 자신의 신체 일부로 동일화한다. 이 짧막한 문장은 어법이 파괴되어 있지만 사랑의 아픔에 대한 기존의 관조적 공감을 걷어내며, 나와 타자를 향한 절대적 연민의 표현으로 읽힐 수 있다. "나는 그 사람이 아프다."라는 문장은 사랑하는 사람의 영혼을 아파하며 이를 온몸으로 기억해내려는 단 하나의 진실한 문장이다. 현실에서는 불가능한 이야기지만 문학 텍스트이기에 가능하다. 문학은 세계의 불가능과 개인적 인식의 불가능을 뛰어넘는다.

　문학 텍스트를 통해 인간은 비로소 세상과 자신의 한계를 뛰어넘을 수 있다. 나아가 자신을 가둬둔 문화와 다른 문화를 만날 수 있다. 필자는 이런 문학 텍스트의 힘을 믿는다. 그렇기에 문화 다양성에 기호학적으로 접근하는 방법을 모색하고 연민 기호를 품은 문학 텍스트 읽기에 대한 논의를 펼치고자 한다.

2. 문화 다양성의 기호학적 접근

문화 다양성cultural diversity은 언어나 의상, 전통, 사회를 형성하는 방법, 도덕과 종교에 대한 관념, 주변과의 상호 작용 등 특정 문화 공유 집단 간의 문화적 차이를 포괄하는 개념이다. 문화 다양성을 연구하는 주류 학문은 문화인류학 분과다. 문화인류학에서는 문화 다양성의 형성 이유를 인류의 보편성과 특수성을 들어 설명한다. 이를테면 인간이 생존을 위해 먹을 것을 찾고 입을 것을 만들어내는 것은 보편적인 활동이다. 그러나 각각이 처한 자연환경과 인문환경이 지닌 특수성에 따라 이 같은 과제를 해결하는 방식이 달라진다. 이런 특수성에서 문화의 다양성이 파생한다.

그렇지만 통시적diachronic으로 접근하는 일단의 인류학자는 인류의 기원과 관련하여 문화 다양성을 설명한다. 일반적으로 인류는 약 2백만 년 전 아프리카에서 처음 출현했다고 본다. 그로부터 인류는 세계로 퍼져나갔고, 서로 다른 다양한 상황과 지역적 혹은 전지구적 기후의 변화에 성공적으로 적응하였다. 이로써 세계 곳곳에 흩어진 많은 사회는 서로 달라지기 시작하였다. 문화 다양성에 대한 설명적 타당성은 이렇게 마련되었다.

문화 다양성은 생물 다양성과 일면 유사하다고 볼 수 있다. 생물 다양성이 환경에 미치는 영향이 지대한 것과 같이 문화 다양성은 개인이나 집단의 창조적 사고, 사회 발전의 원천으로서 인간에게 반드시 필요한 요소다. 문화 다양성은 모든 인간의 공통 관심사이자 함께 발전시켜야 할 유산이며 과거와 현재, 미래에 변함없이 필요한 산소나 물과 같은 역할을 한다. 문화 다양성을 보존하기 위한 국제적 약속으로 문화다양성협약이 만들어지고, 지속 가능한 발전의 개념에 문화 다양성을 포괄하는 것도 이 때문이다.

　　문화다양성협약의 배경에는 미국 주도의 세계화에 대한 반동적 움직임이 있었다. 이 협약은 프랑스 파리에서 2001년 10월 15일부터 11월 3일까지 열린 제31차 유네스코 정기총회에서 164개 회원국이 세계화로부터 위협 받는 나라와 지역의 문화적 고유성과 다양성을 보호하고 증진하기 위해 채택하였다. 세계 각 나라의 문화적 특성이 상품화되던 시점에 유엔의 문화다양성협약은 특히 문화적 약자인 개발도상국들에 큰 영향을 끼쳤다. 이 협약은 문화적 재화의 독특한 성격을 인정하여 문화상품을 자유 무역 대상에서 제외하는 내용을 포함한다. 문화를 사고파는 형태가 지속될 경우 고유한 문화를 지닌 나라가 그들 문화의 특수성을 잃게 되는 상황이 우려되기 때문이다. 그래서 이 협약은 각국이 문화 정책을 수립할 자주권을 보장하며 문화교류 과정에서 일어날 수 있는 분쟁에 대한 해결 절차를 제시하고 문화 약소국에 대한 지원도 명시한다.

문화 다양성을 이해하는 것이 중요한 이유는 문화가 사람들이 일상생활의 의미를 발견하며 창조해내는 삶의 중심적 영역이며, 즐기고 정치화하는 장이면서 동시에 저항과 투쟁의 조건이기 때문이다. 따라서 문화에 대한 관심은 과거와 현재의 삶을 이해하는 것에서 그치는 것이 아니라 사고방식, 정치적 행위, 생존 전략, 저항의 원천을 실천적으로 제공하기 위한 구체적인 방법론 제시와 연결된다.

유네스코에서는 "사회나 어떤 사회 집단이 지닌 독특한 정신적, 물질적, 지적, 정서적 특징들의 집합, 그리고 예술과 문학 외에도 생활 양식들, 함께 사는 방식들, 가치 체계, 전통, 신념 등을 포괄한다."고 문화의 개념을 밝힌다.(UNESCO, 2001) 즉 문화는 계급, 성별, 연령, 직업 등을 초월하여 사회 구성원으로서 개인과 집단이 살아가는 모든 형태의 다양한 삶의 양식 전체를 포괄하는 것이다. 유네스코는 문화 다양성 이해를 세계 시민 교육과 연계하여 교육의 차원으로 확대하고 있다.

초국적 이주 시대를 맞이하여 다문화 사회와 인권의 개념 재정립이 진행되었고, 문화와 민주주의가 연결되었다. 이와 더불어 서로 다른 사회 사이에서뿐 아니라 사회 내부에서도 '관용'이 강조되었다. 이제는 지역 간, 국가 간 갈등이 아니라 한 국가 내의 문화 다양성 문제가 관심의 초점이 된 것이다. 특히 도시화의 급속한 진전, 소수자의 권리, 다양한 문화적 공동체의 공존 같은 문제가 강조되면서 새로운 경향과 새로운 욕구에 대응할 필요성이 제기되었다. 다문화성에 대한 의문은 사회 내·

외부에서 제기되어, 다문화적 상황 속에 놓인 개인들이나 집단들, 그리고 두 개 이상의 문화 속에 살고 있는 이주민 문제들이 언급되기 시작하였다.

　문화 다양성은 문화의 개념을 내포한다. 기호학적으로 보자면 문화 기호는 기호의 단위에서 포괄적이며 확대된 기호이기도 하다. 문화기호학은 기호학의 한 분야로 문화 기호를 연구하는 학문이다. 기호학이란 '기호'를 연구하는 학문이다. 기호는 '어떤 것'을 참조하도록 지시하는 대상을 뜻한다.(Jakobson, 1975) 기호는 기호를 이해하는 누군가(해석자)가 존재한다는 것을 그 전제로 한다. 기호와 그 기호의 해석자가 존재하는 과정을 기호 과정이라고 한다.(Morris, 1972) 해석자는 기호와 메시지를 해석하며, 무엇인가를 해석하기 위해서는 그와 관련된 상황이 전제된다. 이런 기호, 메시지, 상황과 연결된 다수의 해석자를 기호 체계라고 부른다. 그러므로 기호학은 기호 체계의 틀 내에서 기호 과정에 따른 기호의 기능을 연구하는 학문이다.

　문화를 의미하는 라틴어 'cultura경작, 가공, 교육'는 라틴어 동사 'colere돌보다, 순화하다, 교화하다, 숭배하다'에서 유래한다. 이는 헤르더Herder식의 문화 개념으로 교양의 의미를 담고 있다. 그는 개인과 인류의 자아 교육 과정을 문화라고 정의하였다. 반면에 인류학적 개념의 문화 정의는 타일러(Tylor, 1920)에 의한다. 그는 "문화란 인간이 사회의 구성원으로서 습득할 수 있는 모든 것, 다시 말해 지식, 믿음, 예술, 도덕, 법률, 관습과 습관 등을 포함한다."고 설명하였다. 문화기호학은 타일러의 개념을 바탕으로 하며 카시러Cassirer에 의해 주창되었다. 그는 문화기호학이 '상징 형식'으로서의 기호 체계에 관해 규정된 유형들을 기술하는 것을 목표로 한다고 이야기하였다. 또한 문화기호학은 "한 사회의 상징 형식들이 그 사회의 문화를 규명한다."라는 논제를 다루는 학문 영역이다. 따라서 문화기호학은 문화를 그 연구 대상으로 삼는 기호학의 한 분과에 속한다. 카시러는 다음과 같은 두 가지 과제를 문화기호학의 주된 연구 대상으로 설정하였다.

· 한 문화에 영향을 끼친 기호 체계를 고려하여 그 문화에서 사용하는 기호 체계를 연구한다.
· 한 문화의 구성원들이 개개인에게 영향을 끼친 장단점을 고려하여 문화를 기호 체계로서 연구한다.

세계의 모든 기호 체계를 '기호계記號界'로 본다면 문화기호학은 문화를 기호계의 한 분야로서 연구하며, 다음과 같은 연구 문제들에 대한 해답을 수행한다.(Lotman, 1990; Posner, 2001)

· 한 문화의 기호, 기호 과정, 기호 체계들이 비문화적(자연적) 기호, 기호 과정, 기호 체계들과 어떻게 상이한가?
· 문화적 기호 해석자가 자연적 기호 해석자와 어떻게 구별되는가?
· 한 문화의 정체성과 경계성을 규정짓는 것은 무엇인가?

- 기호계의 틀에서 다양한 문화가 어떻게 서로 관련을 맺고 있는가?
- 문화 변동은 어떻게 이루어지는가?

　문화기호학은 상기 물음에 대한 이론적 토대를 구축하는 데 도움을 주며 세계의 모든 문화를 경험적으로 이해하고 비교·분석할 수 있는 근간을 세운다. 그러나 문화기호학의 접근 방법은 전통적인 정신과학과 사회과학이 지향하는 방법론과는 다르다.(Posner, 1991) 그래서 문화기호학은 학문적으로 이론화될 수 있도록 방법론을 자세히 기술하고자 한다. 19세기 서양에서는 훌륭한 민족이나 종족 또는 계층과 생물의 종에만 제한적으로 문화 개념을 적용했다면, 기호학적 문화 개념은 인간이나 동물, 기계류의 문화 현상을 학문적으로 설명하는 데 기여하고자 노력하였다.

　세계화가 시작되며 전통적인 민족 국가들은 엄청난 압박을 받았다. 오늘날 기술의 발전과 함께 정보와 자본은 지리적 경계를 초월하고 시장, 국가, 시민 간 관계를 재편하고 있다. 특히 대중 매체 산업의 성장은 전 세계의 개인과 사회에 큰 영향을 끼쳤다. 이 증가된 접근성은 어떤 면에서는 유익하지만 사회의 개성에 부정적 영향을 미칠 수 있다. 정보가 전 세계에 매우 쉽게 유통되면서 문화적 의미, 가치, 그리고 취향을 동질화할 위험을 초래하였다. 결과적으로 개인과 사회가 지닌 정체성의 힘은 약해지기 시작했다고 봐도 과언이 아니다. 초국적 이주자들로 말미암아 형성되는 다문화 세계화는 한국 사회에서 지금껏 경험하지 못한 다양한 사회 문화 현상을 만들어낼 수 있으며, 이러한 다문화 사회에서는 모든 사회 구성원에게 문화상대주의적 태도가 요구된다.

문화상대주의는 모든 행동을 그 행위를 한 개인이 속한 문화의 기준에 따라 판단해야 한다는 입장을 말한다. 이런 시각에 따르면 도덕적 행동은 자기 문화의 사회적 규범을 따르는 문제일 뿐 한 문화의 규범에 이의를 제기할 수 있는 더 높은 도덕적 기준은 존재하지 않는다. 문화상대주의를 지지하는 사람들은 그것이 편협함을 방지하고 문화적 다양성을 촉진한다고 주장한다. 그러나 문화상대주의에 대해 논란의 여지가 있는 시사점을 지적하는 비판도 있다. 문화상대주의에서 가장 시급한 논리적 문제 중 하나는 문화 간의 의견 불일치가 불가능함을 암시한다는 점과 모순된 진술 두 개가 동시에 사실일 수 있다는 점이다.

문화상대주의의 논쟁점은 첫째, 사회 규범에는 오류가 없으며 도덕적 이유로 이의를 제기할 수 없다는 생각, 둘째, 인종주의나 성차별 같은 편견을 담고 있더라도 문화가 가진 모든 도덕 규범은 다른 어떤 것과 마찬가지로 받아들여질 수 있다는 생각, 셋째, 문화상대주의의 부족으로 인한 도덕적 진보의 불가능성 등으로 요약된다. 사회의 규범을 판단할 보편적 기준의 논리적 결함 때문에 문화상대주의는 윤리철학자 사이에서 널리 받아들여지지 못하였다. 문화상대주의가 가능해지려면 한 문화의 기호 체계를 이해하는 것이 중요하다. 한 단위의 기호 체계는 기호 과정과 코드, 그리고 기호 작용에 참여하는 기호 발신자와 수신자 사이를 매개하는 매체로 구성된다.

3. 한 문화의 기호 체계: 과정과 코드 그리고 매체

1) 기호 과정

무엇인가가 기호로서 기능하는, 다시 말해 기호로서 해석되는 모든 과정을 기호 과정이라고 부른다.(Posner & Reinecke, 1977) 모든 과정과 마찬가지로 기호 과정도 인과 관계로 구성된다. 기호 과정은 기호 과정끼리도 서로 구분되고 기호 과정에 참여한 특별한 인자들로 인해 여타의 과정과도 구분된다. 기호, 해석자(송신자와 수신자), 기호가 해석자에게 전달하는 메시지, 이 세 가지가 전체적으로 한 단위의 기호 과정에 속한다.

기호를 인식하고 하나의 메시지를 구성하는 해석자의 반응을 '해석소'라고 한다. 예를 들어 '연기rauch'와 같이 자연적으로 생성된 기호가 있다고 하자. 그것을 인식하는 누군가(해석자)는 근처에서 불(지시자)이 났다(메시지)는 것을 추측한다(해석소). 이때 해석자는 수신자의 역할을 담당한다. 그리고 예를 들어 '불fire'이라는 용어처럼 송신자sender가 의도적으로 무엇인가를 전달하려는 기호 과정이 있다. 이때의 '불'이라는 용어는 화자 또는 송신자가 청자 또는 수신자에게 근처에 불이 났다(지시)는 것을 지시하거나, 라이터 불을 달라고(메시지) 하는 요구일 수 있다. 청자는 그러한 메시지로 인해 수신자(화자가 무엇인가를 의도적으로 표현함으로써 믿게 만드는 사람들)나 구경꾼(화자가 무엇인가를 의도적으로 표현했음에도 믿지 않는 사람들) 또는 송신자가 전혀 의식하지 않는 나머지 수신자로서의 기능을 담당한다. 이때 송신자와 수신자, 구경꾼, 그리고 나머지 수신자를 기호 사용자라고 부른다.

송신자와 수신자가 하나의 코드(여기에서는 영어)를 능숙하게 사용하게 되면 상황이 바뀐다고 해도 송신자가 의도하는 방향으로 수신자가 기호를 해석하도록 도와줄 수 있다. 이러한 코드는 기표, 즉 구두로 발음하는 음운론적 형태의 산물인 faiƏr와 기의, 즉 전깃불과 따뜻함, 그리고 에너지를 뜻하는 의미로 구분된다.(Saussure, 1916) 공동으로 사용하는 여타의 코드 역시 송신자와 수신자의 해석 과정(기표와 기의의 구분)의 일부분을 자동적으로 이루어지게 한다. 그러므로 송신자와 수신자는 특수한 상황으로 몰입할 수 있게 된다. 이러한 특수한 상황은 송신자와 수신자가 기표와 기의를 특별한 방법으로 발음하고 이해하도록 돕는다.(Blanke & Posner, 1998) 예를 들어 '연기'를 인식하는 것처럼 복잡한 상황과 결부된 추론 과정은 '불'이라는 표현을 듣는 것과 관계가 있다. 따라서 그러한 추론 과정은 특별한 메시지를 도출한다. 불꽃 없이 연기만 나는 연소, 전깃줄 화재, 황무지 화재, 산림 화재 등을 예로 들 수 있다.

위에서 언급한 두 예(연기와 불)는 기호의, 즉 기호 과정 형태의 다양한 스펙트럼 중 한 경우다. 그러한 기호 과정 형태는 송신자 없는 표시와 송신자는 있지만 코드가 없는 암시 그리고 암시에 대한 암시처럼 코드화된 암시를 포함하여 코드 없는 또는 코드화된 의사소통과 언어 전달을 총망라한다. 예를 들어 전투를 끝내고 뿔뿔이 흩어져 있던 군대 혹은 군사들에게 승리를 알리기 위해 산봉우리에서 불을 지피는 고대 장수들의 습관도 그러하다. 기표(연기의 형태)를 보고 기의(승리)를 이해해서 메시지("우리가 승리하였다.")를 도출해 낼 수 있다. 이것은 송신자와 코드는 있지만 언어가 없는 의사소통적 기호 과정에 속한다.

2) 코드

"기호 과정에 나타난 형태에서 어떤 것이 문화적이고 어떤 것이 비문화적인가?"라는 질문보다 근본적인 질문은 코드의 기호 과정 참여 여부다. 만약 코드가 기호 과정에 참여했다면 이 코드는 어떠한 종류에 속하는 것일까? 코드는 기표와 기의, 그리고 이 두 가지를 서로 배열하는 규칙으로 구성된다.(Nöth, 2000) 코드는 유전자 코드처럼 선천적으로 부여 받거나 행위 코드처럼 세계와의 교류 속에서 습득된다. 또한 코드는 다른 사람과의 약속을 통해 사용되기도 한다. 따라서 코드는 자연적 코드, 관습적 코드, 그리고 인위적 코드 세 가지로 구분된다.(Keller & Lüdtke, 1997)

한 생물의 자연적 코드는 생물학적인 방법으로 유전을 통해 후손들에게 전해진다. 이때 코드는 진화의 테두리 내에서 상황에 따라 약간의 변화가 생긴다. 이와 달리 관습적으로 형성된 인위적 코드는 한 세대에서 다음 세대로 모두 전승되는 것은 아니다. 이때 전승된 코드가 존재한다면 그 코드는 전통이 된다. 생물학에서는 유사한 신체와 유사한 자연적 코드를 계속해서 공유하는 생물 그룹을 같은 종種에 속한다고 말한다. 정신과학에서는 지속적으로 유사한 전통을 공유하는 생물 그룹, 다시 말해 여러 세대를 거쳐 계속 전통적 코드를 공유하는 집단을 같은 문화에 속한다고 한다.

동일한 생물학적 종류에 속하지만 이질적 문화를 지니고 서로 떨어져 사는 생물체(종種)를 일종의 '유사종'이라 부른다.(Eibl-Eibesfeldt, 1979) 지정학적인 격리 상태와 관련하여 발생하는 문화적 차이는 서로 다른 문화를 지닌 구성원들이 공동의 후손을 생산하는 것을 점점 더 어렵게 만들고, 그 결과 그들의 유전자 풀gen-pools은 점점 다양해질 수밖에 없다. 이 같은 방법으로 동일한 생물학적 종에 속하는 다양한 종족이 생겨난다. 이러한 발전 과정이 끊임없이 지속된다면 동일하면서 다양한 문화를 지닌 구성원들이 다양한 생물학적 종의 성립을 유도한다.(Gould, 1989)

우리는 인간이 아닌 생물체도 전통을 형성한다는 점에 주목해야 한다. 포유동물뿐 아니라 조류의 세계에서도 마찬가지 현상이 일어난다.(Becker, 1993) 중요한 것은 한 생물이 어떤 생물학적 혈통을 지니느냐가 아니라 그 생물의 인지적 장치가 기표와 기의의 기능을 사용해서 다른 개체들과 공동의 전통을 발전시킬 수 있느냐다. 그렇기 때문에 인공지능을 지닌 시스템, 즉 기계들도 원칙적으로 문화를 형성할 수 있다고 본다.

3) 매체

우리는 기호를 해석하는 데 있어 지속적으로 동일한 관습적 코드를 사용하는 개인들을 한 문화 또는 동일한 문화의 구성원이라고 하며, 동일한 관습적 코드를 사용함으로써 개인들은 다양한 기호 과정에서 유사한 문화를 지닌 구성원이 될 수 있다. 이러한 코드를 사용하여 메시지를 교환하는 동일 문화의 구성원들은 지속적으로 상호 교류한다. 다양한 요소가 수없이 많은 기호 작용을 넘나들며 동일하게 유지될수록 개개인은 오랫동안 유사한 문화의 구성원으로 남게 된다.

수없이 많은 기호 과정을 동일하게 유지해주는 요소들의 종류를 특정하기 위해 '매체'라는 개념이 도입되었다. 예를 들어 기호 과정이 수신자에게 송신자와 동일한 감각 기관(귀)을 요구한다면, 기호 과정이 동일한 접촉 물질(물리적 통로)로 사용된다면(공기), 또는 기호 과정이 동일한 기계 장치(기술적 통로)로 투입된다면(전화기), 기호 과정이 동일한 사회적 기관(소방서)에서 나타난다면, 기호 작용이 동일한 기능에 쓰인다면(조난 요청 전달), 혹은 기호 작용이 동일한 코드(영어)로 적용된다면 기호 과정은 동일한 매체로 진행된다고 말한다.

우리가 이러한 전제 조건의 형태를 구분한다면 생물학적 매체 개념, 물리적 매체 개념, 기술적 매체 개념, 사회적 매체 개념, 기능적 매체 개념, 코드와 관련된 매체 개념 중 하나를 선택해서 사용해야 한다.(Posner, 1985) 문화에서 모든 기호 체계는 매체이기 때문에 다양한 매체 형태의 특징을 구분하는 것이 중요하다.

생물학적 매체 개념은 기호를 생산하거나 수용하는 데 참여한 신체 기관(감각 기관)에 따라 기호 과정을 특징짓는다. 사람의 경우를 생각해보자. 기호를 눈으로 받아들였다면 시각적 매체, 귀로 받아들였다면 청각적 매체, 코로 받아들였다면 후각적 매체, 입안의 혀로 받아들였다면 미각적 매체, 피부로 받아들였다면 촉각적 매체로 구분한다.

물리적 매체 개념은 기호와 수신자의 수용 기관 또는 송신자의 생산 기관 사이의 물질적 연관성을 규정하기 위해 화학적 요소 또는 그것의 물리적 상태(접촉 재료)에 따라 기호 과정을 나타낸다. 시각적 기호 과정은 시각적 파장을 전달하는 전자기장電磁氣場에 의존한다(시각적 매개체). 청각적 기호 과정은 기호와 수신자 간의 물질적 연결체로서 음향적으로 전도력이 있는 고체, 액체, 기체 형태를 필요로 한다(청각적 매개체). 후각적 기호 과정에는 특히 가스 형태의 합성된 화학물이 이용된다. 미각적 기호 작용은 일정한 액체나 고체를 사용한다(미각적 매체). 촉각적 기호 작용은 물질적 수단인 피부를 통해 촉각의 자극을 전달하는 것과 관계가 있다(촉각적 매체).

기술적 매체 개념은 접촉 물질을 변화시키는 데 사용된 기술 수단에 따라 기호 과정의 특징을 드러낸다. 시각적 기호 과정에서 연필과 종이, 캔버스와 붓, 안경과 오페라 망원경, 타자로 친 원고, 타자기뿐 아니라 사진 현상실과 슬라이드 필름의 카메라, 즉 셀룰로이드 필름과 필름 자르는 책상, 환등기 영사막과 인화지, 모니터가 달린 컴퓨터, 마우스, 그리고 프린터와 프린터 용지 등이 모두 기술 수단으로서 이 기호 과정에 사용된 기구이다. 사용된 기구의 종류에 따라 시각적 기호 과정은 프린트 매체와 영사 매체, 모니터 매체 등으로 분류될 수 있다. 이 기구의 생산품들과 상응하는 타자 용지, 인쇄된 텍스트, 사진과 슬라이드 필름, 비디오테이프 등은 기술 매체가 된다. 청각적 기호 과정도 이에 유추하여 생각해볼 수 있다. 레코드와 녹음기, 축음기 등을 매체라고 말한다. 그에 따라 악기, 마이크, 스피커, 송신기와 수신기, 음반과 테이프, CD는 청각적 기호 과정을 돕는 기술적 매체가 된다. 냄새가 지속적으로 또는 짧은 시간 공간 도처에 퍼져 있거나 그것을 우리 몸의 감각 기관, 즉 코가 받아들이는 것을 우리는 후각적 기호 과정이라 한다. 여기에는 방향제와 분무기, 향수병이 기술적 매체로 사용된다. 미각적 기호 과정에서는 음식 조리 기술과 마찬가지로 수프 그릇과 빵 굽는 터, 바비큐 기계 등의 조리 기구, 아침밥과 접시 요리, 아이스 막대 등을 미각적 매체라 한다. 촉각적 기호 과정에서는 비누나 파우더, 크림과 마사지 오일, 립스틱을 준비하고 다른 피부 또는 장갑, 브러시나 샤워기, 전파 발신기 등을 사용하여 때리기, 쓰다듬기, 두드리기나 문지르기, 꼬집기나 찌르기, 마사지하기 등을 경험한다. 촉각적 매체로 발생하는 기호 과정이다.

사회적 매체 개념은 기호를 생산하는 목표와 더불어 생물학적 수단과 물질적 수단, 그리고 기술적 수단을 조직하는 사회적 기관에 따라 기호 과정을 나타낸다. 시각적 기호 과정은 전시회를 개최하는 갤러리나 박물관 또는 도서관과 같은 사회적 매체를 통해 이루어진다. 이 사회적 매체에는 언론 기관과 출판사, 그리고 인쇄물을 파는 서점 또는 영화를 상영하거나 비디오테이프를 대여해주는 영화관과 비디오 가게 등도 포함된다. 청각적 기호 과정은 음반업계, 후각적 기호 과정은 약국이나 화장품 가게, 미각적 기호 과정은 식품업계와 요식업계, 촉각적 기호 작용은 스포츠 단체나 마사지 관련 업계를 통해 이루어진다. 그렇지만 이러한 사회적 매체들 대부분이 단일한 의사소통 수단의 조직으로 단순화될 수는 없다. 우리는 콘서트홀이나 오페라홀, 스포츠 경기장과 웰빙 센터, 교회나 TV, 인터넷 사이트 등도 생각해볼 수 있다.

기능적 매체 개념은 전달된 메시지의 목적에 따라 기호 과정을 나타낸다. 이때 문학이나 예술학 또는 음악학에서 널리 사용되는 장르나 담론 형태가 일반적인 형태에서도 중요하게 여겨진다.(Morris, 1972) 의사소통의 목적은 기호 과정이 어떤 생물학적, 물리적, 기술적, 사회적 매체를 통해 진행되는지와는 전혀 상관없이 메시지에 동일한 구조를 부여한다. 그래서 우리는 신문뿐 아니라 라디오나 TV에서 뉴스, 만평, 비평, 르포, 광고를 구분한다. 책을 실용서와 대중 문학으로 구분하듯이 영화도 기록 영화와 오락 영화로, 음악도 고전 음악과 대중 음악으로 구분한다. 또한 오락 영역도 매체의 생물학적 제한에 따라 다시금 다양하게 분류된다. 예를 들어 소설은 범죄 소설, 탐정 소설, 향토사 소설, 역사 소설로 구분되고 영화는 범죄 영화, 탐정 영화, 향토 영화, 역사 영화로, TV 시리즈는 범죄 시리즈, 탐정 시리즈, 향토 시리즈, 즉 '역사적인 묘사'로 분류된다. 그렇기 때문에 한 사건이 뉴스나 만평, 비평 또는 르포, 소설이나 광고로 전달될 때 우리는 메시지가 담긴 이러한 제한적 요소를 어떻게 구분할지에 대한 질문을 제기할 수 있다. 그래서 뉴스, 만평, 비평, 르포, 소설, 광고 등을 기능적 매체라고 부른다.

코드와 관련된 매체 개념은 기호 체계를 규칙의 종류에 따라 드러낸다. 기호 사용자는 규칙으로 기호를 수용할 때 기호에 메시지를 첨가한다. TV처럼 한 기관이 언어 분과를 설치하거나 국제적인 출판사가 독일어 분과, 영어 분과, 프랑스어 분과를 분류하여 부서로 둔다면 이와 같은 분과의 구분은 일종의 코드와 관련된 분류다. 서양 음악은 음조音調와 무조無調 음악, 모노 음악과 다성 음악으로 구분되고 회화는 구상화와 추상화가 대비되며 건축 구조는 신로마네스크풍 대 고딕풍, 신고딕풍 대 신실용주의풍 등으로 분류된다. 출판사가 책을 독일어나 영어 또는 프랑스어로 출판할지, 작곡가가 음조 음악 혹은 무조 음악으로 작곡할지, 화가가 구상화나 추상화를 그릴지, 건축가가 집을 신로마네스크풍이나 신고딕풍으로 또는 신실용주의풍으로 건축할 것인지에 대한 판단은 문학과 음악 또는 회화나 건축의 다양한 매체를 통해 결정된다.

모든 매체는 지속적으로 전달될 수 있는 메시지의 종류를 규정하기 때문에 '경로'라고 불린다. 매체는 특별한 종류의 메시지로 구분된다.(Posner, 1985) 이때 생물학적, 물리적, 기술적, 사회적, 기능적, 코드 기술적 제한들이 대부분 서로 맞물려 작용한다. 그래서 팝송 콘서트라는 매체는 동시에 눈과 귀를 감각 기관으로, 공기를 접촉 물질로, 악기와 마이크, 스피커, 서치라이트와 영사막을 기술적 도구로, 홀이나 야외 무대, 콘서트 프로덕션을 사회적 기관으로, 팝송을 텍스트 분류로, 영어를 코드로 사용하여 서구적인 율동과 음조 음악을 전달한다.(Müller, 1996) 이러한 특별한 매체들은 일반적으로 이해할 수 있는 감정이 실린 메시지를 전달하기 위해 서로 조화롭게 구성되었다. 그래서 전달된 메시지는 대중에게 감동을 줄 수 있다. 그와 반대로 소규모 그룹에서 까다로운 주제로 토론하는 것을 꺼리는 사람은 라디오나 TV로 전문가 대담을 경청해야 한다.

위에서 언급한 예들은 기호 과정을 서술할 때 제시한 모든 매체 개념을 도입하는 데 의미가 있다. 이처럼 폭넓은 의미에서 매체는 기호 체계다. 기호 체계의 요소들은 일정한 시기에 동일한 특성을 유지한다. 그래서 기호 체계에서 진행되는 기호 과정들은 동일한 제약을 받는다. 한 문화의 기호 과정 조직에서 매체 특수성의 정도와 매체 역할의 종류, 그리고 매체의 인기도 등은 문화이론적으로 흥미롭다. 문화사 안에서 매체의 역동성은 이러한 상황에서 발생한다.

4. 연민의 사회와 연민 기호

문화기호학은 우리가 처한 문화적 맥락에서 기호 사용자 역할을 행하는 사회 구성원과 문화 사이의 역학 관계를 잘 읽을 수 있는 학문적 기제다. 다양성이 증폭되는 다문화 사회에 접어든 우리 사회에는 예기치 않은 사회 문제들이 떠오르고 있다. 다문화 사회에서 구성원 사이에 존재하는 다양성을 어떻게 통합해 가는가는 지속 가능한 사회 발전과 관련이 깊다. 필자는 어떤 정책을 입안하고 이를 실천하고자 서비스하는 일종의 제도적 장치보다는 인간 개개인이 지니는 감정과 윤리에 대해 호소하고자 한다.

이런 맥락에서 상호문화주의는 개인의 감정을 포함한 개별성을 존중하는 윤리를 실천하는 데 중심을 둔다. 아울러 상호문화주의는 타자의 문화를 존중하는 개방적 자세로 사회 통합을 이루어야 한다는 논리를 함의한다. 상호 문화는 개인이나 다른 문화 집단이 성공적으로 융화되는 과정이다. 개인과 서로 다른 문화 집단이 지향하는 의미가 양면성을 지니는 과정이자 이러한 양면성이 하나의 의미로 통일되는 과정이기도 하다. 이러한 과정에서 소통과 정서적 반응이 일어나며, 적응이나 교육 과정과 같은 문화 이식 현상이 일어날 수 있다.

하버마스Jürgen Habermas는 자문화중심주의를 넘어서기 위해 상호문화적으로 매개된 공동체 구성에 관심을 가졌다.(Habermas, 1998) 특히 의식과 의식의 동일성이라는 추상적이고 낭만적인 전략을 넘어 언어가 갖는 상호 문화성을 강조하면서 언어적으로 매개된 상호 문화 공동체 구성에 집중한다. 상호문화주의는 주류 문화와 소수 문화라는 이분법적 사고를 버리고 두 화자의 의사소통을 중요하게 생각한다. 상호문화주의의 개념은 이론적으로 상호 주관성과 감정 이입을 강조하는 후설의 현상학이나 대화를 강조하는 하버마스의 의사소통 이론에 함의된 것으로 이해된다.(박인철, 2010) 상호문화주의는 서로 다른 문화 사이의 관계를 동적인 측면에서 인식한다. 따라서 상호문화주의에서 문화는 동적 속성을 지니며, 다른 문화는 서로 간섭함으로써 주류 문화와 비주류 문화가 묵시적 상호 작용을 하게 된다.(김태원, 2012) 즉 상호문화주의는 다양한 현상의 소극적 공존을 넘어서 그들 사이의 역동적 상호 실천 행위를 강조한다. 아민Ash Amin은 상호 문화적 이해와 대화의 가능성을 탐구하면서 "인종적, 민족적 관계에 관한 국가적 틀은 여전히 중요하게 남아 있지만 국지적 수준에서는 차이에 관한 많은 타협이 일상적 경험과 만남을 통해 이루어지고 있"음을 강조한다.(Amin, 2002) 상호 문화 실천은 만남을 전제로 하고, 이해와 대화의 가능성을 열어두고 있음을 알 수 있다.

김영순·황해영은 상호 문화 실천을 "문화 다양성에 대한 인정과 존중을 바탕으로 상호 적극적인 의사소통과 성찰을 통해 공존 사회를 모색해가는 사회적 변혁 운동이다."라고 정의한다. 또한 상호 문화 실천의 개념을 개인적 차원, 사회적 차원, 초국적 차원으로 그 영역을 구분하였다.(김영순·황해영, 2023) 상호 문화 실천의 개인적 차원은 성찰, 인정, 존중, 소통, 배려 등의 키워드를 중심으로 다음과 같이 정의된다. "상호 문화 실천의 개인적 차원은 기존의 단일 민족, 단일 문화 정체성에 대한 성찰을 통해 타문화에 대한 인정과 존중을 바탕으로 공존의 정체성을 함양하고 상호 소통과 배려를 실천하는 행위다." 상호 문화 실천의 사회적 차원은 서로 다른 문화 집단 간의 능동적인 사회적 상호 작용 행위다. 이는 사회의 제도적 주체들(지방 정부와 중앙 정부, 여타 관련 기관이나 조직들)이 이주 집단의 보편적 인권과 기본적 필요를 위한 자원과 복지를 제공하고 교육과 사회 참여에 균등한 기회를 부여함으로써 사회적 갈등을 방지하고 공존 사회로 전환하기 위한 실천적 행위다. 상호 문화 실천의 초국적 차원은 인류 보편의 가치관을 형성하고 권리를 존중하며 세계 시민적 정체성을 가지고 타문화권과 연계된 국제적 활동(프로그램)에 적극 참여하여 세계적 빈곤과 불평등을 해소하고 국가 간 이주의 자유를 보장하는 등 실천적 행동을 통해 지속 가능한 인류의 발전에 기여하는 것이다.

상호 문화 실천을 위해 연민의 감정은 개인을 넘어 사회를 지향한다. 연민의 중요성에 대해 이야기하려면 미국의 정치철학자 마사 누스바움Martha C. Nussbaum이 쓴 『두려움의 군주제The

Monarchy of Fear: A Philosopher Looks at Our Political Crisis』라는 책을 인용할 필요가 있다. 트럼프가 미국 대통령이 되었을 즈음 집필된 이 책은 국내에서는 『타인에 대한 연민』이라는 제목으로 번역 출간되었다. 여성 지식인인 그는 백인 중산층 가정에서 태어나 특혜를 누린 자신조차 차별의 역사 속에서 자유로울 수 없었다고 이 책을 쓴 이유를 밝히며 여성이기 때문에 받은 다양한 차별이 어디에서 기인하는지를 이야기한다. 미국 아이비리그의 유명 대학들이 학생은 물론 교직원조차 남성 위주로 채워지던 시기, 누스바움이 미국철학회장을 지낼 정도로 탁월한 연구 실적을 냈음에도 종신 교수직을 제안 받지 못한 이유 또한 성차별과 관련이 있다. 이 사실은 앞에서 논의된 당시의 문화 기호 체계 분석을 통해 접근해볼 수 있다.

누스바움이 이 책을 집필하던 당시의 미국은 이미 오바마라는 흑인 대통령을 배출했고 명문대 학생 비율에서 여성이 남성을 앞질렀다. 누스바움은 인간이 나약한 존재이기 때문에 언제든 차별의 독성에 오염될 수 있다고 강조하며 철학의 본산이며 이성주의가 득세했던 독일에서 나치즘이 나올 수 있었던 점을 지적한다. 이 책은 다른 동물들과 달리 인간 아기는 걷기는커녕 기지도 못하는 무능력하고 나약한 존재라는 글로 시작된다. 인간의 아기가 생존하기 위해서는 필연적으로 부모의 도움이 필요하다. 부모는 아기를 먹이고 재워야 하며 배변까지 받아줘야 한다. 기존의 사회화 이론과 달리 그녀가 연구한 바에 따르면 인간의 독재적 성향은 바로 유아기에 드러난다. 생존하기 위해서는 나 자신이 부모의 독재자여야 한다는 것이다. 인간은 자기가 원하는 대로 부모가 움직여야 생존을 보장 받을 수 있다는 사실을 유아기부터 학습하게 된다.

이 얼마나 이기적인가. 그러나 아무리 성실한 부모라 하더라도 피곤해서 졸 수도 있고, 잠시 전화를 받거나 음식을 하기 위해 자리를 비울 수 있다. 이런 상황에서 아기는 필연적으로 자신의 욕구가 채워지지 않는 무방비한 상태를 경험하고 울음을 터트리며 소리를 질러 도움을 요청한다. 누스바움은 이 시점에 아기가 느끼는 감정을 '두려움'이라고 표현한다. 두려움은 인간이 태생적으로 학습하는 가장 기초적인 감정인 것이다. 두려움은 인간이 고통을 피하는 수단으로 작동할 수 있지만 구체적 해결 방법을 제시하지는 못한다. 그래서 두려움은 왜곡된 방식(비이성적 분노와 혐오)으로 확대되고 사회 문제의 원인이 된다. 물론 분노가 항상 나쁘기만 한 것은 아니다. 선의의 분노는 불공정한 상황을 개선하는 데 기여한다. 하지만 분노가 지나치면 타인을 고통스럽게 하는 방식으로 문제를 해결하려 들게 된다. 실제로는 자신의 상황을 개선하는 데 별다른 효용이 없는 데도 말이다.

원초적 수준의 혐오감은 내 생명에 해가 되는 것에 대한 방어 기제에 가깝다. 대변이나 썩은 우유에 대한 혐오감은 그것을 섭취하지 못하도록 함으로써 건강을 보호한다. 이렇게 만들어진 혐오는 왜곡된 상태로 사회에 투영된다. 무슬림에 대한 혐오가 대표적인 사례다. 테러에 가담하는 무슬림은 전체 무슬림

중 극소수임에도 많은 사람이 자신의 생명과 재산을 빼앗을 수 있는 테러리스트 집단이라며 무슬림을 경계한다.

누스바움은 트럼프에게 느낀 불안감을 혐오라는 부정적 감정과 연결한다. 미국인 중 다수는 지속되는 경기 침체와 중국의 가파른 성장세, 총기 사고의 불안감 등 여러 불안 요인을 혐오 집단에 전가한다. 트럼프는 이런 맥락을 잘 이용하여 여론을 장악하고 드디어 대통령 자리에 올랐다. 누스바움은 이런 분석을 내놓으면서 "그럼에도 우리는 희망을 가져야 한다. 희망은 두려움의 반대편에 있다. 두 극단적 감정은 모두 불확실성에서 기인하지만 그 결과는 분명히 다르다."고 강조한다. 두려움은 우리 내면으로 깊이 파고들어 질병을 일으키지만 희망은 긍정적 에너지를 퍼트리며, 긍정적인 생각만으로도 신체에는 변화가 일어난다고 한다. 물론 희망은 그저 공상에 머물러 안 되며 실천을 해야 유용해진다. 마틴 루서 킹 목사가 자신의 희망을 실천으로 옮겨 인종 차별을 혁파했듯, 넬슨 만델라 대통령이 장기간 이어진 억울한 수감 생활에도 온 국민을 감화하여 나라의 미래를 바꾸었듯 희망은 그저 희망으로 머물지 않고 실천적인 모습으로 드러났을 때 그 빛을 발할 수 있다. 이를 위해 누스바움이 내린 결론은 바로 연민이다. 연민이야말로 희망을 실천적으로 이행할 수 있는 감정의 출발이다.

연민은 다른 사람의 고통을 이해하고 완화하거나 줄일 수 있는 인간만 가진 능력이다. 연민의 개념은 감정을 이입하는 공감의 개념보다 강렬하다. 연민에는 다른 사람들의 고통을 덜어

주고자 하는 마음이 담기기 때문이다. 연민은 우리에게 다른 사람들을 도울 에너지를 주는 동기가 되며 우리의 도움으로 남의 고통을 완화할 계기가 된다. 연민compassion의 어원을 살펴보자. 연민이라는 단어는 문자 그대로 "함께 고통 받다." 또는 "동정심의 감정을 다루다."라는 뜻이다. 이는 우리가 다른 사람들의 고통을 인식할 때 느끼는 감정으로 고통을 줄이려는 욕망을 유발한다. 심리학자들에 의하면 연민의 감정은 다양한 요소로 나뉜다. 첫째, 타인의 고통에 대한 관심뿐 아니라 할 수 있는 행동에 대한 인식, 둘째, 관계 있는 두 사람 사이의 고통을 줄이기 위해 거치는 타협 과정을 포함하는 행동 요소, 셋째, 본능에 따라 행동하도록 동기를 부여하고 개인적 만족감을 주는 감정적 반응을 일으키는 감정적 요소가 그것이다. 개인의 심리적 행복의 수준은 부분적으로 다른 사람들과 형성하는 관계의 유형에 달려 있다.

연민은 타자를 향해 우리의 마음을 열어주는 감정이다. 이 감정이야말로 우리가 다른 사람들의 입장이 될 수 있도록 해준다. 감정의 문을 열어 마치 그 사람이 된 것처럼 감정을 읽을 수 있게 한다. 무엇이 그들에게 고통을 주는지 알 수 있게 한다. 연민이 가득한 마음은 다른 사람들에게 더 가까이 다가가게 해주고 겸손함과 친밀감으로 다른 사람들을 돕기 위해 최선을 다할 수 있도록 만든다. 우리의 도움을 필요로 하는 누군가를 돌볼 때마다 우리는 마음이 넓어져 또 다른 사람을 도우려고 나선다.

그런데 우리는 왜 연민에 두려움을 느낄까? 사회신경과학자들은 인간이 태어나면서부터 자연스럽게 누군가와 연결되어 있다고 생각하며 누군가를 돕고자 하는 충동이 있다고 주장한다. 처음부터 누군가를 도울 준비가 되어 있는 것이다. 그런데 우리는 왜 타자를 돕지 못하는가? 이 질문에 대해 다음과 같은 답을 기대할 수 있다. 첫째, 타자의 처지를 이해하고 도와서 그의 고통이 줄어들면 우리가 힘들 때 그 사람이 돕지 않을 것을 두려워한다. 둘째, 타자의 고통을 관찰하는 일은 우리가 느끼고 싶지 않은 슬픔을 느끼게 한다. 셋째, 타자의 고통과 연결되면 또 다른 타자의 고통과 마주하는 것이 두려워진다. 이런 맥락에서 필자는 연민을 두려워하는 인간들이 연민과 만나게 하려고 한다. 우리 사회에서 일어나는 다양한 갈등과 사회 문제의 중심에는 연민의 부족이 있다는 판단하에 연민 기호를 담은 문학 텍스트를 읽도록 권유하려는 것이다.

우리는 연민에 학문적으로 접근하고 연민을 실천적으로 권유하는 일련의 연구를 만날 수 있다. 고현범은 가치 토론에서 연민과 같은 감정의 요소가 어떻게 작용하는지 분석하였다. 문학적 상상력이 공적 합리성의 한 부분으로 작용할 수 있다는 누스바움의 연민이론을 검토하고 감정의 인지적 요소를 통해 감정이 단순히 비이성적인 것이 아니며 합리적 판단과 연결될 수 있음을 밝혔다. 나아가 그는 '문학과 연민'의 관계를 살펴보며 소설과 같은 문학 작품은 독자에게 타인의 삶을 상상하게 하여 연민을 자극하고 가치관을 성찰하게 한다고 보고, 공동 추론co-duction 개념을 활용해 독서 토론에서 윤리적·정치적 함의를 깊이 논의해야 한다고 주장하였다. 그에 따르면 연민은 '고통의 심각성 인식', '부당함에 대한 인식', '자신도 유사한 상황에 처할 수 있다는 공감'의 세 가지 인지적 요소로 구성된다. 또한 '문학적 상상력과 도덕적 판단'의 관계를 탐구하면서는 공상fancy과 은유적 상상력은 독자가 타인의 감정과 상황을 깊이 이해하도록 돕는 요소이며, 문학은 '우리'와 '그들'의 구획을 허물고 도덕적 성찰을 유도한다고 주장하였다.(고현범, 2015)

이유정·서나래는 정의롭고 평화로우며 포용적인 사회를 만들기 위한 세계 시민 교육의 토대로서 감정의 중요성을 탐구하였다. 특히 누스바움의 역량이론 중 감정 역량을 중심으로 연민과 사랑의 감정이 세계 시민성을 강화하는 데 어떻게 기여하는지를 분석하였다.(이유정·서나래, 2024) 세계 시민 교육은 단순한 지식 전달이 아닌 가치, 태도, 행동을 함양하는 것을 목표로 하며, 감정은 세계 시민 교육에서 인지적, 정의적, 행동적 영역을 연결하는 핵심 요소로서 인간의 도덕성과 사회적 실천을 촉진한다. 연민과 사랑은 타인의 고통을 이해하고 연대하는 데 중요한 감정으로 차별과 혐오를 극복하는 역할을 한다고 본다. 두려움, 시기심, 혐오, 수치심은 타자를 배제하고, 사회적 통합을 저해하는 감정은 개인의 편협한 사고를 강화하며 세계 시민성 함양을 방해한다. 그러나 연민은 타인의 고통을 이해하고 공감하며 이를 통해 타인과의 연대를 형성하게 한다. 사랑은 타인을 가치 있는 존재로 인식하고 이타적 행동을 실천하도록 유도하여 세계 시민성을 강화하는 감정이다. 누스바움은 혐오와 차별을 방지하기 위해 제도적 장치를 마련하고 감정 교육을 강화해야 한다고 제안했다. 감정 교육에서 가장 강조되는 것은 타인의 삶을 서사적으로 상상하고 연민과 사랑을 기르는 교육이다. 두 번째는 일상 속에서 다양한 문화와 사람을 경험하며 차별과 혐오의 감정을 줄이는 활동으로 일상적 다양성을 확보하고 보편성과 정상성의 경계를 허무는 것이다. 살펴본 바와 같이 감정은 세계 시민성 함양의 필수 요소이며 연민과 사랑을 중심으로 한 감정 교육은 차별에 대한 대항력을 길러준다. 따라서 누스바움의 감정이론은 세계 시민 교육에서 도덕적·윤리적 실천을 강화하는 효과적인 접근 방식임을 알 수 있다.

5. 연민의 텍스트 읽기

앞의 장에서는 상호 문화 실천을 강조하면서 연민의 문화 기호적 역동성과 세계 시민 교육에 관한 함의를 기술하였다. 나아가 우리는 연민의 감정이 어떻게 문화기호학적으로 작동하는지를 들여다볼 필요가 있다. 그러려면 일상생활 세계에서의 경험을 표현하고 이를 포착하여 설명하고 해석해낸 텍스트를 살펴보아야 한다.

이지원은 윤동주 시에 나타난 '시적 정의正義'를 누스바움의 감정 철학, 특히 연민의 윤리를 통해 분석하였다.(이지원, 2019) 이 분석은 윤동주가 수치심, 자기 연민, 공적 연민의 감정 흐름을 통해 시대의 부조리를 극복하고자 했음을 밝히는 데 목적을 둔다. 나아가 저항시, 자아 성찰시, 종교시로 한정된 기존의 윤동주 해석을 넘어 연민을 통한 시적 실천으로 윤동주의 시 세계를 해석하면서 특히 '수치심과 자기 검열', '자기 연민과 상실의 자각', '시적 정의의 실천'으로 구분하여 기술하였다. '수치심과 자기 검열'의 경우, 윤동주는 일제 강점기 현실에서 부끄러움을 느끼고 스스로를 끊임없이 검열하며 이를 자신의 시적 사명감과 연결한다. '자기 연민과 상실의 자각'의 경우, 상실된 민족의 현실과 자아의 결핍을 자기 연민을 통해 인식하고 이를 극복하고자 한다. '빛의 상징과 공적 연민'에 대해서는 어두운 시대에 빛을 소환하여 민족적 고통을 위로하고 희망을 전달하려는 시도를 공적 연민의 실천으로 해석하였다. 결국 윤동주는 연민을 단순한 감정으로 남겨두지 않고 현실에 변화를 일으키는 능동적 실천으로 확장하려고 한 것이다.

이지원은 기형도 시에서 반복적으로 등장하는 고통, 불안, 죽음, 의심, 비명, 공포 등의 부정적 요소가 누스바움의 연민이론과 연결되어 있음을 밝히고, 이러한 고통이 역설적으로 희망을 추구하는 방편이라는 점을 규명하고자 하였다. 그는 기형도의 시를 '관찰자의 이중 시선과 고통/희망의 알레고리'와 '신경증의 투사와 고통의 자기 증식성', '빛의 호출과 존재의 시적 복원'으로 분석하였다.(이지원, 2020) 기형도는 거리의 불행한 존재들을 분별 있는 관찰자의 시선으로 바라보며 고통을 내면화해 연민의 시선을 드러낸다. 시 속에서 '안개'와 '입'은 고통(표층적 알레고리)과 희망(심층적 알레고리)을 동시에 나타내는 이중적 상징으로 사용되었다. 이를 '관찰자의 이중 시선과 고통/희망의 알레고리'로 분석한 것이다. 또한 기형도의 시에서는 불안증, 강박증, 망상 반응, 공포증 등의 신경증이 존재론적 고통을 증폭하는 장치로 사용되며 이러한 고통의 극대화는 오히려 희망으로 나아가는 원동력이 된다고 보면서 이를 '신경증의 투사와 고통의 자기 증식성'이라고 하였다. 기형도는 가장 어두운 순간에 빛을 불러들이며, 이는 고통 받는 존재의 복원과 희망의 가능성을 시적으로 상징하는데 특히 '동지'와 '불빛'은 극한의 고통 이후 찾아오는 희망을 상징한다. 이를 '빛의 호출과 존재의 시적 복원'이라 하였다.

오태호는 김유정의 주요 작품 「들병이」, 「연정」, 「물욕」, 「궁핍」을 분석의 대상으로 삼아 김유정 소설의 비극성과 감정의 서사를 누스바움의 연민이론으로 분석하였다.(오태호, 2018) 「들병이」에서 가난한 농촌 남성인 들병이는 아내를 통한 가족의 구성을 기대하지만 식민지 현실에서 이 같은 기대는 좌절된다. 「연정」에서는 신분과 계층의 차이 때문에 이루어질 수 없는 연애 감정을 다루었고, 「물욕」에서는 금광 캐기와 같은 욕망이 좌절되며 드러난 비극적 현실을 통해 일확천금에 대한 욕망과 비애적 인식을 보았다. 「궁핍」은 궁핍한 현실을 사랑과 연대감으로 견디는 모습을 통해 연민을 부각하며 타자애로 견디는 빈궁의 서사로 분석하였다. 이처럼 식민지 시대의 현실적 고통을 다양한 감정과 서사로 표현하며 독자의 연민을 유발하는 방식으로 비극성과 아이러니를 심화하는 김유정 소설 속 인물들의 고통은 누스바움의 연민이론으로 이해되고 해석된다.

이국환은 문학 작품에서 얻는 심미적 즐거움과 연민의 감정이 독자의 자기 이해로 이어지는 과정을 탐구하였다. 그는 조해진의 장편 소설 『로기완을 만났다』를 사례로 들어 독자가 소설 속 인물의 고통과 감정을 따라가며 자기 이해와 카타르시스를 경험하는 과정을 설명한다.(이국환, 2013) 문학 작품은 독자에게 심미적 즐거움을 제공할 뿐 아니라 연민을 통해 독자가 자신을 돌아보고 자기 이해로 나아가는 윤리적 실천의 장이 되는 것이다. 이국환은 독서가 인간 존재의 의미와 삶의 방향을 성찰하도록 돕는 중요한 과정임을 강조한다. 특히 폴 리쾨르Paul Ricœur의 이야기 해석학과 카타르시스 개념을 중심으로 독서가 개인의 내면적 변화와 성찰에 미치는 영향을 다음과 같이 세 가지로 분석하였다. 첫째는 '재형상화refiguration와 연민을 통한 카타르시스'다. 폴 리쾨르의 삼중 미메시스(미메시스 I, II, III)를 바탕으로 독서가 독자에게 카타르시스를 일으키는 과정을 설명하며 독자는 문학 작품 속 이야기로 연민과 두려움을 경험하고 이를 통해 자기 이해에 도달한다고 보았다. 둘째는 '공감과 연민의 진정성'이다. 독자가 등장인물의 고통과 감정에 공감할 때 진정한 연민이 형성되며, 이러한 공감은 상상력으로 강화되어 독자는 타인의 고통을 이해하고 자신의 삶을 성찰하게 된다. 셋째는 '독서와 자기 이해의 여정'이다. 독서는 단순한 정보 습득이 아니라 타인의 이야기를 통해 자기 자신을 이해하고 성찰하는 과정이다.

김공숙은 드라마 〈나의 아저씨〉의 주요 인물인 박동훈과 이지안이 접한 고통스러운 현실과 그 원인을 파악하고 수치심과 자기 혐오가 자기 연민으로 변화하는 과정을 살펴보았다. 또한 연민이 개인에서 공동체로 확장되어 윤리적 실천으로 나아가는 방식도 탐구하였다. 김공숙은 누스바움의 연민이론을 적용하여 연민은 단순한 감정이 아니라 인지적 판단과 윤리적 실천을 포함한다고 보았다. 연민의 세 가지 인지적 요소로는 '고통의 심각성에 대한 판단', '부당함에 대한 인식', '행복주의적 판단을 통한 실천적 연민'을 꼽았다.(김공숙, 2023) 박동훈과 이지안의 관계에서 박동훈은 이지안의 고통을 이해하고 분별 있는 관찰자로서 연민을 실천한다. 이지안은 박동훈의 인간적 취약성을 이해하고 그를 위험에서 구하는 능동적 연민을 보여준다. 이렇듯 두 인물은 서로의 고통에 공감하며 자기 혐오에서 자기 연민으로 나아간다. 후계동 이웃들과 정희네 술집 사람들이 지안을 가족처럼 받아들이며 공동체적 연민을 실천하고 동훈의 형제들과 친구들 또한 서로의 고통을 보듬고 지안을 돕는 모습에서 연민의 확장과 실천을 엿볼 수 있다.

  박준형은 누스바움의 연민이론으로 소설의 인물들이 보여주는 다양한 연민의 층위를 분석하고 그로써 소설의 이해에 새로운 방향을 제시하며 연민이 개인의 감정에 머무르지 않고 사회적 공감대와 제도적 변화로 이어질 수 있음을 강조한다.(박준형, 2020) 이청준의『당신들의 천국』속 조백헌은 군부 독재 하에서 소록도의 원장으로 부임해 초기에는 전체주의적 이념으로 주민을 통제하려 하였으나 점차 섬 주민들의 고통과 상처를 이해하고 연민의 태도를 보인다. 이는 누스바움이 말하는 연민의 인지적 요소(고통의 심각성, 부당함, 인간적 연약성 인식)를 충족한다. 이상욱은 자신의 출생 배경(미감아 신분)에 대한 자기 혐오와 연민 사이에서 갈등하고, 자신의 상처를 통해 섬 주민들의 진정한 낙원이 무엇인지 고민하며 자기 연민을 타자 연민으로 확장한다. 그러나 혐오와 연민의 갈등은 그가 타인과의 관계를 맺는 데 장애가 된다. 섬 주민들의 대표자인 황희백은 극심한 고통과 상처로 인해 자기 연민에 빠진다. 그의 과도한 자기 연민은 때때로 비윤리적 행동으로 표출되어 공동체 내 갈등을 심화한다. 이는 누스바움이 경고한 연민의 부정적 측면(자기중심적이며 비윤리적인 태도)과 연결된다.

고정희는 영화와 문학에서 타인의 고통이 어떻게 재현되며 이를 통해 어떻게 연민과 도덕적 상상력이 유발되는지 분석하였다.(고정희, 2013) 영화는 시각적 스펙터클로 고통을 재현하지만 이는 관객을 관음증적 구경꾼으로 만들 위험이 있다. 예를 들어 영화 〈레 미제라블〉 속 코제트는 원작과 달리 너무 아름답게 묘사되어 연민보다 미화된 감정을 유도한다. 반면 소설은 내러티브를 통해 등장인물의 고통을 깊이 있게 묘사하고 독자가 타인의 고통을 상상하게 함으로써 문학의 서사적 힘과 도덕적 상상력을 갖게 한다. 이는 수전 손택의 시각적 재현 비판과 연결된다. 아리스토텔레스는 연민은 타인의 부당한 고통에 대한 감정, 공포는 자신에게 닥칠 불행에 대한 감정이라고 하였다. 영화는 공포를 자극해 연민을 약화하지만 문학은 공감을 통해 연민을 유도한다고 보았다. 문학은 독자의 도덕적 상상력을 자극하여 타인의 고통에 연민을 느끼게 하는 데 유리하며, 영화는 시각적 미화나 스펙터클 때문에 관객이 연민을 느끼기 보다는 감상적으로 관람하는 결과로 이어질 수 있다. 도덕적 상상력을 함양하기 위해서는 문학적 서사를 통한 공감 능력이 중요하다는 것이다.

위에서 살펴본 연민의 문학 텍스트들이 강조하는 것은 연민이 개인의 감정을 넘어 사회 정의를 지향하고 도덕적 상상력을 불러일으킨다는 점이다. 문화기호학적으로 본 연민은 어떤 사회에서 '문학이 지닌 힘'의 기호 과정이라고 말할 수 있다. 연민의 텍스트를 생산하는 기호 생산자들인 작가와 기호 소비자인 대중 사이에서 유통되는 연민 기호는 다양성이 증폭되는 사회에서 소외된 계층을 돌아볼 사회적 여유를 갖게 할 것이다. 상이한 문화를 지닌 사람들과의 차이점을 다양성으로 이해하기 위해서는 무엇보다 그 사회 구성원의 연민 감정을 유발하는 것이 중요하다. 우리가 시나 소설을 읽어야 하는 이유는 명백해졌다. 우리는 일상의 인간관계를 법과 제도에 기대고, 시민의 임무로서 앙가주망만 강조하는 경향이 있다. 그러나 필자는 연민과 같은 감정의 움직임이 사람을 바꾸고 다양성으로 변화하는 우리 사회를 변혁한다고 믿는다. 이에 동의하는 독자들은 곧장 시를 읽고 쓰기를 시작하기 바란다.

1부

고전 문학으로
읽는 다문화 사회

1장

—

설화 구술을 통해 본
문화 주체로서의
이주민[1]

신동훈

———

건국대학교 국어국문학과 교수

1. 국제 교류의 시대, 이야기의 문화적 역할

오늘날 인류는 전방위적인 국제 교류의 시대를 살고 있다. 폭넓은 인적 왕래가 이루어지는 가운데 매스컴과 인터넷으로 세계의 모든 정보와 문화가 실시간으로 공유된다. 전례 없는 문화 다양성의 경험이다. 하지만 그것이 얼마나 유의미하게 내면화되는지는 의문이다. 스쳐 지나가면서 증발되는 것이 더 많다.

전통적으로 단일 민족 국가를 강조해온 한국은 21세기에 본격적인 다문화 사회로 접어들었고, 민족 경계를 넘어선 문화 교류에 적극적으로 나서고 있다. 한국인들은 자문화를 세계에 알리고 인정 받고자 하는 열의가 크며 K-pop과 K-drama 같은 한류에 높은 자긍심을 나타낸다. 하지만 한국인의 문화적 개방성과 수용성은 그리 높다고 보기 어려우며 의식意識 면에서 특히 그러하다. 우선 한국인은 외래 문화의 영향을 인정하는 데 소극적이다. 한류만 하더라도 스스로 이룬 것으로 여기며 '모두

---

1 이 글은 다음 두 연구를 발췌하여 수정하고 복합해서 재서술하였다. 신동흔, 「새로운 한국어문학으로서 이주민 설화 구술의 성격과 의의」, 『국어국문학』, 180, 국어국문학회, 2017; 申東昕, 「在韓華人韓語口述神話故事及多文化敏感性表現」, 第三屆 東亞民俗文化與民間文學論壇(국제학술회의) 발표문, 2021. 11.

의 것'이 아닌 '내 것'이라고 여긴다. 그리고 이질적 타문화의 도래와 침투에 방어적이다. 결혼 이주자를 포함한 외국인들의 원문화를 존중하기보다 그들이 한국 문화에 동화되어 한국인처럼 살기를 원한다. 그러한 배타성은 특히 아시아 문화에 대해 더 강하게 작용하는 경향이 있다.

이는 한국만의 문제는 아닐 것이다. 세계화와 문화 다양성의 시대라고 하지만 그에 대한 반동으로 자기중심적 배타성 역시 강하게 발현되고 있다. 정치와 경제 등 다방면에서 격화되는 민족 간 갈등과 분쟁의 이면에는 문화적 이질감과 심리적 단층斷層이 작용한다고 보는 것이 옳다.

문화 다양성의 인정과 구현은 규범적 당위로 성취할 수 있는 것이 아니다. 밑바탕으로부터 우러난 진정한 체험적 공감이 중요하다. 그 문화적 교감의 매개체로 본 논의에서는 문학적 담화로서 설화說話에 주목하고자 한다. 신화와 전설, 민담 등의 설화는 미적이고 원형적인 서사 속에 삶과 문화의 핵심 요소를 응축한다. 그것은 사람과 사람 사이의 깊은 소통과 교감을 위한 유력한 통로가 된다.

설화는 사람과 사람이 함께하는 현장에서 구전되어온 것으로 구술 소통에 최적화된 화소와 구조를 갖추었다. 미적 흥미와 호소력을 갖춘 설화를 말하고 듣는 자리는 뜻깊은 문화의 장으로서의 성격을 지닌다. 서사적 상상의 세계를 함께 즐기고 상징적 의미를 체현하는 과정에서 세대와 성별, 출신 같은 외적 경계가 자연스레 허물어지며 하나가 되는 경험을 하게 된다.

그간 민족 경계를 넘어선 설화 구술을 통한 인간적 소통과 문화적 교감의 문제는 크게 주목 받지 못하였다. 이제 한국에서 생활하는 외국인들의 한국어 설화 구술을 통해 그 양상과 의의를 살펴보고자 한다. 그 핵심은 이주민들이 구현하는 언어적·문화적 주체로서의 정체성이다. 현장의 인상적인 사례를 통해 문제에 대한 실질적인 이해를 이루고자 한다.

이주민들의 문화적 주체성에 대한 현장적이고 실질적인 이해는 '다문화 문식성multicultural literacy' 증진에 기여할 수 있다. 다문화 문식성은 박인기(2002)에 의해 정립된 '문화적 문식성' 개념을 다문화 사회 현상에 적용하여 재개념화한 것으로, 김혜영(2010)과 서혁(2011), 윤여탁(2013a, 2013b), 김미혜(2013) 등의 논의를 거치며 21세기 (한)국어 교육과 문학 교육의 중요한 과제로 자리 잡은 개념이다. 설화 분야에서는 김정은(2018)과 이성희(2019), 오정미(2020), 오정미(2021) 등에서 행한바 상호 문화성에 기반한 텍스트 분석과 교육 방안 연구가 이와 관련된 논의에 해당한다. 본 연구는 이들 연구와 궤를 함께하면서도 특히 이주민의 주체성에 주안점을 둘 것임을 밝힌다.

2. 이주민들의 설화 구술, 새로운 문화적 경험

1) 이주민 구술 설화 조사 사업에 대하여

본 연구자는 만 3년에 걸쳐 한국에서 생활하는 이주자들이 구술한 설화를 녹음해서 정리하고 DB를 구축하는 사업을 책임 수행하였다. 노인층을 주 대상으로 한 구비 문학 조사 사업은 꽤 많이 이루어졌지만 이주자들을 대상으로 해서 그들이 한국어로 구술하는 모국 설화를 수집하는 것은 전에 없던 도전이었다. 연구 사업의 개요는 다음과 같다.

- 사업명: 한국학중앙연구원의 한국학 분야 토대연구지원 사업
- 과제명: 다문화 시대 한국학을 위한 이주민 설화 구술 자료 DB 구축
- 연구 기간: 2016. 9. 1. ~ 2019. 8. 31. (만 3년)
- 참여 인력: 연구 책임자 – 신동흔/공동 연구원 – 김영순, 황혜진 / 전임 연구원 – 박현숙, 오정미, 김정은, 조흥윤 / 연구 보조원 – 이원영, 한상효, 황승업, 김민수, 김자혜, 김현희, 이승민, 엄희수, 강새미

연구 참여 인력은 대부분 설화 조사 경험을 갖춘 구비 문학 전공자다. 전공자들의 전문적 현지 조사로 한국 다문화 사회를 구성하는 이주민들의 구술 담화를 오롯이 집대성하는 것이 연구의 목적이었다. 조사 대상은 결혼 이주자와 이주 노동자, 유학생을 포괄하되 결혼 이주자에 우선순위를 두었다. 조사 내용은 이주민들이 한국어로 구술하는 모국의 설화를 녹음하고 채록한 뒤 편집하고 정리하여 DB를 구축하는 것이었다. 신화와 전설, 민담 같은 설화를 기본 대상으로 삼는 가운데 생애담과 신이체험담, 문화와 풍속담, 속담과 속신어 등을 함께 수집하였다. 제보자들이 미리 자료를 찾아볼 수 있게 하되 구연은 이야기의 내용을 기억해서 구어로 풀어내는 방식을 적용하였다. 기억에 입각한 구술이 설화의 본모습을 더 잘 드러낼 수 있다고 보았기 때문이다.

3년간의 조사로 수집하고 정리한 구술 자료 개황은 다음과 같다. 제보자의 동의를 얻어 보고 대상으로 삼은 자료를 기준으로 한 통계다.

- 제보자: 27개국 출신 136명(결혼 이주자 84명, 노동자 11명, 유학생 37명, 기타 4명)
- 구술 자료: 총 1,493편(신화 93편, 전설 368편, 민담 574편, 생애담 87편, 속담 116편, 기타 255편)
- 구술 시간: 16,432분(273시간 52분)

이야기 구술 자료 외에 제보자 136명의 정보와 이야기판 145개의 정보를 별도 자료로 작성했으며, 이를 포함하면 DB에 포함된 자료 총수는 1,771개다. 2020년 2월에 최종 자료를 제출하여 2021년 10월에 모든 자료가 한국학진흥사업 성과포털에 공개되었다. 구술 자료는 조사 상황 정보와 이야기 개요, 작품 원문 등을 텍스트로 제공하며, 음원을 수록해서 구술 내용을 들을 수 있게 하였다.[2]

조사 자료들은 작품 선별과 편집, 재정리 작업을 거쳐 단행본 자료집으로도 발행되었다. 『다문화 구비문학대계』를 총서명으로 하여 자료집 20권과 연구 보고서 1권을 포함해서 총 21권으로 2022년 5월에 북코리아에서 출간되었다.(신동흔 외, 2022) 1~16권에는 나라별 설화를 배치하고 17~20권에는 각국의 문화 풍속담과 속신 금기담, 요괴 전승, 생애담 등을 모아서 실었다.

본 조사 연구의 성과로는 천 편이 넘는 자료를 수집해 보고했다는 양적 측면보다 질적 측면을 내세우고 싶다. 이야기 자료의 완결성과 우수성 외에 이주민들을 만나서 이야기를 들으며 소통하는 과정이 뜻깊은 문화적 경험이었다는 점을 특기할 만하다. 한국인 조사자들로서는 '내 곁의 귀한 동반자'들의 삶과 문화를 새롭게 통찰하고 이해하는 과정이었고, 이주민 제보

---

2   언급된 자료는 다음 주소에서 확인할 수 있다. 다문화 시대 이주민 구술 설화 아카이브: http://waks.aks.ac.kr/rsh/?rshID=AKS-2016-KFR-1230004

자들로서는 즐겁고 보람된 문화적 자기표현의 시간이었다.

2) 문화적 표현과 교감의 장으로서의 이야기판

한국 사회에서 이주자들은 대부분 소수자이자 주변인으로서 어려움을 겪는다. 세상은 그들을 객체로 여기면서 거리감과 부정적 시선을 쉬이 나타낸다. 한국인들과 제반 일상생활을 공유하는 결혼 이주자들의 경우는 특히 그러하다. 한국인과 결혼해서 국적을 취득하고 자녀를 낳아 키우고 있음에도 그들은 자신을 타자로 보는 시선에서 자유롭지 못하다. 문화 적응을 위해 언어와 생활 방식을 열심히 익혀도 보이지 않는 벽에 부딪혀 상처와 좌절감을 느끼는 일이 잦다. 실제로 조사 과정에서 만난 많은 제보자가 이런 어려움을 토로하였다.

그간 이주민을 사회의 동반자로 여기면서 이야기적 소통을 하려는 노력이 없지 않았다. 이때 사람들이 이주민들에게 청한 것은 살아온 내력담과 한국 이주 사연 같은 개인사나 자국의 문화 풍속에 대한 설명 등이었다. 소수자 겸 약자로서 어려움과 고통을 겪은 사연이나 문화적 차이를 극복하고 성공적 정착을 이뤄낸 사연 등이 주된 화제였다. 이들은 성격상 '타자적 서사'에 해당한다. 소통의 초점이 '적응'에 놓이는 한 이주자는 영원한 타자일 수밖에 없다.

하지만 모국의 설화를 구술하는 일은 양상이 완전히 달랐다. 어릴 적부터 접하면서 익숙해진 설화들은 온전한 자문화에 해당하는 것으로, 이를 구술할 때에 이주민들은 완연한 주체였다. 그것은 자기 삶의 뿌리를 돌아보면서 내면화된 정체성을 마음껏 발현하는 자기표현의 과정이었다. 굳이 주객을 따지자면 한국인 조사자들이 객체였다. 처음 듣는 이야기에 잔뜩 집중하면서 경탄과 존중을 나타내는 연구자들 앞에서 이주민 제보자들은 인도자이자 선생님이었다. 관계의 극적인 역전이다.

이주민 화자들로서는 설화를 들려달라는 요청 자체가 낯선 것이었다. 조사자들이 원하는 것이 신화나 전설, 민담 같은 상상적 이야기라는 사실을 정확히 이해하기까지 시간이 걸리기도 하였다. 하지만 막상 설화 구연을 시작하면 그 힘을 깨닫는 데 오랜 시간이 걸리지 않았다. 문화적 자기표현 행위로서의 설화 구술이 더없이 즐겁고 멋지며 보람찬 일임을 자각한 제보자들은 매우 우호적이고 적극적인 태도로 구연에 나섰다. 자료를 이리저리 찾아보면서 희미해진 기억을 되살리기도 하고, 모국의 어른들께 전화를 걸어서 이야기를 탐문하는 등 능동적인 노력을 거쳐서 열성껏 설화를 구술한 제보자가 여럿이다. 어린 자녀를 재운 뒤 한밤중에 조사자들을 초대해서 이야기를 들려준 제보자도 있었다. 설화를 구연하는 동안 화자들의 모습은 기쁨과 보람으로 빛났다. 밝고 큰 에너지에 조사자들이 저절로 끌려들 정도였다.

그것은 온전한 '문화의 시간'이었다. 일방적 전달을 넘어선 쌍방적 이해와 교감의 시간이었다는 점을 특기하고 싶다. 조사자들은 이야기를 들으면서 타국의 서사와 문화에 접속하는 한편 그것을 자국의 서사, 문화와 견주면서 차이점과 공통점을 사유하였다. 그리고 그것을 적극 표현하며 제보자들과 소통하였다. 서로 다른 부분에서 함께 고개를 끄덕였고, 서로 통하는 부분에서 함께 놀라며 신기해하였다. 이야기에 담긴 뜻을 함께 풀이해보기도 하였다. 그렇게 자연스럽게 어울려서 삶과 문화에 대한 이해를 넓혀나갔다. 이야기판은 장벽을 넘어선 문화 형성의 장인 동시에 인간적 교류의 장이었다.

그 특별한 문화적 경험을 만들어내는 데 원형적 스토리의 힘이 기여한 측면이 크다. 오랜 세월을 거치며 구전되어온 설화의 상징적 화소와 구조에는 삶과 문화의 정수가 미적으로 응축되어 있다. 그것은 자기도 모르게 사람들의 마음을 잡아끌며 무의식 깊은 곳에 스며들어 생각과 태도를 바꾼다. 다문화적 이해와 교감을 성취함에 있어서, '다문화 감수성multicultual sensitivity'과 '상호 문화 감수성intercultural sensibility'을 발현하고 '다문화 문식성'을 실현함에 있어서 이만큼 좋은 통로는 찾기 어렵다.

3. 문화 주체로서의 이주민 (1)
: 중국 출신 이주민의 신화 구술

1) 마음속에 신화를 기억하고 발화하는 사람들

조사팀에게 이야기를 구술해준 제보자들은 베트남과 중국 출신이 각각 23명으로 가장 많았다. 중국 출신 제보자는 한족 출신이 10명, 조선족 출신이 13명이었다. 이들 화자 23명이 들려준 이야기는 총 253편으로 베트남 출신 화자들의 156편과 일본 출신 화자들의 199편을 상회하며 최다 편수를 기록하였다.

중국에서 온 이주민들이 구술한 설화는 종류와 내용이 다양하였다. 고대 신화와 역사적 고사, 각 지역의 전설, 신기한 내용의 민담과 짧은 재담 등이 골고루 구술되었다. 한족 출신 제보자와 조선족 출신 제보자의 구술 목록은 크게 다르지 않았지만 눈에 띄는 차이도 있었다. 조선족 출신 화자는 중국 고유의 이야기들 외에 성장 과정에서 들은 한국의 신화와 전설도 구연하였다. '연변 조선족 설화'라고 할 만한 백두산(장백산) 관련 신화적 전설을 상세히 구연한 사례도 있었다.

주목할 점은 중국 출신 화자들이 신화에 해당하는 이야기를 무척 많이 구연했다는 것이다. 베트남이나 일본 출신 화자들의 구술이 전설과 민담 중심인 것과 비교되는 면모였다. 중국 출신 이주민 화자가 구술한 신화 자료는 고대 창세 신화부터 민간의 신화적 전승에 이르기까지 폭이 꽤 넓다. 한국에서는 전설로 치지만 중국에서는 신화 범주에 넣는 〈견우와 직녀(우랑과 직녀)〉 이야기와 백두산(장백산) 관련 설화 중 신화적 면모가 짙은 것들을 포함하면 자료 총수는 50편을 상회한다. 그 목록을 제보자별로 정리하면 다음과 같다.

한족 출신 제보자 (21편)

- 이청화(리칭후아) – 여성, 1976년생, 결혼 이주: 〈하늘을 연 반고〉, 〈인간을 창조한 여와〉, 〈시조가 된 남매 복희와 여와〉, 〈태양을 쏜 후예〉, 〈달의 여인이 된 항아〉, 〈견우와 직녀〉

- 반소홍 – 여성, 1977년생, 결혼 이주: 〈남녀 인연을 맺어주는 신 유에라오〉, 〈견우와 직녀〉

- 유연 – 여성, 1981년생, 결혼 이주: 〈태양을 쏜 후예〉, 〈견우와 직녀〉

- 티엔옌 – 여성, 1979년생, 이주 노동: 〈신농씨의 백초〉, 〈바다를 길들인 나타〉, 〈견우와 직녀〉

- 윤가사 – 남성, 1952년생, 한국 방문 / 윤군 – 여성, 1981년생, 결혼 이주: 〈세상을 창조한 반고와 인간을 만든 여와〉, 〈하늘의 구멍을 막은 여와 돌〉

- 조림 – 여성, 1992년생, 유학: 〈하늘을 연 반고〉, 〈사람을 만든 여와〉, 〈하늘의 구멍을 메운 여와〉, 〈태양을 쏜 영웅

과부誇父〉, 〈달의 여인이 된 상아〉, 〈우랑과 직녀〉

조선족 출신 제보자 (30편)

· 주경옥 – 여성, 1973년생, 결혼 이주: 〈천지를 연 반고〉, 〈사
  람을 만든 여와〉, 〈태양을 잡으러 간 화부〉, 〈염제와 황제
  의 다툼〉, 〈물을 다스린 대우〉, 〈물의 신 공공의 패배〉, 〈하
  늘을 기운 여와〉, 〈견우와 직녀〉, 〈우랑과 직녀〉

· 이화(이윤정) – 여성, 1974년생, 결혼 이주: 〈세상을 창조
  한 반고〉, 〈하늘의 구멍을 메운 여와〉, 〈달의 여인이 된 항
  아와 월병 유래〉, 〈만주족 기원 신화〉, 〈장백산이 생겨난 유
  래〉, 〈천지天池의 유래〉, 〈천지의 구름할머니〉, 〈흑사 요괴
  를 물리치고 천지를 지킨 사람〉

· 류정애 – 여성, 1980년생, 결혼 이주: 〈태양을 쏜 허위〉, 〈창
  어(항아)와 월병 유래〉, 〈견우와 직녀〉

· 인춘매 – 여성, 1976년생, 결혼 이주: 〈바다를 길들인 나
  타〉

· 김설화 – 여성, 1983년생, 유학: 〈세상을 창조한 반고〉, 〈하
  늘의 구멍을 메운 여와〉, 〈인간을 창조한 여와〉, 〈강의 신
  을 물리친 염제〉, 〈달의 여인이 된 항아와 월병 유래〉, 〈용
  을 퇴치한 불의 신 나타〉, 〈우랑과 직녀〉, 〈고구려를 건국한
  주몽〉, 〈박혁거세와 알영의 탄생〉

중국 출신 제보자들이 구술한 신화는 반고와 여와, 후예와

항아(상아) 등을 주인공으로 한 중국 고대 신화가 주종을 이루는 가운데 중국 민간 신화에 해당하는 〈견우와 직녀〉가 주 종목으로 포함되어 있다. 동북 지역 조선족 출신인 이화(이윤정) 화자는 중국 고대 신화 외에 장백산 지역의 신화적 전설을 다수 구연했으며, 구술로 전해 들은 만주족 기원 신화도 구술하였다. 조선족 출신 유학생인 김설화 화자는 중국 신화 외에 한국 고대 건국 신화에 해당하는 〈주몽 신화〉와 〈혁거세 신화〉를 구술한 것이 특징이다. 한국에 와서 접한 것이 아니고 중국에서 성장하는 과정에 들은 것이라고 하였다.

2) 현장에서 살아 숨 쉬는 오롯한 신화들

제보자들이 구어口語로 들려준 위의 신화들은 살아 있는 현장의 이야기였다. 기본적인 내용만 간단히 전하는 데 그친 자료도 있지만 전체 스토리를 온전하게 갖춘 것이 다수였으며, 세부적인 디테일까지 잘 살려낸 것들도 있었다. 같은 신화에 대해 서로 다른 버전의 이야기를 함께 들려준 사례도 있었다.

먼저 유명한 고대 신화 〈반고개천盤古開天〉 이야기는 화자 6명이 구술했는데 그중 이청화, 조림, 주경옥, 이화 등 4명이 들려준 이야기가 서사적 짜임새를 잘 갖춘 것이었다. 세간에 널리 알려진 일반적인 내용 외에 개인적 차원의 변이로 여겨지는 내용도 포함된 것이 특징이다. 혼돈 속에 깃들어 있던 반고가 하나이던 하늘과 땅을 가른 뒤 팔로 하늘을 받치고 다리로 땅을 디딘 채 한참을 자라나서 세상의 형태를 만든 뒤 쓰러졌고 그

몸에서 자연 만물이 유래했다는 것은 일반적인 내용에 해당한다. 태초의 우주가 알 모양이었다는 것(이청화, 조림)이나 반고가 혼돈을 깨트릴 때 도끼를 사용했다는 것(주경옥, 이화)도 널리 알려진 내용이다. 반고의 몸이 오악으로 변했다는 내용을 자세히 전한 화자(주경옥)도 있었다. 반고로부터 만물이 생겨나는 부분에 문헌에서 보기 힘든 흥미로운 내용을 담은 것들도 있었다. 이청화 화자는 반고가 "응!" 하고 낸 방구 소리가 천둥이 되었다고 했으며, 조림 화자는 반고의 오장육부가 나무 열매가 되어 후세 사람들이 그걸 먹고 살아간다고 하였다. 구비 전승 과정에서의 변이이거나 화자의 상상력이 작용한 내용일 것으로 여겨진다. 구비 설화에서 이러한 변이는 자연스럽고도 유의미하다. 이야기를 더 풍부하고 생생한 것으로 만들기 때문이다. 다층적 입체성을 지닌 살아 있는 신화로서의 면모다. 특히 '방구' 같은 화소는 신화를 친근한 현재적 이야기로 다가오게 한다는 점에서 주목할 만하다.

〈여와보천女媧補天〉이나 〈항아분월姮娥奔月〉 신화에서도 일반적인 내용과 함께 특징적인 변이들을 만날 수 있었다. 〈여와보천〉은 여와가 거북이의 네 다리를 잘라서 하늘을 떠받쳤다는 것이 일반적인 내용이다. 그러나 조림 화자는 여와가 거북에게 도움을 청하자 거북이가 바다에서 네 다리를 내밀어서 하늘을 받쳤으며 등껍질을 주어 여와로 하여금 녹인 오색돌을 뜰 수 있게 했다고 하였다. 거북이의 역할을 능동적으로 부각하면서 서사를 더 조밀하고 풍부하게 만든 형국이다. 〈항아분월〉의 경우

기록에 의하면 항아가 승천할 욕심에 남편인 후예가 구해 온 서왕모의 불사약을 독식하고서 달에 올라가 두꺼비가 되었다고 하는데, 화자들은 후예의 제자(봉몽)가 자기를 범하려는 급박한 상황에서 항아가 약을 먹고 달로 올라가게 되었다는 내용을 주로 구술하였다. 서로 사랑하는 남녀가 본의 아니게 이별하는 비극적 로맨스 서사로의 변이다. 이러한 전개는 후예가 항아를 그리워하면서 만들어 먹었다는 월병月餠 유래담과 맞물리면서 견고한 짜임새를 갖춘다. 민간 전승 과정에서 생겨난 서사적 변화로 여겨지거니와 신화가 구전을 통해 살아 움직이는 모습에 해당한다. 책에 실린 내용에 익숙한 한국인 청자 입장에서 새롭고 흥미로운 것이었다.

칠월칠석 유래와 관련된 〈견우와 직녀〉에서도 흥미로운 서사적 변이와 만날 수 있었다. 중국의 민간 전승 〈견우와 직녀〉는 한국의 〈선녀와 나무꾼〉과 유사한 내용을 담고 있다. 그러나 부부간의 거리감과 갈등이 부각되는 한국의 경우와 달리, 서로 사랑하며 정답게 살던 부부가 신(옥황상제, 서왕모)에 의해 타의로 이별한 것으로 되어 있다. 소牛의 역할이 강조되는 것도 특징이다. 이주민 화자들의 구술도 대개 이런 내용을 지닌 것이었는데 김설화 화자는 견우와 우랑을 이원화한 특이한 변이형을 구술하였다. 전생에 선관이었던 견우가 상제에게 지은 죄 때문에 지상에 유배되어 우랑으로서 힘든 생활을 하고 있을 때 하늘에서 목욕하러 내려온 직녀가 그를 보고서 자기 연인의 화생임을 알아차리고 그와 부부가 되어 살게 되었다는 내용이었다. 이는 공연에서 접한 내용을 바탕으로 구술한 것이라고 하는데 견우와 직녀가 전생(천상)과 현생(지상), 후생(천상)으로 이어지는 삼생의 우여곡절을 이어간다는 구조가 이채로웠다. 〈견우와 직녀〉가 새로운 서사와 스타일을 취하며 살아 움직이고 있음을 인상적으로 확인해주는 사례였다.

이주민의 신화 구술 가운데 아주 이채롭고 놀라웠던 것으로 이화 화자가 구술한 백두산(장백산) 관련 신화를 들 수 있다. 백두산에 대한 신화와 전설은 연변 조선족 사이에서 전해진 자료가 여럿 채록되어 책으로 출간되었으나 이 화자의 구술 자료에는 책에서 못 본 새로운 내용이 많았다. 한국에서 만주로 이주한 외할머니에게 직접 들었다는 이 이야기들은 백두산 신화 전승의 진수라고 할 만한 것이었다.

이화 화자가 전해준 백두산 유래담은 아득한 옛날 커다란 용이 나타나 세상을 혼란스럽게 하다가 49일 만에 천신에게 제압 당해 철사로 묶인 끝에 소멸하여 백두산 산맥과 여러 봉우리가 되었다는 내용이었다. 백두산과 꿈틀대는 용의 연결이 눈길을 끈다. 백두산이 화산이라는 점을 생각할 때 하늘에 대든 용의 형상은 화산 분출의 표상일 가능성이 크다. 용의 입이 천지 구덩이가 되었다고 하는데 분화구의 상징과 딱 맞는 내용이다. 기존 백두산 전승의 흑룡에 이어 자연 재앙을 상징하는 특별한 신화적 화소를 얻게 된 셈이다. 서왕모의 큰딸이 동생과의 미모 대결에서 진 뒤 말하는 거울을 지상에 던진 것이 천지가 되어 주변 풍경을 비추게 되었다는 이야기와 구름할머니가 천제의 명을 받아 천지에서 목욕 중인 선녀들을 가린다는 이야기도 처음 접하는 내용이었다. 한 용사가 나서 천지를 훼손하는 검은 뱀과 싸워 결국 제압하는 내용은 〈천지수〉 전설로 널리 알려진 흑룡 퇴치담의 변이형으로, 용사의 싸움을 도운 여인이 천제의 막내딸이었다는 것은 기존 자료에 없는 내용이다. 그들이 결혼한 뒤 천지의 용궁에 깃들어 백두산과 천지를 다스리게 되었다는 전개는 완연한 신화적 면모를 현시한다.

이화 화자의 구술은 한국과 중국에 걸쳐 있는 신령한 산인 백두산 지역의 민간 신화가 눈앞에 생생히 펼쳐지는 경이로운 문화적 경험을 선사하였다. 그 구술 자료를 검토하면서 마치 꿈을 꾸는 듯한 기분이었다. 본 연구자는 2024년 1월에 오정미, 박시언, 구형열 등과 함께 이 화자를 대상으로 새로운 현지 조사를 수행해서 백두산 관련 설화들을 추가로 채록한 뒤 그 성격과 가치를 집중 분석하는 연구를 제출하였다.(신동흔, 2024) 논의의 결론은 이 화자의 구술 자료가 백두산 설화에 대한 이해를 넘어서 한국 구전 신화사에 대한 이해를 새롭게 할 만한 내용과 요소를 다양하게 담고 있다는 것이었다.

책에 담긴 신화 자료는 텍스트가 고정되어 있지만 현장 구술 신화는 현재형으로 살아 움직인다. 그것은 듣는 이와의 상호 작용 속에서 즉각적이고 입체적인 문화적 힘을 발휘한다. 그 이야기 하나하나를 작은 문화 박물관이라고 보아도 좋다. 오랜 세월 충적된 삶과 문화의 무게가 그 속에 오롯이 깃들어 있다. 그 이야기들을 전해주는 이주민 구술자들은 문화의 전달자를 넘어 완연한 주체였다. 동반자적 주체를 넘어 인간과 세계에 대한 이해를 새롭게 확장해주는 계시적이고 계몽적인 주체로서의 면모다.

3) 원형적 이야기를 통한 다문화 감수성과 이해도 증진

오늘날 한국에서 일상생활 중에 설화 구술을 접하기는 매우 어렵다. 사람들이 주고받는 담화 목록에 설화는 포함되지 않는다. 설화를 듣기 위해서는 나이 많은 노인들을 찾아가야 하는데 이 또한 어려워지고 있다. 설화를 기억하고 구술하던 세대가 이미 퇴장했기 때문이다.

설화의 여러 양식 가운데서도 신화는 구술 현장에서 만나기가 더 어렵다. 각 지역에 지명 관련 전설의 명맥이 이어지고 간혹 민담이나 재담을 잘 구술하는 화자도 만날 수 있지만 이야기판에서 신화가 구연 종목에 포함되는 일은 거의 없다. 고대 건국 신화는 교과서에서 두어 번 만난 뒤 잊고 지나가는 대상이며, 민간 신화는 굿이라는 특별한 의례 공간을 찾아가야 접할 수 있는 낯선 대상이다. 일부 신화가 동화책으로 만들어져 읽히는 것을 제외하면 한국에서 일상 담화로서의 신화 구술은 명맥이 끊긴 상태라고 보아도 좋다.

그런 점에서 이주민 화자들의 신화 구술을 듣는 일은 낯설고 놀라운 문화적 경험이었다. 20~50대인 젊은 화자들의 입에서 〈반고개천〉이나 〈항아분월〉 같은 고대 신화가 자연스럽게 술술 흘러나오리라고는 예상하지 못한 터였다. 현실감이 잘 안

느껴질 정도였다. 구술한 자료들은 이야기 내용이 자기 것으로 내면화되어 있지 않으면 나올 수 없는 형태였다. 일반적인 한국인의 마음속에 극히 일부의 설화만이 파편화된 형태로 남아 있는 것과 비교하며 상당한 문화적 층차를 느낄 수밖에 없었다.

먼 옛날부터 흘러온 신화들을 술술 구술하는 이주민 화자들을 보면서 조사자들의 마음에서는 저절로 경의와 감탄이 우러나왔다. 그것은 사회적 타자로 치부되던 이방인들이 문화적 주체이자 동반자로 훌쩍 다가오는 관계적 전변을 낳았다. 이주민이 신화를 구술하고 한국인이 이를 듣는 모든 과정이 문화 다양성을 발현하고 다문화 감수성과 이해도를 증진하는 과정이었다. 특히 이주민들이 이야기를 한국어로 구술하는 상황이라서 존중감은 더욱 컸다. 타국에서 오래 전해온 설화가 한국어와 만나서 새롭게 재현되는 상황이니 그 자체로 문화적 횡단이고 융합이라 할 수 있다.

한국인의 입장에서 반고나 여와, 후예, 항아, 염제 등에 대한 이야기는 '다른 나라 신화'로서 이질감을 준다. 우호적 관심으로 이야기를 수용하는 신화 애호가를 제외하면 그것을 자기 것으로 사유해서 내면화하는 경우는 드물 것이다. 하지만 이들 신화는 '남의 것'이라고 할 것이 아니다. 그것은 중국의 신화인 동시에 인류 모두의 신화다. 그 안에는 우주와 인간에 대한 본원적 사유가 응축되어 있다. 구술 현장에서 한국어로 구술되는 신화들은 그러한 당연한 사실을 몸으로 실감하게 해주었다. 창조신 반고가 하늘과 땅을 받치면서 자라나는 모습에 함께 힘을 내게 했고, 창조신의 몸이 산과 들과 강과 바람으로 변화하는 서사는 자연 만물의 신성을 새로이 되새기게 하였다. 반고의 방귀 소리가 천둥이 되는 장면에서는 다 함께 웃으며 즐거워하였다. 다른 신화들도 마찬가지다. 후예와 항아에 대한 신화적 사연으로부터 중추절 월병이 유래했다는 내용에서 한국의 송편 만들기를 떠올리며 문화적 연관성과 차이점을 생각하게 되었다. 그러한 정신적 경험은 자연적이면서 깊고 내밀한 것이라는 점을 주목할 만하다. 원형적 이야기로서의 신화는 강한 미적 각인력으로 생각과 감정의 구조에 변화를 일으킨다.

한국 설화와 깊이 연관된 이야기가 주는 문화적 파장은 더 컸다. 〈견우와 직녀〉의 경우 한국에서는 천제의 엄한 처벌로 사랑하는 견우와 직녀가 헤어졌다는 사연이 전설 형태로 전해올 따름인데, 중국에서 전해온바 두 남녀의 사연이 지상에서의 만남과 사랑, 비극적 이별로 이어지는 긴 우여곡절과 만나는 일은 익숙한 이야기의 재발견과 재의미화를 촉발하였다. 〈견우와 직녀〉와 〈선녀와 나무꾼〉의 공통점과 차이점은 자문화 중심의 근시안적 시야를 깨트리면서 더 크고 본원적인 차원에서 인간과 문화를 사유하고 성찰하게 하는 것이었다. 이런 경험은 문화 다양성을 체득하면서 진정한 세계 시민이 되어가는 유의미한 과정이다.

백두산 지역의 신화적 전승 또한 서사적 사유의 폭을 넓히면서 문화적 연결성과 다양성을 발현하는 기회를 제공하였다. 한국 사회에는 조선족을 타자화하면서 경시하는 풍조가 있는

데, 눈앞에 생생하게 펼쳐지는 조선족 신화는 이야기를 구술하는 화자를 크고 특별한 선생님으로 느끼게 하였다. 실제 조사자들은 화자를 '선생님'으로 호칭하였다. 백두산 관련 신화는 조선족을 매개로 한국과 중국이 공유하는 이야기라는 점에서도 특별한 문화적 의의를 지닌다. 땅은 국경으로 갈라져 있지만 이야기는 단절 없이 연결된다. 네 것이냐 내 것이냐를 다투는 것은 좁고 배타적인 소견일 따름이며, 신화적 서사의 미적 가치를 함께 느끼고 사유하면서 문화적 연결성을 체득하는 것이 옳은 일이다. 중국 사람들과 한국 사람들이 같은 신화를 함께 누리는 것은 이상한 일이 아니라 기꺼이 추구할 일이다. 오래 전승되어 온 귀한 이야기는 소중한 문화적 연결 통로다.

한 조선족 유학생 화자(김설화)가 구술한 한국 고대 신화가 전해준 문화적 충격을 잊을 수 없다. 수십 년을 한국 땅에서 살면서도 책이 아닌 제대로 된 구술로 〈주몽 신화〉와 〈혁거세 신화〉를 처음 접한 것이 이주민 유학생 화자를 통해서라는 것은 아찔한 일이었다. 스스로 방치하면서 흐트러뜨린 문화적 중심과 정체성을 아프게 성찰하게 되는 장면이었다. 돌아보니 본 연구자 역시 강의 시간 외에 한국의 건국 신화를 다른 사람에게 제대로 들려준 경험이 거의 없었다. 들려줄 만한 이야기라고 생각하지 않았기 때문일 것이다. 스스로 문화적 중심을 지키지 못한 상황이다. 그런 상태에서 내거는 문화 다양성이나 다문화적 문식성이라는 명분은 한낱 구호일 뿐임을 실감한다.

신화를 매개로 한 이주민 화자들과의 서사적 소통은 이렇듯 여러 측면에서 문화적 자기 성찰과 변화의 과정이 되었다. 인간의 힘과 이야기의 힘, 구술의 힘이 현장에서 어울린 결과였다. 문화 다양성이란 거대 담론이나 사회 시스템 등을 말하기에 앞서 이렇게 가까운 곳에서부터 몸으로 하나씩 느끼면서 실행해가야 하는 것이라고 말하고 싶다.

4. 문화 주체로서의 이주민 (2)
: 노마치 유카 화자의 경우

1) 이야기판과 구술 개요

2017년 5월 1일에 본 연구자는 조홍윤, 황승업 등 두 연구원과
함께 인천 부평구 삼산동의 한 카페에서 일본인 결혼 이주자를
대상으로 한 설화 조사를 수행하였다. 제보자의 성명은 노마치
유카로 1974년생 여성이다. 결혼으로 한국에 이주한 지 6년 차
다. 한국인에게 일본어를 가르치고 일본인에게 한국어를 가르
치는 이중 언어 강사로 활동할 만큼 높은 수준의 한국어 구사
능력을 갖추었다.

노마치 유카 씨는 2017년 1월 17일에 조홍윤과 황승업이
1차 조사를 수행한 제보자로 이번이 두 번째 만남이었다. 1차
조사 당시 제보자는 신화와 민담 등을 꽤 구연했으나 내용은 거
칠고 소략한 쪽이었다. 일본의 속신어들을 소개하고 해설하는
것이 주된 구연 내용이었다. 하지만 두 번째 조사에서는 달랐
다. 제보자는 본국에서 들었던 설화들에 대하여 조리 있고 흡인
력 있게 이야기를 구연하였다. 구술은 자발적이면서도 적극적
이었다. 제보자는 설화 줄거리를 메모한 쪽지를 간간이 확인하
면서 밝은 표정으로 즐겁고 진지하게 이야기를 이어나갔다. 조

사자들과의 상호 소통에도 적극적이었다.

이날 노마치 유카 씨가 들려준 이야기 목록은 다음과 같다.

1. 〈소원을 들어주는 오지조 사마〉
2. 〈물에 빠진 아이를 구해준 오지조 사마〉
3. 〈나무로 만든 호토케 사마 덕분에 부자가 된 사람〉
4. 〈금덩이를 몰라본 숯구이 총각의 성공〉
5. 〈꿈대로 했다가 다리에서 센닌(선인)을 만난 총각〉
6. 〈치수를 해서 사람들을 도와준 교우지 스님〉
7. 〈시치후쿠진(칠복신)을 재워주고 부자가 된 사람〉
8. 〈일본의 칠복신(상인의 신 에비스와 머리를 좋게 하는 신 다이코쿠)〉
9. 〈복 고양이 마네키네코의 유래〉
10. 〈민보가미(빈곤신)로 변해서 찾아온 후쿠노가미(복의 신)〉
11. 〈민보가미(빈곤신)가 집을 떠나며 두고 간 선물〉
12. 〈우물에 빠진 천둥신 카미나리 사마를 꺼내준 사람들〉
13. 〈오니와 관련된 일본의 풍습 (귀문과 나마하게)〉
14. 〈산에 사는 무서운 할머니 야만바와 세 개의 부적〉
15. 〈혹 달린 영감과 도깨비(오니)〉
16. 〈죽은 나무에 벚꽃이 피어나게 한 하나사카지이 상〉
17. 〈일본의 추석 풍습: 수신에게 올리는 음식과 조상신을 위한 봉오도리 춤〉

18. 〈오니를 물리치고 보물 망치를 얻은 꼬맹이 잇슨보시〉

이날 구연의 주된 키워드는 '신령'과 '이물'이었다. 일본의 구비 전승에 등장해서 사람들과 부대끼는 여러 초월적 존재에 대한 이야기들이 이어졌다. 내용이 길고 다채롭지는 않으나 필요한 서사 요소를 착실히 갖춘 재미있고 신기한 것들이었다.

이날의 설화 구술 상황은 그 자체로 다문화 문식성의 확장과 심화 과정이었다고 할 만하다. 제보자가 구연한 설화들은 자국의 삶과 문화가 서사적으로 응축된 정수인 동시에 보편적인 교훈과 감동으로 외국인 청자들의 마음을 사로잡는 빛나는 언어였다. 두 시간이 채 안 되는 시간이었지만 조사자들은 밀도 높은 문학적 경험과 함께 지식과 정서 양 측면에서 다문화적 확장을 이룰 수 있었다.

조사자들만 그런 것이 아니다. 설화를 구연한 이주민 제보자 또한 조사자들과의 소통을 통해 다문화적 이해와 확장을 이룬 측면이 있다. 요컨대 설화 구술을 통한 다문화 문식성 발현은 입체적이고 쌍방적인 것으로 '상호 주체성'이라 일컬을 만한 것이었다.

2) 다문화 문식성의 상호 주체적 구현

이날의 이야기판에서 이주민 제보자와 한국인 청자 사이에 설화를 매개로 한 다문화 문식성 구현이 상호 주체적으로 이루어진 양상을 몇 가지 국면으로 나누어서 살펴보면 다음과 같다.

(1) 언어 문화적 지식 정보의 자연스럽고 효과적인 확장

앞에 제시한 구연 설화 목록을 보면 알 수 있듯이 이날의 설화 구연에는 오지조 사마와 호토케 사마, 시치후쿠진과 후쿠노가미, 민보가미, 카미나리 사마 등 일본의 여러 신령이 등장하였다. 한국인에게는 언어적으로나 문화적으로 낯선 대상들이다. 설화적 주인공인 오니와 야만바, 잇슨보시 등은 상대적으로 익숙하지만 그 또한 구체적 형상과 특성에 얽힌 맥락은 낯설고 불투명한 쪽이다. 설화는 특유의 문학적 생동성과 흡인력으로 이런 낯선 존재들이 자연스럽게 청자의 마음속에 들어와 앉게 하였다.

다음은 제보자가 구술한 칠복신과 빈곤신에 대한 설화의 내용을 요약한 것이다.

① 〈일본의 칠복신(상인의 신 에비스와 머리를 좋게 하는 신 다이코쿠)〉

일본 사람들은 칠복신을 모시는데 그중 유명한 것이 에비스다. 상인들은 '에비스 상'이라 하여 그를 귀하게 여기며, 금이나 좋은 것들로 장식한 에비스를 사다가 가게를 장식하곤 한다. 에비스는 뺨이 복스럽게 볼록 나오고 모자를 썼으며 얼굴은 상냥하게 웃고 있는 모습이다. 일본에서는 아부하는 일을 '깨를 으깬다.'라고 표현하는데 그런 이미지다. 칠복신 가운데는 다이코쿠 사마도 있는데 그를 모시면 머리가 좋아진다고 했던 것 같다. 오사카의 타워에 다이코쿠가 있는데

만지면 머리가 좋아진다고 해서 대학생들이 다투어 만져서 맨들맨들하다. 일본에는 칠복신을 모시는 신사가 많다.

② 〈민보가미(빈곤신)로 변해서 찾아온 후쿠노가미(복의 신)〉

일본의 신 중 하나인 민보가미가 집 안에 있으면 가난해진다. 그래서 사람들은 이 신을 꺼린다. 어떤 마을 뒷산에 민보가미가 살았는데 사람들은 그가 마을에 내려오면 절대 집에 들이면 안 된다고 하였다. 비가 엄청 내리던 어느 날, 딱 봐도 민보가미 같은 사람이 마을에 나타나서 자기를 재워달라고 하였다. 모두 싫다고 거절하는데 그를 불쌍히 여긴 어느 착한 사람이 집에 들여서 밥을 대접하고 재워주었다. 그는 다음날이 되어도 집을 나가지 않고 계속 그 집에 머물렀다. 마음 착한 집주인이 계속 밥을 주다 보니 식량이 떨어져 마지막 한 알까지 없어지게 되었다. 그러자 민보가미는 그 집을 떠나면서 주인한테 어떤 나무 밑에 오지조 사마가 있으니 거기로 가보라고 하였다. 저녁에 가서 보니까 흰 말이 지나간 자리에 보따리가 떨어져 있었다. 그 보따리 안에는 보물이 가득 들어 있어서 그 사람은 부자로 살게 되었다. 그 객식구는 사실 민보가미가 아니라 복의 신 후쿠노가미였던 것이다.

③ 〈민보가미(빈곤신)가 집을 떠나며 두고 간 선물〉

어느 집에 빈곤신 민보가미가 들어와 앉아서 그 집은 아무리 일을 해도 좀처럼 살림이 나아지지 않았다. 마침 설날이 되었는데 아무것도 준비를 못하고 있자 민보가미가 조리(오키미야게)를 두 개 주면서 그거라도 가져다 팔라고 하였다. 집주인은 조리를 팔러 나갔으나 아무도 사는 사람이 없었다. 할 수 없이 돌아오려고 하는데 어떤 숯 장수도 숯을 하나도 못 팔고 돌아가려 하고 있었다. 두 사람은 물건을 하나도 못 팔고 들어가면 속상하니까 서로 교환하자며 조리와 숯을 맞바꿨다. 집주인이 돌아와서 숯으로 불을 피우자 차갑던 집이 아주 따뜻해졌다. 그러자 민보가미가 뜨거워서 싫다면서 그 집을 떠나며 조리를 하나 주었다. 민보가미가 떠난 뒤에 그 조리를 사용했더니 긁을 때마다 금이 나왔다.

이들 이야기에 나오는 칠복신 에비스와 다이코쿠, 빈곤신 민보가미는 일본인에게는 익숙하겠지만 한국인에게는 그렇지 않다. 이름이 낯설고 형상이나 성격도 짐작하기 어렵다. 위 이야기들은 그 새로운 언어 문화적 지식 정보를 우리에게 전달해 준다. 일본에 신령의 종류가 꽤 많고 흥미로운 신이 많이 있다는 사실을 알게 해주는 것이다. 장사를 잘되게 해주는 신 정도는 흔히 생각할 수 있지만 머리를 좋게 하는 신이나 집을 가난하게 하는 신도 있다는 것은 흥미로운 관심의 대상이 된다. 일본인들이 가지각색의 신령과 가까이하는 문화를 지니고 있음을 단적으로 깨닫게 되는 장면이다. 지식 정보의 다문화적 확장이다.

우리가 눈여겨볼 바는 특별히 설화에서 문화적 확장이 이루어지는 방식이다. 위의 자료들을 비교하면 민속 설명에 해당하는 자료 ①과 설화적 서사를 갖춘 자료 ②·③에서 문화적 문식성이 발현되는 양상과 수준이 같지 않다. ①의 경우 칠복신 가운데 에비스와 다이코쿠라는 신의 존재와 함께 그 형상과 직능에 대한 '정보'를 전할 따름이다. 설화적으로 서사화된 민보가미에 얽힌 문화적 간접 체험은 이보다 훨씬 극적이고 역동적인 형태로 이루어진다. 민보가미가 들어와 있으면 집이 가난해진다는 표면적인 인식을 넘어, 두 설화적 담화는 사람들이 꺼리는 신령이라도 그를 대하는 방식에 따라 상황의 역전이 가능하다는 인식을 현시한다.

자료 ③을 보면 주인공이 시장에서 가져온 숯으로 불을 피우자 빈곤신이 떠났다고 하는데 그 온기는 실상 주인공의 심성과 삶의 방식에서 나온 것이라 할 수 있다. 따뜻한 마음으로 세상을 살아가는 사람한테는 빈곤신도 당할 수 없으며 결국 때가 되면 성공이 찾아온다는 신념적 인식이 그 안에 깃들어 있다고 볼 수 있다. 이러한 인식은 자료 ②에도 나타난다. 이야기는 주인공의 집에 찾아온 것이 빈곤신인 민보가미가 아니라 복의 신인 후쿠노가미였다고 하지만 서사적 맥락으로 보면 주인공이 특유의 인정과 온기로써 빈곤신을 복의 신으로 탈바꿈한 것이라고 볼 수 있다. 인생의 성공과 행복이란 결국 어떤 마음으로 어떻게 사는가에 달렸다는 신념적 인식이 그 안에 육화되어 있다. 설화라는 문학적 담화를 통해 얻는 구조화된 세계관적 의미다. 이러한 발견은 '민보가미'라는 언어적·문화적 요소를, 그리고 그와 더불어 살아가는 사람들의 삶의 풍경을 내면 깊이 되새기도록 한다. 다문화 문식성의 확장이 효과적이면서도 밀도 있게 이루어지는 장면이다.

(2) 이면적 맥락의 통찰을 통한 타문화의 객관적 인식

사람들은 자기 문화와 다른 타국의 문화에 대해 그 표면적인 모습만 보고 편견을 가지기 쉽다. 이러한 선입견은 열린 문화적 소통과 확장에 큰 걸림돌이 된다. 설화는 그 문화의 이면적 맥락에 대한 새롭고 깊은 통찰의 길을 여는 힘을 지니고 있다. 많은 정보나 복잡한 논리적 설명 없이 응축된 미적 언어를 통해 쉽고 효과적인 방식으로 질적 변화를 가져온다는 것이 설화의 놀라운 점이다.

　　앞서 살핀 빈곤신 민보가미에 대한 설화만 보더라도 편견을 넘어선 문화 인식의 재맥락화라는 기능을 잘 구현한다. 일본 사람들이 수많은 신령을 귀하게 모신다는 사실은 세간에 일반 상식처럼 공유된 정보다. 신을 모시는 정성도 좀 유별나다고 알려져 있다. 이러한 지식은 일본인들의 신에 대한 의존성 혹은 종속성이 강하다는 인상을 준다. 이에 대하여 민보가미 관련 설화들은 그것이 신에 대한 일방적인 의존이 아님을 단적으로 보여준다. 진짜로 중요한 것은 인간이 어떻게 하는가이며 신은 그에 대한 응답을 줄 따름이라는 것이다. 더 나아가면 이 설화들은 신이 인간 내면의 표상이며 사람 안에 있는 힘임을 말해준다고 볼 수도 있다. 자료 ③에서 빈곤신이 복의 신으로 탈바꿈한 것은 주인공 안에 있는 복된 힘이 극적으로 발현된 상황이거니와 이 설화에 그려진 신에 대한 정성은 곧 자신에 대한 믿음과 정성이라고 해석할 만하다. 이는 '일본 사람들은 신에 대한 의존성이 크다.'라는 선입견을 깨면서 이면의 문화적 맥락을 더 개방적이고 객관적인 형태로 이해할 수 있게 하는 요소다. 상대 문화에 대한 이해의 질적 심화가 이루어지는 장면이다.

이날의 여러 설화 구술 가운데 가장 인상적으로 다가온 것은 벚꽃에 관한 내용이었다. 일본인이 벚꽃을 좋아하고 벚꽃놀이에 널리 나선다는 것은 대략 알고 있었으나 그에 얽힌 문화적 맥락에 대해서는 따로 생각해 보지 않았다. 그냥 꽃이 예쁘니까 보러 가서 사진을 찍고 즐기는 것이려니 하는 정도였다. 이에 대하여 제보자가 구연한 설화는 그 문화적 의미를 완연히 새롭게 들여다보게 해주었다.

④ 〈죽은 나무에 벚꽃이 피어나게 한 하나사카지이 상〉

벚꽃 피는 시절에 어울리는 이야기가 있다. 꽃을 피우는 할아버지 하나사카지이 상에 관한 이야기다.

옛날에 할머니, 할아버지가 예뻐하며 키우는 개가 한쪽을 가리키며 거기 무엇이 있다는 듯 왕왕 짖었다. 할아버지가 그쪽 땅을 파니 금이 나와서 노부부는 부자가 되었다. 그 말을 들은 이웃집 노인이 개를 빌려달라면서 억지로 끌고 갔다. 개가 짖지 않자 노인은 개를 때려서 짖게 하였다. 하지만 개가 짖은 쪽을 파자 나온 것은 금이 아닌 쓰레기였다. 화가 난 노인은 막대기로 개를 때렸고, 막대기를 잘못 맞은 개는 그만 죽고 말았다.

주인 할아버지가 죽은 개를 데려와서 태운 다음 무덤을 만들어주었다. 그러자 무덤에서 나무가 한 그루 자라났다. 나무가 크게 자랐을 때 꿈에 개가 나타나서 그 나무로 절구통을 만들라고 하였다. 할아버지가 그 말대로 절구통을 만들고 절구질을 하자 안에서 금이 나왔다. 그러자 이웃집 노인은 절구통을 가져가서 절구질을 했고, 이번에도 금이 아니라 쓰레기가 나왔다. 그는 화가 나서 절구를 불에 넣어 태워버렸다.

주인 할아버지가 슬퍼하면서 재를 챙겨 돌아올 때였다. 바람에 재가 날려서 죽은 나무에 떨어지자 나무에서 화사한 꽃이 피어났다. 벚꽃이었다. 신기하게 여긴 할아버지가 죽은 나무들이 있는 곳으로 가서 재를 뿌리자 나무마다 꽃이 피어났다. 그 모습을 본 장군이 대단하다며 할아버지에게 상을 주었다. 이때 이웃집 노인이 다시 재를 빼앗아 나무에 뿌렸는데, 꽃이 피지 않은 것은 물론 재가 장군의 눈에 들어가서 벌을 받았다.

옛날에는 사람이 죽으면 다 산에 가서 신이 된다고 믿었다. 그 신이 마을에 한 번씩 돌아오는 때가 바로 봄이다. 사람들은 벚꽃을 신성한 나무로 여겨 돌아가신 조상들과 함께한다는 뜻으로 나무 밑에 돗자리를 깔고 꽃구경을 하게 되었다. 벚꽃놀이가 시작된 데는 그런 유래가 있다.

서사적 짜임새를 잘 갖춘 훌륭한 설화다. 모방담의 구조를 지니고 있으며 '진짜 대 가짜' 형태의 모방 서사가 세 번에 걸쳐 중첩된다. 강아지와 나무, 꽃으로 이어지는 세 삽화는 공통적 의미 요소 하나를 지니고 있으니 바로 '생명'이다. 개를 사랑하는 일이나 나무를 소중히 여기는 일, 죽은 나무에 꽃을 피우는 일 등은 모두 '생명 존중'과 '생명력의 발현'이라는 맥락에서 의미를 부여할 수 있다. 요컨대 이야기 속의 할아버지는 세상에 깃든 생명을 존중하고 그 신령한 힘에 접속된 인물이다. 죽은 나무에 꽃을 피우는 대목에서 생명을 존중하는 삶의 신령한 기적은 더없이 극적으로 발현된다.

> 　　그런데 가는 길에 바람이 불어서 그게 재가 날아가는데, 그 주변에 죽은 나무들이 있었는데 그 나무가 다시 살아나서 꽃이 피는 거예요. 그게 벚꽃이었던 거죠. [조사자 일동: 아!] '어, 신기하다!' 해서 "죽은 나무에 꽃을 피웁시다!" 하고 막 신나게 이렇게 피우고 다녀요. 그랬더니 사람들 막 보러 오잖아요. "어, 죽었는데 다시 피네!"

　　조사자들이 동시에 탄성을 발할 정도로 극적인 장면이었다. 설화는 그 나무가 '죽은 나무'였다고 말하거니와 거친 껍질로 둘러싸인 채 겨울을 지낸 나무에서 화사한 꽃이 피어나는 일은 그 자체로 '죽은 나무가 꽃을 피우는 기적'이라고 할 만하다. 그 일을 가능하게 한 할아버지는 생명 존재로서의 인간인 동시에 신이라고 할 수 있다. 생명은 죽어 사라지지 않고 순환하는 법이니, 개가 나무로 거듭나는 것이 그러하며 마른 가지에 꽃이 피어나는 것 또한 그러하다. 죽은 조상이 꽃이 되어 찾아오는 것도 마찬가지다. 그 꽃을 찾아가 바라보면서 교감하는 일은 인간이라는 존재의 울타리를 훌쩍 열어젖히고 세상의 본원적 생명력과 교감하는 일이 된다.

이렇게 이 설화는 벚꽃놀이를 우주에 깃든 본원적 생명력과 교감하는 하나의 신성한 의례로 격상한다. 아니, 격상이 아니다. 그것이 본래의 문화적 의미였는데 우리가 그 껍데기만 보면서 봄 풍경을 소비해온 것이다. 개인적으로 이 설화가 마무리되었을 때 충격에 가까운 감동을 느꼈다. 원형적 설화가 전해주는 감동이며, 인간과 문화의 깊이가 전해주는 감동이다. 일본이라는 타문화에 대한 문식성의 질적 교정과 확장이 이루어지는 순간이었다.

(3) 상호 소통과 교감을 통한 문화의 쌍방적 이해와 확장

문화적 가치 요소를 함축한 언어는 설화만이 아니다. 시와 소설, 노래, 영화와 드라마 등 수많은 문학예술 양식에 문화적 가치가 내포되어 있으며 그것은 문화적 문식성 발현의 좋은 통로가 된다. 하지만 구술 문화로서의 설화에는 이들 문학예술 양식과 다른 특별한 점이 있으니 현장에서의 상호적 소통이 그것이다. 서로 얼굴을 맞대고 눈을 마주 보면서 이루어내는 소통이 발휘하는 힘은 우리가 막연히 생각하는 것 이상이다. 특히 서로 출신국이 다르고 살아온 내력이 다른 사람 사이의 현장적 소통은 더욱 특별한 면이 있다. 오가는 말 한 마디 한 마디가 두루 문화 요소로 기능한다고 해도 좋을 정도다.

설화의 구술은 특정 화자가 내용을 구연하고 청자가 그것을 듣는 방식으로 이루어진다. 하지만 구술 현장에서 청자는 단순한 객체가 아니다. 그는 화자와 깊은 관련을 맺는 또 하나의 소통 주체로 기능한다. 청자의 눈빛과 표정이, 그리고 동작 하나하나가 화자에게 영향을 미친다. 구연 중에 청자가 모종의 언어적 발화를 하는 경우는 더 말할 것도 없다. 그것은 그 자체로 문학적 담화와 소통의 실체를 구성한다. 구술 현장에서 청자는 어떤 식으로든 발화에 참여하면서 화자와 상호 작용을 하게 되어 있거니와 즐거운 상상적 담화로서의 설화 구술 현장에서는 그러한 상호 작용이 자연스러우면서도 우호적인 형태로 이루어진다.

2017년 5월 1일 노마치 유카 제보자의 설화 구술 현장도 그러한 상호적 소통성이 잘 살아난 경우였다. 제보자가 구술하는 설화를 녹음하여 자료화하는 것이 만남의 목적인 만큼 제보자가 발화의 기본 주체인 상황이었지만 구술이 진행되는 동안에 크고 작은 상호 소통이 이루어졌다. 궁금한 사항에 대한 질문과 대답 외에 설화 내용에 대한 감상과 토론, 설화를 둘러싼 문화 차이에 대한 대화, 구연된 설화와 비슷한 다른 설화에 관한 대화 등이 자연스럽게 오갔다. 다음은 그중 간단한 장면을 옮긴 것이다.

⑤ 〈일본의 칠복신〉 구연 과정에서

그러니까 상인들 이미지가 그래요. 막 이렇게 이거 "깨를 이렇게 으깬다."고 하는데, 한국에서 뜻이 없어요? [조흥윤: 으끼, 으깬다고 해서?] 아, 깨, 깨를 으깨는 뭔가 다른 뜻이 없어요? 내포되는 뜻. [조흥윤: 아, 그런 다른 의미는 모르겠는데요.] (웃음) 아부! [조흥윤: 아부, 아! 우리는 "손바닥을 비빈다."라고.] (웃음) 에, 고마ご゙ま라고 하는데, 막 이렇게 깨를 막 이렇게 하는 건데. 이 손도 막 이렇게 하면서. (웃음)

⑥ 〈금덩이를 몰라본 숯구이 총각의 성공〉 구연이 일단락된 뒤

[신동흔: 한국에도 숯구이 총각 이야기 되게 많아요. 숯구이 굽는 그 총각이 결혼을 해서 알고 봤더니, 여기 그 숯구이 총각한테 금이 많이 있었다.] 오, 똑같네요. 예. [조흥윤: 신기하네요.] 음. 제가 어딘가에서, 아 그 규슈, 규슈로 갔을 때, 규슈 아시죠? 거기 갔을 때 옛날에 한국 사람들이 많이 전쟁 때 와가지고 숯을 굽는 일을 많이 했었다는 얘기가 갑자기 생각나네요. 산에서 그 일을 많이 했겠죠.

삽화적인 간단한 장면이지만 언어 문화적 차이와 공통성을 두루 확인하는 즐거운 과정이었다. '깨를 으깬다.'와 '손바닥을 비빈다.'라는 관용적 표현 사이의 차이가 서로에게 호기심과 재미를 일으켰고 한국과 일본에 모두 숯구이 총각 얘기가 많고 그 이야기가 금과 관련된다는 공통점에 함께 관심을 나타냈다. 경계를 넘어선 문화적 소통이 자연스럽게 이루어진 순간이다. 숯구이 총각 이야기는 그것이 모종의 역사적 배경을 지니는 것이 아닌가 하는 추정으로까지 이어졌다. 여건이 되어 그에 대한 이야기를 더 이어갔다면 소통은 한층 깊고 넓게 이루어졌을 것이다.

다음은 이야기를 둘러싼 문화적 소통이 실제로 더 깊고 넓은 수준으로 이어진 장면이다.

⑦ 〈산에 사는 무서운 할머니 야만바와 세 개의 부적〉을 마무리하던 중

[신동흔: 이 이야기 아주 재밌는데요? 저기 헨젤 그레텔 이야기하고도 좀 비슷하고.] 아 그래요? [신동흔: 헨젤과 그레텔.] 아, 헨젤 그레텔. [신동흔: 거기서 마녀가 이렇게.] 그렇죠, 그렇죠. 거기도 할머니가. [신동흔: 여우누이하고도 비슷하고. 한국에도 그런 뭐, 그런 이야기가 있어요. 기둥에 묶어놨다고 그랬는데, 한국에 방에다가 똥을 놔놓고서 막, 창문을 열고 도망가니까, 물어보니 똥이 대신 대답을 했다.] (웃음) [조홍윤: 분신이죠, 분신.] 진짜네요. 재밌네요. [신동흔: 네, 자기 분신이라서.] 왜요? 그런 힘이 있어요? [신동흔: 어, 그러니까 자기 몸에서 나온 거니깐, 아직도 따끈따끈하니깐 생기가 있잖아요. 그래서 그런지 모르겠는데. "오빠 안에 있어?" 그러면 "어, 나 여깄어." 그랬다고.] (웃음)

어, 재밌네요. 아니 그 한국에서 도둑이, 도둑이 똥을 싸고 가야지 안 잡힌다는 얘기도 있잖아요. [조흥윤: 어디 훔친 다음에 똥 싸고 도망가야 안 잡힌다고요?] 네, 네. [신동흔: 한국에?] [조흥윤: 그런 얘기가 있나요?] 네, 네. [신동흔: 한국에 와서 그런 얘기를 들으셨어요?] 네. [신동흔: 오, 저희보다 더 잘 아시네요.] (웃음) 그러니까 똥, 똥을 누고 간다고. [조흥윤: '대신 잡혀라!' 그러고.] (웃음) 그럴 수도 있겠네요. 음, 그것 연결이 되는데요? 아 저 그거 유명한 얘긴 줄 알았는데. [조흥윤: 저희가 도둑, 도둑들의 방식을 몰라서.] (웃음)

  설화 한 편의 구연이 마무리되는 과정에서 이야기와 관련한 확장적 소통이 이루어진 장면이다. 아이들을 노리는 산속 할머니 야만바에 얽힌 서사는 한편으로 〈헨젤과 그레텔〉의 마녀에 얽힌 서사와 통하고 다른 한편으로 한국의 〈여우누이〉와 통하는 것이어서 이와 관련한 소통이 자연스럽고도 흥미롭게 이루어졌다. 화자는 "그렇죠, 그렇죠.", "진짜네요. 재밌네요." 하면서 큰 흥미를 나타냈다. 화자 자신도 다문화적 문식성을 넓혀가는 장면이다. 대화는 제보자가 한국에서는 도둑이 방에 똥을 누고 간다는, 조사자들이 잘 모르는 내용까지 꺼냄으로써 조사자들로 하여금 자국 문화를 되짚게 하는 장면으로까지 이어졌다. 설화를 둘러싼 언어적 소통은 화자와 청자 서로의 다문화적 이해를 넘어서 양방이 각기 자문화를 새롭게 되짚는 효과까지 내었으니 그 문화 체험적 효과는 그야말로 입체적이며 총체적이라고 해도 좋겠다.

이와 같은 상호 소통적 문식성 확장은 물론 이날 조사에서만 나타난 것이 아니라 이주민을 대상으로 한 이야기 조사 과정에서 폭넓게 펼쳐지는 상황이다. 이주민 제보자가 구술한 설화나 속담 등이 한국 것과 유사할 때 조사자들이 그 사실을 말하고 내용을 소개하면 제보자들은 큰 놀라움과 함께 관심을 나타냈으며, 무척 신기해하면서 거듭 그 내용을 되새기고 열심히 배워서 익히는 모습을 보이기도 하였다. 서로 만나서 이야기를 주고받는 일이 다문화적 소통과 확장을 위한 유효한 통로로 기능함을 단적으로 보여주는 장면이다.

세계 여러 나라의 설화 사이에 다양한 층위의 유사성이 있다는 사실은 기존의 연구를 통해서 거듭 확인된 사항이다. 하지만 그것은 대개 연구실에서 텍스트와 텍스트를 견주는 가운데 발견한 것들이다. 설화 구술 현장에서 이야기의 유사성과 접점을 발견하고 상호적 교감을 이루는 일은 이와 다른 차원의 의의를 지닌다. 이런 이야기를 주고받는 구술 현장은 그 자체로 의미심장한 문화의 장이 된다. 직접적이고 즉각적이며 쌍방적이고 포용적인 문화적 소통과 확장의 장이다. 이주자와 정주자 간의 심리적 장벽을 허물고 깊은 소통을 이루는 데 이만한 통로를 다시 찾기 어렵다. 달리 표현하면 오늘날 시대적 과제로 떠오른 상호 주체적 다문화 감수성과 문식성 발현에 이만한 통로를 다시 찾기 어렵다.

(4) 자연스럽고 깊이 있는 인간적 교감과 융화

다문화 문식성은 단지 다른 나라의 언어와 문화를 잘 이해하여 효과적 소통을 이루는 것만을 의미하지 않는다. 그 궁극의 도달점은 민족적·문화적 경계를 넘어선 인간적 교감을 통한 차별과 불평등의 극복에 있다. 윤여탁의 표현을 빌리면 다문화 문식성은 "다문화 사회에서 상호 이해와 협력을 바탕으로 평화롭게 살아갈 수 있는 능력을 기르는 것"(윤여탁, 2013a)이며, "사회적 불평등에 대항하는 비판적 실천"을 행하고 "사회적 정의와 효과적인 민주주의를 성취"하는 것을 목표로 삼는다.(윤여탁, 2013b) 이러한 본질적이고 궁극적인 의미의 다문화 문식성은 설화를 말하고 듣는 과정에서 가장 가깝고도 효과적인 방식으로 발현된다. 만국 공통의 언어로서 설화를 통해 서로 삶을 나누고 이해하는 과정은 그 자체로 똑같이 소중한 존재로서 인간적 교감과 확장을 이루는 과정이다. 언어 문화적 민주주의가 실현되는 장이라고도 할 수 있다. 설화를 말하고 듣는 순간 모두는 똑같은 사람일 따름이다. 그것이 타자로서의 소외감이나 이방인 의식에서 자유로울 수 없는 이주민들에게 더욱 뜻깊은 경험이 된다는 점은 긴 설명이 필요 없을 것이다.

2017년 5월 1일 설화 구술 현장에서 노마치 유카 제보자와 조사자 세 명 사이에 이루어진 소통도 이와 같은 것이었다. 전에 조사자들과 만나 이야기를 들려준 경험이 있는 제보자는 기꺼이 더 좋은 구술을 펼쳐낼 준비를 갖춘 상태였고 준비했던 것 이상으로 훌륭한 이야기판을 만들었다. 조사자들의 적극적인 반응과 소통은 구술에 더 큰 생명력을 불어넣는 동력이 되었다. 제보자는 이야기하는 내내 즐겁고 행복한 표정이었으며 아름답게 빛이 났다. 그런 모습을 보면서 이야기를 듣는 조사자들도 진심으로 고맙고 행복하였다. 구술이 일단락된 뒤 본 연구자가 좋은 구술에 고마움을 나타내면서 감동적이었다고 말하자 제보자는 이야기를 잘 들어주어서 자기가 더 고맙고 행복했다고 답하였다. 다 함께 행복한 뜻깊은 소통의 시간이었다. 그날의 만남과 소통은 서로의 마음속에 오롯이 남아 길이 이어질 것이다.

조사를 진행하는 과정에서 본 연구자는 노마치 유카 제보자에게 한국인들한테 일본어를 가르칠 때 이런 설화들을 들려주면 좋을 거라고 말해주었다. 그렇지 않아도 가끔 아이들한테 이야기를 해주는데 반응이 그리 신통치 않다는 답이 돌아왔다. 재를 뿌리자 죽은 나무에 꽃이 피어났다는 이야기를 해주자 아이들은 "에이, 말도 안돼!" 하는 식의 반응을 보였다는 것이다. 이에 대해 본 연구자는 아이들이 이야기를 좋아하면서도 괜히 그렇게 말하는 것이라고, 그 이야기에 담긴 가치는 어떻게든 아이들 안에 새겨질 것이니 거리낄 필요가 없다고 하였다.

이날의 만남을 계기로 노마치 유카 씨가 더 큰 확신을 가지고 더 즐겁고 씩씩하게 한국 사람들한테 설화를 구연할 수 있게 되기를 기대한다. 이를 통해 그가 한국 사회에서 한 사람의 언어 문화적 주체성을 오롯이 발현하기를 기대한다. 이는 한국의 언어 문화가 그만큼 더 빛나고 아름다운 것이 되며, 한국 사회의 다문화 문식성 수준이 그만큼 높아지는 결과로 이어질 것이다. 한국의 언어 문화가 더 나은 미래를 향하여 나아가는 데 문학적 주체로서 이주민이 중요한 역할을 할 수 있음을, 아니 역할을 할 수 있도록 해야 함을 강조한다.[3]

---

3   이상 4절에서 다룬 노마치 유카 씨의 사례는 신동흔(2017)에서 보고 분석한 내용을 수정해서 재서술하였다.

5. 맺음: 서사적 교감을 통해서 이루는 진정한 연대

이 글에서 살핀 이야기 구술 상황은 현지 조사라는 인위적 상황을 전제한 것으로서 자연 상태의 문화적 장이었다고 하기는 어렵다. 한국인 조사자들은 화자가 아닌 청자의 자리에 있었기에 온전한 쌍방적 소통에는 제한이 있었다. 이주민 화자들은 한국인 청자들에게 즐겁고 보람된 마음으로 열성껏 모국 설화를 구연했지만 조사 환경이 아닌 일반적인 상태에서 다른 사람들에게 그와 같이 설화를 구연하게 될지는 장담하기 힘들다. 추측하건대 그런 기회를 갖기 어려울 수도 있다. 이야기 구술이란 기꺼이 들어줄 사람이 있어야 가능한 것이기 때문이다.

바로 그 벽을 돌파하는 것이 이야기를 통한 다문화적 소통과 연대의 핵심 과제라고 할 수 있다. 자연적인 일상생활의 환경에서 설화의 구술과 청취가 폭넓게 이루어져야 한다는 뜻이다. 가족이나 친교 모임 내에서, 직장과 교육 기관 등에서 경계를 넘어선 설화적 소통을 상시적으로 펼칠 필요가 있다. 익숙지 않은 일이라 처음에는 좀 어색할지 모르지만 일단 시작하고 나면 곧 자연스러워질 수 있다. 그 출발은 내면에 설화를 담지한 이들이 적극적으로 입을 열어 이야기를 하는 일이다. 그러면 들어줄 사람도 생기고 함께 이야기할 사람도 생겨날 것이다. 이야기는 또 다른 이야기를 부르기 마련이다.

이주민 설화 구술 조사 과정에서 오롯한 쌍방적, 다문화적 소통의 장면들과 일부 만날 수 있었다. 안산과 화성의 다문화센터와 본 연구자의 연구실 등에서 다양한 국적의 이주민이 한데 모여 설화를 구술하는 시간을 가졌는데 돌아가면서 모국의 설화를 말하고 듣는 과정은 완전한 다문화적 교감의 장이었다. 참여자들은 서로의 이야기에 귀를 기울이며 몸과 마음으로 깊은 호응을 나누었다. 다른 나라 화자에게서 비슷한 이야기가 나올 때는 반가움과 탄성이 저절로 우러나왔다. 그것은 단순히 '이야기'가 오가는 장이 아니었다. 사람과 사람이 밑바탕 깊은 곳에서 하나가 되는 뜻깊은 연대의 장이었다. 모두가 자랑스러운 주인공이 되는 문화적 상호 주체성 실현의 장이었다.

문화의 실질적 저변을 이루는 것은 일반 대중이 펼쳐내는 생활 현장 문화다. 전문 작가나 예술가, 문화 기획자의 역할은 표층에 불과하다. 이야기만 하더라도 수백, 수천 년을 이어오면서 변함없는 힘을 발휘한 것은 민간 구비 전승의 설화였다. 전문 작가의 작품은 한때 인기를 얻다가도 금방 잦아들지만 원형적 설화는 그 가치와 생명력이 훼손되지 않는다. 수백, 수천 년을 이어온 신화와 전설, 민담은 앞으로도 수백, 수천 년간 길이 이어지면서 힘을 낼 것이다.

대중 음악이나 드라마, 영화, 게임 같은 첨단 문화 콘텐츠의 가치와 역할을 부정하려는 것이 아니다. 그와 더불어 저변의 일상적 생활 문화가 건강하고 풍부하게 살아나야 함을 강조하는 것이다. 일상 문화가 상업적 주류 문화에 종속될 때 사람들의 삶 또한 예속적으로 주변화될 수밖에 없다. 생활 속의 구술 문화가 오롯이 살아나 고급문화, 대중문화와 균형적 긴장 관계를 형성해야 한다. 설화가 이를 위한 최고의 통로임을 새삼 강조하면서, 경계를 넘어선 서사적 소통이 널리 펼쳐져 모두가 오롯한 주체가 되는 진정한 문화 다양성의 세상이 실현되기를 기대한다.

2장

—

다문화 사회에서의
정체성과 구비 문학[1]

나수호

—

서울대학교 국어국문학과 교수

1. 들어가며

21세기에 들어선 지 25년이 되어가는 지금 한국이 바야흐로 다문화 사회로 변해가고 있다는 것은 부인할 수 없는 사실이다. 물론 일찍이 이민자가 많던 구미의 여러 나라보다 출발이 늦은 것은 사실이지만 이제 한국 사회에서 다문화화는 돌이킬 수 없는 추세이자 현실이 되었다. 귀화인이 10만 명이 넘었다거나 외국인 거주자가 100만 명이 넘었다는 이정표 같은 숫자가 이를 증명해준다.

이러한 흐름과 함께 새로운 다문화 사회에서 구비 문학의 역할이 무엇일까 하는 물음에 대한 모색도 많이 이루어졌다. 다문화 사회는 이전의 한국 사회와 그 모습이 완전히 다른 만큼 새로운 사회적 문제에 직면하게 되는 것은 당연하다. 이런 문제를 해결하기 위해 구비 문학을 교육에 활용하는 방안을 모색한 학자가 많다. 오정미는 여러 차례 이주 여성의 문화 적응 문제를 다루었으며 특히 문화 적응 교육을 이주자에게만 실시할

---

1 이 글은 다음 연구를 수정하고 보완하였다. 「다문화 사회에서의 정체성과 구비문학」, 『구비문학연구』, 49, 2018, 145~177쪽.

것이 아니라 정주자에게도 실시할 필요가 있다고 하였다.(오정미, 2008; 오정미, 2012; 오정미, 2014) 특히 뱅크스James A. Banks가 언급한 '공감'과 '관심 함양'의 중요성을 논하였고(오정미, 2017) 최근 21세기에 이루어진 설화를 활용하는 다문화 교육에 관한 대표적 연구를 검토하고 앞으로 해결해야 할 문제점을 정리함으로써 이 분야의 연구 동향을 한눈에 엿볼 수 있게 해주었다.(오정미, 2023) 최원오는 초국가적 다문화주의를 지향하는 교육에서 구전 신화의 활용 가능성을 살펴보았고(최원오, 2009) 이혜란은 비교 구비 문학 연구를 통해 다문화 가정 자녀에 대한 차별적 교육 정책이 이들을 새로운 소수로 전락시킨다는 현실을 밝혔으며(이혜란, 2010) 박재인은 문학 치료적 관점에서 이주 여성 배우자의 편집증적 문제에 주목하기도 하였다.(박재인, 2010) 또한 석창훈은 다문화 사회의 갈등과 문제를 해결하기 위해서 다문화 이해 교육을 위한 다문화 콘텐츠 개발의 필요성을 부각했고(석창훈, 2011) 윤보라는 설화의 보편성에 주목하여 다문화 교육에서의 적합성을 논하는 한편 내국인과 외국인의 구별 없이 다문화 교육을 실시할 필요성도 지적했다.(윤보라, 2013) 이명현은 특히 스토리텔링이론을 도입하여 이물교혼담을 다문화 맥락에서 해석하고 다문화 아동의 한국 사회 부적응 문제를 해결하기 위한 교육 방안을 모색했으며(이명현, 2013) 양민정은 한국 설화에서 성공적인 이주자의 사례를 발견하여 결혼 이주 여성을 위한 긍정적인 교육 가능성을 제시했다.(양민정, 2015) 박현숙은 문화 교육이나 문학 치료 등에서 설화의 유용성을 살피면서 이주민 설화를 채록하고 선별하는 작업의 필요성을 강조하였고(박현숙, 2018) 김정은은 2022년에 출간된 『다문화 구비문학대계』를 활용하여 상호 문화 감수성을 신장하는 문화 교육의 새로운 방향을 제시하였다.(김정은, 2023)

그 외에도 다문화 시대에 구비 문학이 어떤 모습으로 발전해야 할지에 대한 고민도 보였다. 2008년에는 한국구비문학회에서 다문화 연구를 진행하여 학자들이 다문화주의적 구비 문학을 다양한 각도에서 살펴보았다. 최원오는 이전의 구비 문학의 개념, 즉 민족 문학의 성격을 강조한 견해와 다른 관점을 제시하였다. 구비 문학이 원래 중심 문학이나 지배 문학이 아닌 주변 문학, 피지배 문학이라는 점을 강조하면서 다문화주의적 세계관에서 그런 것을 지향하는 만큼 구비 문학이 오히려 다문화주의와 맞는 문학이라고 주장하였다.(최원오, 2008) 임재해는 『태평한화골계전』을 고찰함으로써 경직된 유교 문화에 매몰되지 않고 다양한 종교와 문화에 열린 자세를 지닌 유학자들이 있었음을 밝히며 다문화 사회를 건설하기 위해서 계승할 전통도 있다는 것을 보여주었다.(임재해, 2008) 강정원은 외국의 사례를 검토하면서 다문화주의적인 한국 구비 문학을 선언하였다. 구비 문학의 범위를 확장하여 한국인뿐 아니라 한국에 살고 있는 모든 사람을 연구 대상으로 삼아야 한다는 주장이다.(강정원, 2008) 필자 역시 외국인을 대상으로 한국 구비 문학의 인지도 등을 조사하는 과정에서 소외감을 느끼는 외국인의 목소리를 듣고, 외국인이 한국 구비 문학의 관객이나 소비자가 되는 데에서 나아가 한국 구비 문학에 참여할 수는 없을까 하는 고민을 하게 되었다.(나수호, 2008) 이러한 요구를 충족하는 맥락에서 박진태는 고대 건국 신화를 다문화적인 관점에서 고찰하면서 결혼 이민 가족 자녀들의 구어 서사를 분석하여 새로운 연구 방향을 모색하였다.(박진태, 2008) 윤예진은 한국의 이주민이 모두 같은 경험을 하고 있지는 않다는 것을 밝히고 특히 결혼 이주자나 이주자 2세가 한국 문화에 동화되어야 한다는 요구를 받고 있음을 보여주었다.(윤예진, 2008) 이런 동화 지향적 다문화주의에 문제를 제기하는 연구는 해외 한국학계에서도 이루어진 바 있다. 특히 2009년과 2010년 두 차례에 걸쳐 캘리포니아주립대학(버클리)에서 개최된 다문화주의·다민족주의 워크숍의 결과로 2014년에 출간한 논문집이 그 성과를 잘 보여주며, 그중에도 동화 지향적인 다문화주의를 지적하는 김희정Nora Hui-Jung Kim의 연구와 준의령EuyRyung Jun의 연구가 눈에 띈다.(Lie, 2014) 이 논문집에는 한국의 다문화 교육, 한국 내 이주민의 상황, 한국 사회의 다양화를 논한 연구도 포함되어 있다. 그 이후로 신동흔이 구비 문학의 새로운 방향을 모색하는 작업의 일환으로 진행한 이주민 설화 구술 조사 과정에서 채록한 설화의 성격과 의의를 고찰한 바 있다. 다소 위축된 현재 한국의 설화 문화에 새로운 활력을 불어넣을 가능성을 제기했다는 점에서 무척이나 고무적인 연구다.(신동흔, 2017) 이 채록 작업의 결과물이 바로 앞서 언급한『다문화 구비문학대계』다.(신동흔 외, 2022)

필자는 2008년에 다문화 사회에서 구비 문학의 역할을
한 번 고민한 이후로 다양한 연구를 진행해왔지만 다문화주의
적 한국 구비 문학이라는 문제는 다시 다루지 못하였다. 10년
이 지나서야 이 문제를 다시 생각하게 되었고 이번 다문화 인문
학 시리즈의 출간을 계기로 한국 사회의 다문화화가 한층 확산
되고 심화되어가는 상황에서 구비 문학 연구자로서의 바람직
한 태도가 무엇인지 다시 한번 고민하고자 한다. 이를 위해 지
난 몇십 년간 미국을 비롯한 영미권에서 이루어진 다문화주의
에 대한 논의나 논쟁, 특히 구비 문학자(혹은 민속학자)의 다문
화주의에 대한 견해를 살펴봄으로써 한국 구비 문학의 장에서
다문화주의의 미래, 다문화 사회에서 한국 구비 문학의 미래에
대해 같이 생각해보고자 한다.

2. 다문화주의와 정체성

캘리포니아민속학회의 1994년 회의에서 드레서Norine Dresser는 다문화주의라는 주제로 20세기 초의 저명한 미국 구비 문학자인 아처 테일러 기념 강연을 한 바 있다.(Dresser, 1996) "The 'M' Word"라는 강연 제목에서 볼 수 있듯이[2] 드레서는 다문화주의라는 주제에 대한 금기 의식을 의식하며 '다문화주의'라는 단어가 "제도적 차원뿐 아니라 민속학에서도 부정적 함의로 오염됐다."고 하였다.(Dresser, 1996) 그러면서 제2 언어로서의 영어 교육자로서 경험한 내용을 토대로 다문화주의를 옹호하였다. 미국에 들어온 이민자들이 미국 문화에 적응을 해야지 미국 토착민들이 왜 이민자의 문화를 수용해야 하느냐는 반발에 대해서 그는 우리(토착민)가 반드시 변해야 하는 것은 아니지만 행동을 조금이라도 조절한다면 이민자와의 관계에서 목적을 달성하는 데 더 성공적일 수 있다는 상당히 실용적인 답을 제시하였다. 또한 이민자(특히 이민자 2세)들이 실패하는 경우도 있지만 대체

---

2   영어로 'the ● word'라는 표현은 주로 욕이나 금기시되는 개념을 완곡하게 가리킬 때 사용된다. 드레서가 다문화주의의 현실을 가벼운 농담처럼 언급한 것이다.

로 미국 문화에 적응하기 위해 노력하고 있다고 덧붙였다.

다문화주의에 대한 논쟁은 1990년대부터 본격적으로 시작되었다고 볼 수 있겠지만 민속학에서는 이전부터 고민이 있었다. 다문화주의라는 단어는 사용하지 않았으나 다문화주의의 근본적이며 핵심적인 개념인 정체성에 대한 논의가 있었다. 연행론performance theory의 개척자인 바우먼Richard Bauman이 1971년에 차등 정체성differential identity의 중요성을 주장한 것이다.(Bauman, 1971) 60년대까지만 해도 민속의 연행은 사회적 정체성을 공유하는 사람들 사이에서만 이루어진다고 생각하였다. 그러나 바우먼은 정체성의 차이도 민속 연행의 바탕이 될 수 있다고 주장하면서 민속학은 당연히 사회적 연대를 형성하는 장치로도 작용하지만 갈등의 장치로도 작용할 수 있다고 하였다. 물론 민속의 연행은 정체성의 차이가 있더라도 같은 구어를 구사하는 사람들 사이에만 가능한 것이다. 미국 민속학 분야에서 처음으로 정체성이라는 용어를 명시하면서 이론을 내세운 것은 바우먼의 논문이지만 오링Elliott Oring이 지적했듯이 정체성이라는 개념은 초기부터 민속학의 핵심에 있었다.(Oring, 1994) 오링은 "민속학의 정의는 정체성이라는 개념에 기반을 두었다. 다시 말하면 우리가 민속학을 정의하고 재정의할 때 문화적 자료의 집합과 개인이나 집단의 정체성과 그 자료의 특수 관계를 개념화하고 재개념화한다."면서(Oring, 1994) 그럼에도 민속학자들이 정체성 그 자체에 집중하지 않았다며 정체성에 초점을 둔 연구란 "다수와의 표면적이며 늘 변하는 관계보다 특정한 집단에 대해 장기간으로 이루어지는 심도 있는 탐구"라고 제안하였다.(Oring, 1994) 그 이후로 미국에서 이루어진 연구를 살펴보면 민속학 분야에서 이 같은 오링의 제안에 호응하여 정체성의 중요성을 철저히 인식하고 있음을 알 수 있다.

물론 특정한 집단을 연구 대상으로 삼으려면 그 집단의 정체성이 타당하고 가치가 있는 것으로 인정되어야 한다. 1990년대에 들어서면서 철학자 테일러Charles Taylor가 인정의 정치학에 대해 논하면서 이러한 문제를 다루었다.(Taylor, 1992) 다문화 사회가 직면하는 문제 중에 '철학적 경계'가 모호해지는 것을 지적하고 그에 대한 해답을 모색하면서 "같은 국민이면서 우리의 철학적 경계에 의문을 제기하는 문화에 속하기도 하는 사람이 상당수 있다. 우리가 직면한 도전은 우리의 기본 정치적 원칙을 타협하지 않으면서도 그들이 주변으로 밀려난 듯 느끼는 것을 해결하는 것"이라고 하였다.(Taylor, 1992)[3] 테일러에 의하면 다문화 사회의 요구는 "우리 모두가 타문화의 평등한 가치를 인식하며 그들의 존재를 허용할 뿐 아니라 그들의 가치를 인정하는 것"이다.(Taylor, 1992) 문제는 어떤 문화의 산물이 지닌 가치를 긍정적으로 평가하려면 평가 기준이 있어야 하는데, 서양에는 서양 문명의 기준밖에 없다는 것이다. 테일러가 내린

3　여기서 마음에 걸리는 것이 있다면 테일러가 '문화culture' 앞에서 정관사 'the'를 사용했다는 점이다. 다양한 정체성을 지니는 다수의 타문화를 인정하는 태도였다면 부정관사 'a' 혹은 복수형 'cultures'를 사용했을 텐데 그렇지 않았기 때문에 타문화를 본질화하거나 단일화하는 태도가 엿보인다고 하겠다.

결론은 다른 문화의 상대적 가치가 분명해지는 궁극적 목적지에 도달하려면 아직도 갈 길이 멀다는 점을 인정해야 한다는 것이다. 결국 다문화주의는 피할 수 없는 현실이지만 많은 문제를 내포한다.

3. 문화 전쟁과 다문화주의의 실패

테일러가 이처럼 인정의 정치학을 논했던 해에 텍사스 주 휴스턴에서 열린 공화당 전당 대회에서 경선 후보였던 뷰캐넌Pat Buchanan이 공화당의 최종 후보가 된 부시George H. W. Bush에 대한 지지 연설을 하였다. 물론 민주당을 비난하고 공화당을 옹호하는 내용이 연설의 핵심이었지만 그가 한 말 중에 오늘날까지 미국 국민의 집단 기억 속에 남아 있는 말이 있다. "미국의 영혼을 두고 벌이는 종교적 전쟁이 이 나라에서 진행되고 있다. 이는 문화적 전쟁이며 우리가 앞으로 어떤 국가가 될지 결정할, 냉전만큼이나 중대한 전쟁이다."(Buchanan, 1992) 어떤 이들은 뷰캐넌의 연설이 문화 전쟁을 개시하는 선전 포고라고 표현하지만 사실은 이미 진행 중이던 전쟁에 뷰캐넌이 이름을 붙였을 뿐이다. 그 연설 이후로 '문화 전쟁culture war'이라는 용어가 미국의 정치적 담론에서 중요한 역할을 해온 만큼 뷰캐넌이 미국의 정세를 제대로 파악했다고 하겠다.

1990년대 말에는 브로너Simon Bronner가 문화 전쟁의 전세와 다문화주의의 상황을 살펴보았다.(Bronner, 1998) 그는 뷰캐넌과 같은 보수 세력이 전통 가치를 보호하기 위해서 문화 전쟁을 처음 언급했지만 이제 다문화주의를 옹호하는 사람들도 그 개념을 이용하고 있다면서, 여느 전쟁과는 달리 문화 전쟁에서는 지고 있다고 선언해야 유리하다는 논평을 덧붙였다. 전통 가치의 보호자들은 단일 문화를 옹호하기 때문에 그 반대인 다문화주의를 사회 분열을 조장하는 움직임으로 인식하곤 한다. 그 예로 흑인과 같은 소수 집단을 위한 정책을 반백인 정책으로 인식하는 경우를 들 수 있다. 이에 대해 브로너는 문화 전쟁이 "신생 공동체에 대한 미래 지향적인 강조와 전통을 깨뜨릴 능력으로서의 '다문화주의' 대 가족·교회와 같은 사회 제도 속에서 세대 간 신념 전승을 강조하는 '문화주의'의 정치적 대립"이라고 주장하였다.(Bronner, 2000) 그러나 다문화주의를 옹호하는 학자들이 이 같은 주장을 했다 해도 1990년대 말에 다문화주의가 포위 공격을 받고 있었다는 것은 부인할 수 없는 사실이다. 캐나다의 민속학자 그린힐Pauline Greenhill은 자신은 다문화주의에 반대하는 정서에 동의하지 않는다고 강조하면서 주위에 팽배한 다문화주의를 향한 불만에 대해 우려하였다. "최근 이민 동향과 그 결과로 발생된다고 하는 문란한 도덕 관념, 혼혈 생식, 범죄가 이 나라를 세운 진정한 앵글로색슨족을 멸종 위기로 몰았다든가, 다문화주의는 그럴 자격이 없는 집단에 명백히 불공평한 온갖 이득을 퍼준다든가, 영국 출생 민족이 소수 민족이 되어가므로 그런 혜택을 받을 필요가 있다는 이야기"를 자주 듣는다고 하였다.(Greenhill, 2002)

실상 다문화주의를 비판하는 목소리는 적지도 않고 작지

도 않았다. 1990년대 말, 유명한 철학자이자 문화 비평가인 지젝Slavoj Žižek은 다문화주의에 신랄한 비난을 쏟아부으며 "다시 말하면 다문화주의는 부인되었으며 전도되고 자아 준거적인 형태의 인종차별주의, 이른바 '거리감이 있는 인종차별주의'다. 타자의 정체성을 '존중'한다고 하지만 다문화주의자는 그가 누리는 '특권적 보편적 지위privileged universal position'로 가능하게 된 거리를 유지하면서 타자를 폐쇄된 '진정한authentic' 공동체로 상상하는 것이다."(Žižek, 1997)라고 하였다. 다시 말해 "타자의 특수함에 대한 다문화주의적인 존경은 자신의 우월성을 주장하는 것 그 자체"라는 것이다.(Žižek, 1997) 그러나 지젝은 극단적인 편이고 대부분의 경우에는 다문화주의의 가치를 인정하면서 그 실제의 모습을 비판하였다. 센Amartya Sen은 진정한 다문화주의와 '복수의 단문화주의plural monoculturalism'를 구별해야 한다고 했는데(Sen, 2006) 후자를 풀어 말하면 다양한 문화 집단이 서로 소통하지 않은 채 따로 존재한다는 의미다. 센에 의하면 다문화주의를 옹호하는 목소리가 많지만 실상 대부분은 다문화주의가 아닌 복수의 단문화주의를 호소하는 것이다. 그는 또한 정체성에 대해서 "종교나 민족이 사람들에게 중요한 정체성이 될지도 모르겠지만 (특히 그들에게 계승되거나 귀속된 전통을 지킬지, 거부할지에 대한 선택권이 있는 경우) 사람들이 중요하게 여길 수 있는 다른 소속이나 관계도 있다. (…) 다문화주의가 아무리 중요하더라도 무조건 전통문화의 요구를 우선하는 것으로 이어져서는 안 된다."(Sen, 2006)며 경계하기도 하였다.

다문화주의를 둘러싼 논쟁은 2020년대에 들어서도 이어지고 있다. 어떤 학자들은 다문화주의의 문제점을 인정하면서도 다문화주의를 버리는 대신 갱생할 것을 제안한다. 콥Cory L. Cobb 등은 문화 집단 간의 차이점을 과도하게 강조하는 것이나 다수자 집단이 다문화주의를 자신들의 정체성을 위협하는 사상으로 인식하는 등의 문제점을 지적하면서 이에 대한 해결책으로 정책 권장 사항을 제안한 바 있다.(Cobb, 2020) 반면 다문화주의의 문제점은 뿌리가 깊어 해결하기 어려우므로 청산할 필요가 있다고 주장하는 학자들도 있다. 이러한 맥락에서 중앙 유럽의 상황을 다룬 스트루할Martin Strouhal은 다문화주의에 관한 일반인의 인식을 언급하였다. 그에 따르면 "다문화적 사고방식과 정책이 매우 문제가 많은 사회적 상황을 초래했다는 인식이 널리 퍼져 있다. 다문화주의는 통제되지 않는 이주, 이주 위기, 난민과 이주민의 물결로 인한 사회적 문제 증가, 규제되지 않은 문화적 다양성 때문에 유럽 문화가 받는다고 여겨지는 위협, 테러리즘을 조장하는 과도한 개방성 등의 원인으로 지목되고 있다."(Strouhal, 2020) 그는 결국 다문화주의의 근본적이며 치명적인 결점은 문화가 고정되고 불변하는 것으로 인식되는 것이라고 하였다. 이 주장은 다문화주의의 대안을 찾으려는 논의와 연결되기 때문에 다음 장에서 더 자세히 논하겠다.

민속학에서도 다문화주의의 결점을 지적하는 목소리를 발견할 수 있다. 2000년대에 들어서 다문화주의의 문제의 원인을 지적한 학자 중 라우Kimberly Lau는 '기분 좋은 다문화주의'를 비판하였다.(Lau, 2000) 연구 대상 중 하나는 세계 설화 모음 시리즈였다. 라우는 설화의 유형을 대표한다며 각 나라의 설화를 한 편씩만 뽑아 수록한 점을 지적하면서 이는 각 문화 내의 차이를 무시하고 설화를 기념품과 같이 수집하고 소유할 수 있는 물건처럼 보이게 한다고 비판하였다. 이는 "근본적으로 타지, 타인, 그리고 다른 생각을 주류 중산층 미국의 가치에 환원하며 동화시키는 것을 허용"하는 것이기 때문이다.(Lau, 2000)

갈로Christine Garlough는 민속학에서 타문화적 정체성을 인정하는 일의 중요성과 더불어 그것의 함정에 대해서 논하였다.(Garlough, 2011) 앞에서 살펴보았던 테일러는 'recognition'과 'acknowledgment'를 대체로 '인정'을 뜻하는 동의어로 사용했지만 갈로는 'recognition(인식)'과 'acknowledgement(인정)'를 구별하였다. 전자는 어떤 사물을 다른 사물과의 관계를 통해 보는 과정이며 익숙하지 않은 것을 익숙한 것이 되게 하는 것이다. 그러나 타자를 이렇게 이해하는 데에는 대가가 수반된다. 갈로는 마켈Patchen Markell을 인용하여 이 대가를 설명했는데 사회에 위계질서를 입히며 어떤 집단은 종속시키고 어떤 집단은 지배적 위치로 올린다는 것이다. 그러나 인정은 인식과 달리 타자를 범주화하기보다는 남에게 어떻게 행동해야 하는지를 고민하는 과정이라고 하였다. 이는 결국 타자의 가치를 인정하는 것으로 일방적인 관계가 아니며 인정을 받는 자가 또한 그것을 인정해야 하기 때문에 상호적 관계로 볼 수 있다. 갈로는 위와 같은 이론을 미네소타주에서 1932년부터 개최해온 '만국의 축제'에 적용하면서 다문화주의의 함정에 대해서 경고하였다. "만국의 축제와 같은 맥락에서 민족 집단들은 대중의 동정심과 인식을 획득할 기회를 얻기 위해 자유주의적 다문화주의와 동일시해야 한다는 압박감을 느낄 수도 있다. 이로써 소수민 하위 주체들이 진정한 자기 정체성의 불가능한 대상, 즉 길들여지고 갈등을 유발하지 않으며 전통적인 정체성과 동일시하기를 강요 받게 된다."는 위험이 있다는 것이다.(Garlough, 2011) 또한 이러한 인식은 소수 민족 집단을 인식하기 위해서 노력할 책임보다 소수 민족이 인식을 받을 만한 모습으로 변할 책임이 강조된다고 하였다.

　　물론 다문화주의와 민속학의 문제는 미국에 국한된 것이 아니다. 캐민스키David Kaminsky의 연구는 스웨덴의 민속 음악을 두고 진보 측에서 주장하고 옹호하는 다문화주의를 오히려 극우파에서 반이민자 담론을 위하여 사용한 사례를 보여준다.(Kaminsky, 2012) 그 골자는 다문화주의자들이 주장하는 문화적 다원주의cultural pluralism에 문화적 본질주의cultural essentialism가 내재되어 있다는 것이다. 다시 말해 "다문화주의적 접근은 국한적으로라도 문화적 순수성을 전제로 한다."는 것이다.(Kaminsky, 2012) 이민자들의 다양한 문화가 스웨덴의 민속 음악에 풍부함을 부여한다면 그 다른 문화는 '순수한' 스웨덴 문화와 구별된다는 뜻이기 때문에 극우파 입장에서 보면 경계의 대상이 된다. 물론 극우파의 주장은 기본적으로 다른 가치관을 옹호하는 불성실한 주장이라고 할 수 있겠지만 민속학 분야

에서 다문화주의의 문제점을 보여주는 또 하나의 예가 된다고
본다.

4. 다문화주의에서 상호문화주의로, 세계화에서 세계시민주의로 : 새로운 방향에 대한 모색

앞에서 언급했듯이 다문화주의의 허점이 보이기 시작하면서 그것을 살릴지 아니면 버리고 새로운 개념을 도입할 필요가 있는지에 대한 고민이 많아졌다. 다문화주의를 대체할 수 있는 개념으로 대두된 것 중에 상호문화주의interculturalism가 살펴볼 만하다. 인도의 작가 바루하Rustom Barucha는 다문화주의, 상호문화주의, 세계화를 검토하면서 셋이 겹치는 부분이 있더라도 같은 것으로 보면 안 된다고 하였다.(Barucha, 1999) 그는 최소한 영국에서는 다문화주의의 위기가 1970년대 중반부터 시작되었다면서, 그 전에는 영국의 다문화주의 정책이 이민자를 영국 문화에 동화시키려는 노력의 산물이었으나 1970년대 중반부터 '인종차별폐지론적integrationist' 정책이 도입된 결과 오히려 '흑인'[4]이라는 정체성을 지니고 억압 받아온 여러 소수 민족의 연대를 단절하고 민족 집단 간 갈등을 초래함으로써 다문화주

---

4   당시 영국 사회에서 '흑인'이라는 개념은 오늘날과 다르게 이해되었다. 백인이 아닌 모든 유색 민족을 통틀어서 일컫는 용어로 사용되었던 것이다. 바루하가 여기서 설명한 과정은 이 용어가 오늘날 협소한 의미를 지니게 된 원인 중 하나로 적용될 수 있다.

의를 위기에 빠트리고 말았다고 하였다. 반면에 상호문화주의는 새로운 세계 질서에 순응하지 않은 사회적 요소를 모두 포용하는 움직임으로 보았다. 국가에서 나오는 중앙집권적 정책에 따라 시행되는 다문화주의와 달리 상호문화주의는 훨씬 자유롭고 주관적이라는 주장이다. 그러면서도 상호문화주의가 무엇인지 아직 정의되지 않았고 설득력이 있는 이론도 세워지지 않았음을 지적하였다.

이후 다문화주의와 상호문화주의에 대한 논의가 계속되었다. 2010년대에 들어서 캐나다의 정치학자 킴리카Will Kymlicka는 다문화주의의 실패에 대한 '거대 서사'에 반론을 제기하였다.(Kymlicka, 2012) 킴리카에 의하면 다문화주의의 실패를 선언하는 이들의 논점은 네 가지로 요약될 수 있다. 심각한 사회적 문제를 다루지 않고 무조건 다양성을 옹호한다는 것, 다문화주의적 정책이 현재 후진 중이라는 것, 다문화주의의 노력이 결실을 맺지 못했다는 것, 새로운 정책의 도입으로 다문화주의가 낡은 사상이 되어버렸다는 것이다. 이 네 가지 논점을 캐나다와 유럽의 성공 사례를 들어 반박하며 다문화주의의 실패에 대한 '거대 서사'는 실제적인 문제라기보다 담론적인 문제라고 하였다.

같은 해에 미어Nasar Meer와 모두드Tariq Modood가 본격적으로 다문화주의와 상호문화주의를 비교하고 그 둘이 과연 다른 것인지에 대해서 검토하였다.(Meer & Modood, 2012) 미어와 모두드는 다문화주의란 "모든 소수 문화에 대한 국가 혹은 지배적인 집단의 정치적 수용"이라고 정의를 내린다.(Meer &

Modood, 2012) 그들은 이러한 다문화주의가 인기를 잃었다는 사실을 인정하면서 상호문화주의가 긍정적으로 평가되는 점 네 가지를 열거하였다. 첫째, 상호문화주의는 단순히 서로 다른 문화가 공존하는 것을 초월하며 다문화주의보다 상호 작용과 대화에 적합하다. 둘째, 상호문화주의는 다문화주의보다 덜 집단중심적이며 통합을 추구한다. 셋째, 사회적 결합이나 국민적 시민권에 있어서 상호문화주의는 사회의 일부보다 전부를 지향한다. 넷째, 다문화주의는 자유를 제한하고 상대주의적인 사상인 데 반해 상호문화주의는 이처럼 자유를 제한하는 관행을 비판한다. 그러면서도 미어와 모두드는 이러한 인식이 다문화주의에 대한 오해에서 초래된 것이며 다문화주의도 이러한 목적을 추구한다고 주장하였는데 아무튼 이 같은 인식은 상호문화주의가 무엇인지, 최소한 상호문화주의가 어떤 것으로 받아들여지는지를 잘 보여준다.

캔틀Ted Cantle은 미어와 모두드의 상호문화주의에 대한 설명을 언급하면서 오히려 다문화주의와 상호문화주의에 대한 올바른 이해를 반영해주고 있다고 하였다.(Cantle, 2012) 다문화주의가 처음 형성된 시대는 신체적 특수성에 바탕을 둔 인종의 개념이 통용되던 시대였으며 이런 인종의 개념을 이용하여 백인의 우월을 선언하는 추세가 있었던 까닭에 다문화주의가 당연히 방어적인 사상으로 발전되었다고 하였다. 그러면서 최근에 극우파의 담론이 인종적 우월에서 문화적 우월로 옮겨갔으며 다문화주의 역시 문화에 지나치게 집중하게 되었다고 하였다. 나아가 '다문화주의'라는 개념을 사람들이 두 가지 의미로 이해한다는 중요한 지적도 하였다. 하나는 각 나라의 인구 구성이 다양해진다는 사실이고 다른 하나는 정부 정책으로 표현되는 사상이다. 문제는 정치적 지도자들이 '다문화주의의 실패'에 대해서 이야기할 때 그 의미는 정책이 실패했다는 이야기인데, 어떤 이들은 이를 다문화주의라는 현실이 실패한 것으로 이해하여 다양한 문화, 다양한 민족, 다양한 종교로 정체성을 규정하는 사람들이 공존하는 것은 지속 가능한 현실이 아니라고 생각한다는 것이다. 그리고 실제로 문화 전쟁을 벌이는 극우파 세력은 이러한 의미로 다문화주의의 실패를 선언하고 있다. 위와 같은 문제를 고려했을 때 결국 다문화주의는 과거에 얽매여 있기 때문에 과거의 산물로 남겨둘 수밖에 없다는 것이 캔틀의 주장이다. 반면에 상호문화주의는 미래 지향적이며 개방성을 추구하는 것이다. 그는 "상호문화주의라는 개념은 타자성의 관념에 바탕을 둔 정체성 정치학이나 단단히 분리된 공동체에 효과적으로 이의를 제기하는 개방적 문화를 창조하는 것"이라고 설명하였다.(Cantle, 2012)

물론 논쟁은 이것으로 끝나지 않고 몇 년 후 캔틀과 모두드가 의견을 재차 교환하였다.(Antonsich et al, 2016) 캔틀은 문화를 고정된 것으로 인식하는 다문화주의를 비판하면서 문화의 다양성과 복잡성을 다룰 대안으로 역시 상호문화주의를 제시하였다. 이에 대하여 모두드는 다문화주의를 변호하면서 상호문화주의에서 교훈을 얻을 수 있다고 인정하였다. 그 교훈으로는 문화 집단 간 접촉과 화합의 중요성, 다수자 집단의 입장에 대한 존중의 필요성, 정체성의 복잡성과 가변성을 인식할 필요성 등을 언급하였다. 그러면서도 결국에는 상호문화주의가 다문화주의와 다른 사상이 아니라 다문화주의의 변종variant이라고 주장하였다.

다문화주의나 상호문화주의는 용어에서 볼 수 있듯이 논의의 핵심을 문화로 간주하며 문화적인 문제를 해결하기 위해 고안된 이념이다. 그러나 인간의 정치적 정체성을 고려할 때에는 다른 개념으로 생각하는 것이 도움이 될 수 있다. 이러한 맥락에서 현대 세계 사회에 처참한 결과를 초래한 민족주의nationalism의 폐단을 바로잡기 위해 세계화globalization라는 새로운 개념이 도입되었으나 통신 기술과 교통수단의 발달로 세계화 시대에 들어서자 나름의 문제가 따랐다. 세계화의 가장 뚜렷한 표현은 경제적인 것인데 이로써 새로운 식민지 시대를 초래했다는 비판도 제기되었다. 일례로 앞에서 인용한 바루하는 지적 재산권 세계화의 결과로 제3세계 나라들이 자연 자원뿐 아니라 문화 자원까지 빼앗기고 있다고 주장했으며 인도에서 진행되는 "세계화의 동질화·상품화·비민주주의적인 추세"에 대한 저항도 언급하였다.(Barucha, 1999) 이에 따라 세계시민주의cosmopolitanism라는 개념이 새롭게 대두되었다.

사실 세계시민주의는 새로운 개념이 아니다. 다문화주의, 상호문화주의, 세계화, 심지어 민족주의보다 훨씬 오래된 것이라고 할 수 있다. 그리스 철학자인 디오게네스가 어디서 왔냐는 물음에 "나는 세계의 시민kosmopolitēs이다."라고 대답하였다는 기록이 있다.(Diogenes, 1972) 이것이 사실이라면 최소한 기원전 4세기부터 세계시민주의라는 개념이 있었다고 할 수 있다. 세계시민주의는 20세기에 들어서 제1차 세계대전 이후에 크게 각광을 받았으며(Harris, 1927) 근래에는 1990년대부터 다시 관심을 끌기 시작하였다. 애피아Kwame Anthony Appiah는 세계시민주의에 대한 비판 중에 '뿌리가 없다.'는 주장, 즉 특정 국가나 공동체가 아니라 세계에 속한다고 하면 어디에도 속하지 않는다는 뜻이 아니냐는 비판에 반발해서인지 1997년에 '뿌리내린 세계시민주의'를 표방하였다. 그는 세계시민주의가 사상이나 이념보다는 정서에 가깝다고 하면서 사상인 인본주의humanism와 구별하였다. 즉 인본주의는 세계의 동질성을 지향하지만 세계시민주의는 인간이 사는 방식이 다양하다는 사실을 예찬한다는 것이다.(Appiah, 1997) 다시 말해 "다른 문화나 전통을 가진 사람들을 우리와의 차이점이 있음에도 점잖게 대해야 하는 것이 아니라 우리와의 차이점을 통해 타자를 점잖게 인간적으로 대할 수 있다. 인본주의자는 우리의 차이점을 무시할 것을 요구하지만 세계의 시민은 종종 우리가 가진 차이점 덕분에 소통하는 보람을 느끼게 된다고 주장한다."(Appiah, 1997) 이 대목은 바우먼의 차등 정체성을 연상시키기도 한다. 애피아는 2006년에 세계시민주의의 윤리학에 대한 저서에서 이에 대해 더욱 상세히 논하였다. 역시 세계시민주의를 어떤 사상으로 정의하지 않고 "모험이자 이상"이라고 하면서 "인류의 다양성을 존중한다면 모두가 세계시민주의가 되리라고 기대할 수 없다."
고 하였다.(Appiah, 2006) 그는 1997년의 논문에서와 마찬가
지로 보편주의나 상대주의에 대한 반론을 제기하면서 서로 같
은 가치를 공유하지 않아도 공존할 수 있으며 반면에 서로 같
은 가치를 공유한다고 해서 무조건 공존할 수 있는 것은 아니
라고 설명하였다. 그 이유는 문화 간의 애매모호한 관계보다 개
인과 개인 간의 관계가 중요하기 때문이다. "문화 간 대화의 진
입점은 대화에 참여하는 자들이 공유하는 것이다. 이런 것들이
반드시 보편적이어야 하는 것은 아니며 그저 이 사람들이 공통
적으로 지니고 있으면 된다."(Appiah, 2006) 애피아는 차이점
을 중요시하면서 세계시민주의의 필수적 가치 중에 다원주의
pluralism와 오류가능주의fallibilism를 논하기도 하였다. 즉 지킬 만
한 가치는 다양하지만 한 인간이 그 모두를 지킬 수는 없으며,
가치의 다양성은 좋은 것이고 우리의 지식은 완벽하지 않으며
새로운 증거가 제시되면 수정될 수 있다는 것이다.

애피아 외에도 많은 학자가 세계시민주의에 대해서 논한
바 있다. 2002년에는 폴락Sheldon Pollock과 바바Homi K. Bhabha를
비롯하여 사상사와 탈식민주의를 연구하는 학자 일동이 무정형
적이며 다채로운 개념인 세계시민주의를 탐구하였다.(Pollock
et al, 2002) 이들은 진정한 탈근대주의자답게 세계시민주의는
정의할 수 없으며 정의하는 것 자체가 반세계시민주의적인 행
위라고 주장하면서 세계시민주의를 근대성modernity, 자본주의,
민족주의에 대한 비평이라고 하였다. 용어의 어원을 언급하며

민족주의적인 측면에 대한 이의를 제기하기도 하였다. 같은 책에서 미뇰로Walter D. Mignolo는 세계시민주의와 세계화를 한층 구체적으로 대조하면서 세계화란 경제적으로, 정치적으로, 문화적으로 세계의 동질화를 추구하는데, 세계시민주의는 이를 반박한다고 하였다. "세계화는 세계를 조종하기 위한 설계의 집합이며 세계시민주의는 전 지구의 우호를 향하는 사업의 집합"이라고 할 수 있다는 것이다.(Mignolo, 2002)

2005년에 워싱턴에서 열린 미국현대언어학회MLA의 학회장 연설에서 스탠턴Domna C. Stanton은 다시 뿌리내린 세계시민주의에 대해서 이야기하였다.(Stanton, 2006) 여기서 스탠턴이 논한 뿌리내린 세계시민주의는 애피아가 논한 것과 조금 다른 듯하다. "뿌리내린 세계시민주의의 행위자들은 문식력과 유동성을 비롯한 전통적 특권을 부인하지 않고 생산적으로 사용하여 노동이나 생존을 위해 자발적으로가 아니라 강제적으로 움직이는 자들과 연대할 것"(Stanton, 2006)이라고 한 것을 보면 특권층 세계 시민들의 책임을 중요시한 것을 알 수 있다. 또한 민족주의를 반박하는 개념으로 세계시민주의가 근대에 발전되어왔지만 이제는 "이런 이원적인 사고방식을 거부하고 대신 국가적인 것과 초국가적인 것, 지역적인 것과 세계적인 것을 모두 포함하는 넓은 시야를 받아들여야 한다."고 하였다.(Stanton, 2006) 2008년에 캘훈Craig Calhoun도 특권층을 겨냥하여 특권만으로 세계시민주의에 도달할 수 없다고 경고하였다.(Calhoun, 2008) 세계를 돌아다니면서 많은 나라와 문화를 경험한다고 해서 세계 시민이 되는 것이 아니라는 것이다. 그는 경제적·사회적 책임을 강조했고 애피아와 마찬가지로 추상적인 보편주의보다 인간의 관계에 집중했으며 "세계시민주의는 등가성보다 (혹은 등가성에 더해) 연관성을 고려하면서 접근함으로써 풍부해지고 강해진다."(Calhoun, 2008)고 하였다.

2011년에 사이토Hiro Saito는 행위자연결망이론actor-network theory을 통해 세계시민주의를 살펴보면서 이 개념을 더 구체적으로 이해할 수 있도록 유용한 이론적 틀을 마련하였다.(Saito, 2011) 세계시민주의가 타국의 것에 대한 개방성이라는 사실은 주지하는 바로, 사이토는 두 가지 개방성에 주목하였다. 첫 번째는 타국의 비인간에 대한 개방성인 '문화적 잡식cultural omnivorousness'이며 두 번째는 타국의 인간에 대한 개방성인 '민족적 관용ethnic tolerance'이다.[5] 당연한 것처럼 들릴 수도 있겠지만 사이토가 지적했듯이 사람들은 타자보다 타자의 문화를 더 쉽게 받아들이는 경향이 있다. 타자와의 관계에서도 두 종류의 세계 시민을 볼 수 있는데 바로 엘리트와 뿌리내린 세계 시민이다. 앞에서 언급한 스탠턴과 캘훈은 엘리트 세계시민주의를 표방한 것으로 볼 수 있으며 애피아는 뿌리내린 세계 시민을 표방한 좋은 예라고 할 수 있다. 엘리트 세계 시민은 집단 경계선을

5　행위자연결망이론에서는 인간human뿐 아니라 문화적인 요소와 같은 이른바 '비인간 nonhuman'도 행위자로 본다. 인간 행위자와 비인간 행위자 모두 연결망에 참여하며 같은 영향력을 행사할 수 있다는 것이다.

가로지르는 강한 관계strong attachment를 많이 맺지만 주요 거주지의 사람들과는 약한 관계weak attachment를 가진다. 다시 말하면 세계를 돌아다니면서 다양한 사람들과 관계를 맺는 반면 자신이 속한 사회에서는 뿌리를 깊이 내리지 못한다는 것이다. 반면에 뿌리내린 세계 시민은 주요 거주지의 사람이든 밖의 사람이든 약한 관계와 강한 관계를 다양하게 맺는다. 자신의 본국을 떠나 다른 나라에 정착하여 고향에 있는 가족, 친구와의 관계를 지속하는 한편 새로이 정착한 나라에서도 뿌리를 내리고 관계를 맺는 형태라고 볼 수 있다. 사이토는 특히 뿌리내린 세계 시민이 중요한 역할을 한다고 주장하였다. 일단 거주지에 사는 사람들의 타국의 타자에 대한 개방성을 높일 수 있는 '중재인 mediator' 역할이 그중 하나다. 또한 세계시민주의를 지켜주는 역할도 할 수 있다고 하였다. "영향을 쉽게 받는 사회의 일원들이 외국인 혐오증과 같은 비세계시민주의 정서의 세계적 물결로 넘어가려는 순간에 (…) 뿌리내린 세계 시민은 세계시민주의의 '수호자' 역할을 할 가능성이 특별히 높다."(Saito, 2011)

지난 10년 동안에도 세계시민주의에 대한 논의가 이어져 왔다. 물론 기동성과 연결하는 학자도 있지만(Acharya, 2016) 이는 현대 사회의 초연결된 양상을 무시하는 생각이라고 본다. 20세기에만 해도 세계를 돌아다녀야 세계시민주의적인 인식을 가질 수 있었겠지만 인터넷이나 소셜 미디어로 연결되는 인구가 날로 많아지는 상황에서 기동성을 강조하는 것은 그리 효과적이지 않을 듯하다. 오히려 뿌리내린 세계시민주의의 맥락에서 이웃과 더불어 사는 방법을 터득하는 게 좋지 않을까 싶다. 출리아라키Lilie Chouliaraki는 "세계시민주의의 가장 의미 있는 비전은 취약한 타인의 인간성을 인정하고 보답을 요구하지 않으면서 그들의 취약성에 대응하는 소통적 행위에 달려 있다."고 주장한다.(Chouliaraki, 2017) 그러면서 '글로벌 통합global togetherness'이라는 모호한 꿈을 추구할 게 아니라 구체적으로 세계의 권력 체계를 비판하고 모든 인간을 위한 공평한 세계를 추구해야 한다고 설명한다. 선더랜드Luke Sunderland가 주장하는 '깊은 세계시민주의'는 "다른 관점, 개념, 정체성을 기꺼이 보려는 의지"에 달려 있다.(Sunderland, 2022) 이러한 세계시민주의는 학자 등 엘리트의 특권이 아니라 모두가 적극적으로 실천해야 하는 것이라고 한다.

5. 미국의 현재와 한국의 미래를 생각하며

필자는 미국에서 태어나 자란 후에 한국으로 건너와 뿌리를 내렸다. 애피아의 논문을 읽고 나서 본인이 뿌리내린 세계 시민이라는 생각을 처음으로 하게 되었다. 이제는 미국보다 한국에서 생활한 기간이 더 길다. 그런데도 고향인 미국에 아직 강력한 애착이 있는 것이 사실이다. 2017년 한 해를 미국에서 보내고 귀국한 입장에서 한국 다문화 사회의 미래를 숙고하자니 애초에 다문화 국가로 설립된 미국을 생각할 수밖에 없다. 그렇다면 뷰캐넌이 문화 전쟁을 언급한 지 30년 넘게 지난 오늘날 미국의 상황은 어떨까? 모두가 알다시피 불행히도 문화 전쟁이 끝나기는커녕 더 치열해졌다고 하겠다. 2015년, 트럼프는 대선 출마를 선언하면서 멕시코를 공격하였다. 그는 멕시코에서 미국으로 들어오는 이민자를 두고 "그들은 마약을 가지고 있다. 그들은 범죄를 저지른다. 그들은 강간범이다."라는 근거도 없고 터무니도 없는 발언을 하였다.(Time Staff, 2015) 트럼프는 2020년에 재선에 실패했지만 2024년에 다시 출마했고, 민주당 후보인 해리스Kamala Harris와의 토론에서 공화당 부통령 후보인 밴스J. D. Vance가 퍼트린 소문을 언급하면서 아이티 이민자들이 이웃들의 반려동물을 잡아먹는다고 주장하기도 하였다.(Herman, 2024) 물론 이것도 아무런 근거가 없는 소문에 불과하며 밴스가 처음 소문을 퍼트렸을 때부터 사실이 아니라는 것을 알고 있었다고 한다.(Hawkinson, 2024)

사실 위와 같은 반이민자 발언은 면밀히 계획된 것이다. 트럼프는 오늘날의 여느 정치인보다 문화 전쟁을 잘 파악하고 그 힘을 빌릴 줄 안다. 마약, 범죄, 강간은 모두 미국의 백인 양민이 두려워하는 것이다. '미국을 다시 위대하게 만들자!Make America Great Again!'라는 선거 운동 구호도 같은 맥락으로 이해할 수 있다. 이 구호는 중요한 메시지를 전한다. 바로 미국이 예전에는 위대한 나라였지만 이제 위대하지 않다는 이야기다. 그런데 왜 위대하지 않게 됐을까? 트럼프가 그 이유를 한마디로 명시한 적은 없지만 그의 연설을 듣고 그가 소셜 미디어에 올린 토막글을 보면 답이 명확하다. 미국을 세운 서유럽 출신의 개신교 신자인 백인[6]들의 문화가 유색 인종 이민자들에게 무서운 공격을 받고 있기 때문이라는 것이다. 적어도 트럼프가 사람들이 그렇게 믿기를 원하는데 대통령이 된 것을 보면 상당히 많은 사람들이 그렇게 믿고 있음을 알 수 있다.

다문화주의라고 하든 상호문화주의라고 하든 미국에서 문화적 다양성이 공격을 받고 있는 것은 사실이다. 그러나 문화적

6　영어로 WASP(White Anglo-Saxon Protestant)라는 줄임말로 표현된다.

다양성을 옹호하는 사람들의 반격도 있다. 10년 전쯤 흑인 남성들이 빈번히 경찰에 의해 총살 당하는 모습을 더는 참을 수 없었던 사람들이 '흑인의 생명이 중요하다.Black Lives Matter.'라는 구호를 외치며 흑인 인권 운동을 벌이기 시작하였다. 물론 1990년대 말에 브로너가 언급했듯이 흑인을 위한 운동만 하면 백인에 반대하는 것이라는 반발이 동반되는데 이번에도 역시 우파에서 '모든 생명이 중요하다.All Lives Matter.'며 반박하였다. 문제는 흑인 인권 운동을 하는 사람들은 흑인 생명'도' 중요하다는 뜻으로 구호를 외치는데, 우파에서는 이를 흑인 생명'만' 중요하다는 뜻으로 받아들인다는 점이다. 계속되는 문화 전쟁 때문에 기득권층이 위협을 느끼는 것이다. 한국에도 확산된 미투 운동#MeToo도 비슷한 맥락으로 볼 수 있다. 여성은 남성의 정욕의 대상이 아니라 자기 정체성을 지닌 인간이라는 주장을 하는 것인데, 전 시대의 생각을 당연한 것으로 여겨온 남성(특히 권력 구조에서 우월한 위치에 있는 남성)은 이를 위협으로 느끼는 것이다. 흑인 인권 운동이든 미투든 결국 정체성의 문제이며 자신과 다른 집단out-group에 속한 사람을 동등한 가치가 있는 인간으로 인정하는 것에 대한 문제다.

트럼프가 대통령이 된 이후로 상황이 심각해진 한편 그만큼 사람들이 이러한 정체성 문제에 대한 각성을 경험하고 있다. 할리우드를 비롯한 대중 매체는 대체로 진보적인 경향이 있기는 하지만 트럼프 시대에 들어서 더욱 적극적으로 진보주의, 자유주의, 다양성 등을 옹호하고 있다. 트럼프가 당선된 후에 개봉된 영화 중 두 편이 특히 눈에 띈다. 2017년 가을에 개봉한 〈코코〉는 백인 캐릭터가 한 명도 등장하지 않은 가운데 멕시코 민속 신앙의 세계를 보여주었다. 또한 2018년 초에 개봉한 〈블랙 팬서〉는 엄청난 흑인 출연진을 선보였다.(주요 인물 중에 백인 캐릭터가 두 명으로 하나는 악당이고 다른 하나는 주인공들을 도와주는 조력자 역할의 조연이었다.) 미국 흑인들은 이 영화에 환호하면서 뿌듯해하고 고무되었다. 그동안 대부분의 영웅·액션·모험 영화의 주인공은 백인이었는데, 처음으로 자신들이 자랑스럽게 여길 수 있는 정체성을 스크린으로 보게 된 것이다. 비록 그것이 마블 슈퍼히어로 영화 속의 환상이더라도 상관없었다. 루크 스카이워커나 인디애나 존스, 해리 포터가 실제 인물이었던가? 그런 캐릭터가 백인 남성의 정체성 형성 과정에 통합된 것처럼 이제는 블랙 팬서나 천재 소녀 슈리가 젊은 흑인 남성, 여성의 정체성을 이루는 중요한 일부가 되었다고 할 수 있다. 〈블랙 팬서〉가 구비 문학자인 필자에게 보여준 것이 있다면 긍정적 묘사representation의 힘이라고 하겠다.

　이와 같은 긍정적 조짐에도 사회·정치적 상황이 악화하였다. 트럼프는 2020년 재선에 실패하자 주지하다시피 이듬해 1월에 지지자들을 부추겨 반란을 일으키려고 하였다. 이 시도는 다행히 수포로 돌아갔지만 미국의 정치적 풍조는 여전히 불안하다. 트럼프의 첫 임기를 돌아보면서 부치텔리Anthony Bak Buccitelli는 구비 문학 혹은 민속학 연구자의 의무에 관해 "구비 문학은 저항이나 관용을 장려하는 데에 도움이 되는 것만큼이나 사회적으로 해롭고 억압적일 수 있다. 민속적 표현이 정치적으로 무기화된 것처럼 보이는 환경에서 우리가 관찰자나 번역가의 역할만 하고 이를 그냥 내버려둔다면 학자(그리고 도덕적 시민)로서의 윤리적 책임을 저버리는 것일까?"라며 질문을 던졌다.(Buccitelli, 2020) 중립적인 입장에서 학문을 하는 우리의 역할, 소수자나 사회적 약자를 옹호하고자 하는 우리의 바람, 서로 다른 소수자 집단이 각자의 이익을 추구하면서 남에게 해를 입힐 수 있다는 사실 등이 모두 충돌하는 현실을 보여주는 이 물음에는 정답이 없을 것 같지만 최소한 구비 문학 연구가 정치적인 작업일 수밖에 없다는 사실을 일깨운다는 점에서 의미심장한 논의라 하겠다.

물론 미국의 역사와 경험을 그대로 한국에 적용할 수는 없다. 애피아가 지적했듯이 미국은 다언어의 나라이기 때문에 "지배적인 문화dominant culture"는 언제나 있어왔지만 "중심 지향적 공동 문화centering common culture"가 있었던 적이 없다.(Appiah, 1997) 반면 한국의 경우에는 지배적인 문화가 곧 중심 지향적 공동 문화이기도 하였다. 그러나 지배적인 문화에 적응하는 데 어려움을 겪는 인구가 있다는 사실은 미국이든 한국이든 마찬가지다. 한국은 아직 미국보다 다문화 사회의 규모가 작은 편이기는 하지만 앞에서 언급했듯이 다문화 사회로 변화하는 추세는 돌이킬 수 없는 것이다. 한국 사회의 미래를 준비하면서 미국의 사례와 앞서 검토한 연구를 통해 몇 가지 교훈을 얻을 수 있지 않을까 싶다. 무엇보다 민속학과 구비 문학 분야에서는 정체성 문제를 고려해야 한다. 특히 한국에 들어온 이민자들이 어떤 정체성을 형성하느냐 하는 문제에 관심을 기울여야 한다. 물론 그들이 가져온 문화를 존중하는 것도 좋지만 한국인의 입장에서 생각하는 그들의 '전통문화'를 그들에게 강요한다면 한국인으로서의 정체성 거부나 한국 사회에서의 소외 등 역효과를 낼 수도 있다. 서양에서 다문화주의가 실패하였기에 새로운 이념으로 교체될 필요가 있다고 주장하는 목소리가 있는 한편 다문화주의에 대한 오해가 많으나 아직 유효하다고 주장하는 목소리도 있다. 그러나 어떻게 보든 많은 다문화 사회가 분열되어 있다는 것은 부인할 수 없는 사실이다. 한국의 경우에는 단일 문화나 단일 민족의 담론이 지배적인 위치를 차지해온 역사가 있기 때문에 더욱 이런 분열을 조심해야 한다고 생각한다.

상호문화주의 옹호자들에 의하면 다문화주의에서 상호문화주의로 발전하는 것은 사회 분열을 초래하면서 다양성의 옷을 입은 정체성 정치학identity politics을 버리고 사회적 통합·결합·자유를 지향하는 개방성으로 나아가는 일이다. 정치적 정체성의 맥락에서 이런 움직임을 보면 세계의 동질성을 위로부터 강요하려는 하향식 세계화를 초월하여 차이점을 존중하는 것은 물론 그 차이점으로 생기를 얻는 관계를 지향하는 세계시민주의로 나아가는 것이다. 세계시민주의에 대한 이해가 서로 조금 다른 듯하지만 스탠턴과 애피아 모두 비교 연구의 중요성에 대해서 논하였다. 스탠턴은 특히 다른 나라의 언어로 된 문학을 공부해야 한다고 주장하였다.(Stanton, 2006) 애피아는 보다 넓은 시야로 비교 연구를 보았는데 그런 연구의 중요성과 힘에 대해 "모든 인간의 문명은 우리가 전에 인식하지 못한 가치를 드러내거나 익숙해진 가치에 대한 고수固守를 약화할 방법이 있다."(Appiah, 2006)고 설명하였다. 이러한 다양한 방법의 예로는 여러 문화예술적 요소를 열거했는데 첫째로 제시한 것이 바로 '민담folktales'이다. 그만큼 가치를 전달하고 형성할 수 있는 구비 문학의 힘을 인식한 것이라고 생각된다.

또한 세계시민주의에서 얻을 수 있는 것은 '뿌리내린 세계시민'이라는 개념이다. 특히 사이토의 연구에서 뿌리내린 세계시민들은 가르침의 대상이 아니라 배움을 줄 수 있는 존재다. 물론 다문화 교육에서 한국 구비 문학이 중요한 역할을 하고 타자가 한국 사회에 정착하는 데 도움을 주는 요소가 되겠지만 역으로 구비 문학을 통해서 타자가 무엇을 가르쳐줄 수 있는지 고민하는 것도 중요하다. 서두에서 언급했듯이 이미 타자의 구비 문학을 채록하고 분석하는 연구가 계속 진행되고 있으며 이는 상당히 긍정적인 움직임이라 평가하겠다. 앞으로 진정한 세계시민주의적 정신으로 우리에게 차이점이 '있음에도'가 아니라 차이점을 '통해' 대화로 나아갔으면 하는 바람이 있다. 한국에 정착한 뿌리내린 세계 시민들이 한국 구비 문학의 소비자나 타국 구비 문학의 공급자 역할을 하는 데서 나아가 한국 구비 문학을 함께 만들어가는 미래가 오기를 기대한다는 뜻이다. 그러기 위해서 '한국 구비 문학'이 무엇인지, 그것이 전달하는 '한국의 가치'가 무엇인지를 고려할 필요가 있으며, 거기서 한 걸음 더 나아가 사고방식 자체를 바꿔야 할지도 모른다. 다문화 가족을 대상으로 한국의 가치를 가르치는 도구로서 구비 문학이 중요한 역할을 할 수 있는 한편 소수 집단의 구비 문학이 대다수에게 새로운 가치를 소개하고 조화로운 다문화 사회를 만들어가는 일에 한몫을 할 수 있다.

이러한 미래를 맞이하려면 정체성의 형성 원리를 염두에 두어야 한다. 센이 논했던 것처럼 개인의 정체성이 반드시 민족으로만 형성되는 것은 아니다. 물론 민족이 정체성 형성에 중요한 역할을 하는 경우가 많겠지만 2차적 혹은 3차적 요소가 되는 경우도 있을 수 있다. '한국 사람'이라는 정체성은 아직 많은 사람의 생각에 민족으로 형성되는 경향이 압도적이지만 앞으로는 달라질 것이고 달라져야 한다고 생각한다.[7] 그리고 한 가지 더 염두에 둘 것은 정체성이란 결코 고립된 상태로 형성되는 것이 아니라는 점이다. 애피아나 사이토와 같은 학자들이 바라는 세계시민주의적 사회에서는 애매모호한 이념이나 보편적 사상이 아닌 관계가 가장 중요한 원동력이 된다. 개개인의 정체성은 타자와의 관계를 통해 형성되므로 타자와 관계를 맺으면

---

7   한국에서 생활하는 북한 이주민을 대상으로 연구한 박영아는 '세계 시민global citizen' 과 '다문화주의'라는 두 가지 '소속의 틀rameworks of belonging'을 살피면서 전자가 우세하다고 하였다. 그 이유에 대해서는 "세계 시민 담론의 우위는 주로 다문화 서사에 대한 인종화된 이해의 영향으로 간주될 수 있다."고 설명하였다.(Park, 2020) 이것을 보아 최소한 몇 년 전까지는 민족이 정체성을 이해하는 데 중요한 역할을 해왔다고 할 수 있겠다.

타자도 변해가고 자신도 변해가면서 사회를 바람직한 미래로 발전시킨다.

　　마무리하면서 부산외국어대학교 교수로 있는 알록 쿠마르 로이Alok Kumar Roy의 이야기를 짧게 소개하고자 한다. 그는 1980년에 한국에 들어온 후 뿌리를 내려 2012년 1월에 10만 번째 귀화인이 되었다. 필자는 로이 교수와 대화할 기회가 있었는데 당시에는 잘 몰랐지만 이제 와 생각해보니 그는 세계시민주의에 대해서 이야기하고 있었다. 인도 출신인 로이 교수는 한국 사회와의 관계를 설명하면서 인도의 개념을 빌려 "카르마부미kharmabhumi는 직업을 가지는 곳, 일하는 곳이다. 그리고 잔마부미janmabhumi는 태어난 곳이다. 물론 거기서 태어나서 자랐지만 여기가 무엇을 하고 있는 곳"이라고 하였다.(La Shure, 2012) 물론 특권층에 속한 로이 교수에게도 한국 생활이 쉽지는 않았다. 사소한 문제이기는 하지만 자신의 이름을 한글로 표기할 때 공백을 포함하면 아홉 자가 되는데, 어떤 서식이든 이름을 적는 공간에 아홉 자가 들어가는 경우는 거의 없었다고 한다. 그래서 학교에는 이름이 그냥 '로이'로, 의료보험증에는 '쿠마르'로 되어 있다. 그는 이것을 비유로 삼아 한국 사회가 타자에게 '공간'을 제공해야 한다고 강조하였다. 그런데 이 공간은 모든 사람에게 같을 수가 없다. "어떤 사람이 '다문화적인 사람'이라고 하면 그의 다문화성을 인정하는 것이 옳지, 다시 '단문화적인 사람'으로 만들어서는 안 된다. 다문화 가족을 한국화하는 것이 아니라 한국 사회를 세계화하는 데에 초점을 두어야 한다. 그렇게

해야만 모든 사람을 위한 공간이 마련된다."고 그는 강조하였
다.(La Shure, 2012)

　　당시 로이 교수가 사용한 용어는 조금 다르지만 그의 말에
서 세계시민주의적인 정신을 찾을 수 있다고 생각한다. 이와 같
은 정신을 바탕으로 앞으로도 타문화 출신의 한국 사회 일원을
대상으로, 또 협력자로 삼은 연구가 계속 진행되기를 바란다.
그리고 그런 집단의 정체성을 인식하고 가치를 인정하면서 그
들의 얼굴에서 한국의 새로운 모습을 발견할 수 있으면 좋겠다.

3장

——

신데렐라 스토리를
통한 다문화 교육[1]

이성희

———

총신대학교 호크마교양교육원 교수

1. 들어가며

다문화주의는 광의의 이상적인 지평에서 "상이한 국적, 체류 자격, 인종, 문화적 배경, 성, 연령, 계층적 귀속감 등에 관계없이 모든 인간이 인간으로서의 보편적 권리를 향유하고, 각각의 특수한 삶의 방식을 존중하며 공존할 수 있는 다원주의적인 사회·문화·제도·정서적 인프라를 만들어내기 위한 집합적인 노력"을 뜻한다.(오경석, 2007; 한경구, 2008)

다문화 사회에서 요구되는 '다문화적 역량'은 "문화 간 상호 작용의 기초로서 자신의 문화적 관점뿐 아니라 타인의 문화적 관점도 이해하게 되는 과정"이다.(크리스틴 베넷, 김옥순 외 옮김, 2001) 다문화주의는 민족 간, 계층 간의 '차이'와 '연결'의 조망을 통해 다양성과 공존의 가치를 강조한다. 소수자 문화의 차이에 대한 존중을 중시하는 다문화주의의 철학적 배경은 '차이의 철학philosophy of difference'이다. 다문화주의는 모더니

1　이 글은 다음 연구를 수정하고 보완하였다. 「다문화 역량 신장을 위한 동아시아 이야기 콘텐츠의 주제론적 접근: 〈콩쥐팥쥐〉와 〈섭한葉限〉 이야기」를 중심으로」, 『다문화와 평화』, 11(2), 2017, 37~58쪽.

즘 시대의 지배 문화였던 서구 문화와 백인 문화 중심에서 벗어나 비서구, 소수 인종 문화를 부상케 하면서 서구 문화와 동양 문화, 그리고 백인 문화와 유색인 문화의 동등한 공존을 주창한다.(마르코 마르티니엘로, 윤진 옮김, 2008; 정상준, 1997; 김혜숙, 2007)

전 세계는 다인종, 다민족, 서로 다른 문화적 배경을 가진 구성원들이 함께 살아야 하는 지난한 문제에 봉착하였다. 다문화적 상황이 먼저 전개되고 이에 걸맞은 철학과 의식을 마련해야 하는 현실적 요구가 부각되면서 나라마다 이상적인 다문화 사회에 대한 고민을 지속하고 있다. 이상적인 다문화 사회를 이루기 위한 다문화주의에 대한 고민은 국가마다 경제적 문제, 정치적 문제, 그리고 오랜 시간 지속해온 민족별, 집단별 의식과 철학의 문제가 맞물리면서 명확한 해법이 제시되기 어려운 난제가 되었다. 나와 다른 타자, 특히 내가 거주하는 곳에 들어온 이방인을 대하는 문제를 다루는 것은 쉽지 않다. 인간은 자신의 영역을 타자에게 쉽게 내어주고 싶어 하지 않으며, 타자와의 불필요한 소통을 원하지 않는 자기중심적 존재이기 때문이다.

유럽의 다문화 국가들은 노동력의 부족, 경제 성장 동력의 둔화 등의 문제로 국제 이주자를 꾸준히 받아들였다. 하지만 주류 집단과 이주자 집단 사이에 심각한 사회·문화적 불협화음이 지속되었고 이는 소요, 폭동, 테러 등 폭력적인 유혈 충돌을 초래하였다. 이에 따라 '다문화주의 실패론'을 주장하는 목소리가 높아졌다.(김형민·이재호, 2021) 부의 재분배, 집단 정체성의 형성과 유지, 개인성 파괴, 사회적 결속의 문제 등은 다문화주의 논의보다 더욱 시급한 문제로 인식되어 다문화주의 논의를 뒷전에 두는 결과를 낳았다.(곽준혁, 2007) 다문화주의 논의는 각 국가와 민족이 당면한 현실적 과제보다 지나치게 이상적이고 추상적인 논의로 여겨지기도 한다. 그러나 다문화적 현상이 가속화되는 현실에서 바람직한 다문화주의의 가치를 실현하는 일은 인류가 함께 평화로운 세계를 구축하기 위한 필수적 요건이다. 따라서 성숙한 다문화주의를 실현하기 위한 성찰과 모색이 요구된다. 나의 자기중심성을 깨뜨리고 타자의 손을 맞잡는 방법에 대한 고민이 필요하다. 또한 나와 타자의 바람직한 관계를 설정하는 방법에 대한 고민도 필요하다.

독일 사회학자 벡U. Beck은 이상적인 다문화 사회를 건설하기 위한 중요한 정치적 응답 가운데 하나가 다문화 교육의 확대라고 보았다. 그는 협동 능력, 갈등 조정 능력, 문화에 대한 이해력을 통해 인간과 인간, 그리고 문화와 문화의 사이 잇기에 초점을 맞춘 다문화 교육이 필요하다고 주장하였다.(정영근, 2000) 사센Sassen은 소수 집단 이주자를 문제를 가진 사람이 아니라 '기대되는 참여자', '소홀히 취급된 창조적 자본', '문화적 교량 건설자'로 보아야 한다고 주장하였다. 또한 그들을 수동적이고 소망이 없는 희생자로서 무력화하지 않는 자세가 필요하다고 역설하였다.(Sassen, 1996)

뱅크스J. A. Banks는 다문화 교육의 영역을 '내용 통합', '지식 구성 과정', '편견 감소', '평등한 교수법', '기회를 제공하는 학교

문화와 조직' 등 다섯 개 영역으로 제시하였다. 이 중 내용 통합은 교과나 학문 영역에서 다양한 문화와 집단의 사례를 활용하여 다문화 교실을 역동적으로 만드는 것이다.(Banks, 2002) 또한 내용 통합은 주류 문화가 아닌 다양한 문화를 교육 과정 내에 통합하는 것이다. 바람직한 내용 통합을 위해서는 중심보다는 주변, 소외되었던 것, 그늘에 가려졌던 것, 가치 절하되었던 것을 불러내어 균형을 맞춰야 한다. 또한 주제 면에서 다문화적 가치를 지향하는 작품을 선정해야 한다.

다문화 역량 신장을 위한 텍스트 선정에는 두 가지 시선이 요구된다. 하나는 한국적인 것, 한국의 전통을 고수하려는 자민족중심주의적 시각ethnocentric perspective에 대한 반성이다. 다른 하나는 우리도 모르게 젖어 있는 서구와 근대를 향한 사대주의에 대한 반성이다. 이 둘에서 벗어나 학습자의 문화를 존중하는 다문화적 지향을 실현해야 한다.

여러 아시아 국가는 서양이 이식한 이른바 '근대' 이전에도 높은 문화적 수준과 교양을 가꾸어왔다. 특히 사람살이의 갈등, 희로애락, 더 높은 가치 지향을 언어로 형상해낸 아시아 이야기 콘텐츠는 현대 사회에서도 소프트 파워로서 위용을 자랑한다. 이제 아시아의 이야기 콘텐츠를 글로벌화된 다문화 사회의 가치 아래 호명해야 할 시기가 되었다. 모더니즘, 성장, 발전, 자본의 힘이라는 서양적 근대의 잣대를 걷어내고 다문화 시대의 다양성 추구와 상호 존중의 기치 아래 아시아 문화 콘텐츠를 재조명해야 한다.

구비 문학이 추구하는 인간 중심의 공동체 정신은 인간이 인간으로서의 보편적 권리를 향유하고 각각의 삶의 방식을 존중하며 공존하는 다문화주의 철학과 상통한다. 소외된 것, 주변적인 것을 불러내 자리를 마련해주는 것은 전통적인 공동체 사회에서 이야기가 담당하는 중요한 기능이었다.(이성희, 2023) 본고에서는 그동안 가치 절하되었던 아시아의 신데렐라형 이야기인 〈콩쥐팥쥐〉와 〈섭한〉을 중심으로 다문화적 역량인 자문화와 타문화 이해를 통한 차이 인정, 평등 지향, 다양성과 공존 추구의 가치에 대해 살펴보도록 하겠다. 신데렐라형 이야기는 전 세계에서 가장 많이 채록되고 가장 많이 연구된 이야기 유형으로(Alan Dundes Ed., 1988) 거의 모든 문화권과 국가에서 전승되었다. 고전으로서 〈콩쥐팥쥐〉와 〈섭한〉의 주제 의식은 현재 우리가 당면한 다문화 상황에 현실적인 대안과 혜안을 제공해줄 수 있다. 낯선 존재, 나와 다른 존재와 어떻게 서로 공감하고 이해하며 어울려 살아가는지에 대한 주제론적 접근은 더 나은 다문화 세계를 구현해가야 하는 우리에게 또 하나의 새로운 시각을 제공해줄 수 있을 것으로 기대한다.

2. 〈신데렐라〉, 〈콩쥐팥쥐〉 그리고 〈섭한〉

1) 〈신데렐라Cinderella〉

신데렐라 유형에 대한 연구는 콕스Marian Roalfe Cox가 시작하였다. 1898년 콕스가 이본 345개를 연구한 것을 시작으로 스웨덴의 루스Anna Birgitta Rooth가 1951년에 이본 700여 개를 정리하였다.(Rooth, 1951) 아르네-톰슨Aarne-Thompson의 설화 유형 색인Tale type index에서 AT 510A. 'Cinderella', AT 510B. 'The Dress of Gold, of Silver, and a Stars', AT 511. 'One-Eye, Two-Eyes, Three Eyes', AT 511A. 'The Little Red Ox', AT 511+AT 510A 등 다섯 개 유형이 신데렐라형에 해당된다.(Alan Dundes Ed., 1982, 1988)

웨일리Arthur Walley는 『중국 신데렐라 이야기'Chinese Ciderella Story' in 「Folklore」』(1947)를 인용하여 〈신데렐라〉가 9세기 중국에서 최초로 문자로 기록되던 당시에 이미 오랫동안 구전되어오던 이야기였을 것으로 추정하였다.(브루노 베텔하임, 김옥순 외 옮김, 1998) 나카자와 신이치는 미나가타 구마구스의 글 「서기 9세기의 중국 서적에 실린 신데렐라 이야기」(1911)를 인용하면서 『유양잡조酉陽雜俎』에 실린 「섭한」이 문자로 기록된 가장 오래된 형태의 신데렐라 이야기임을 밝혔다.(나카자와 신이치, 김옥희 옮김, 2003; 단성식, 정환국 옮김, 2011)

　「신데렐라」는 프랑스인 샤를 페로Charles Perrault의 『옛날 옛적 이야기』(1697), 독일인 그림 형제Jacob Grimm & Wilhelm Grimm의 『어린이와 가정을 위한 그림 동화』(1812)에 실려 있다. 페로는 초기 판본과 바질의 각편을 귀족들의 취향에 맞도록 세련되게 바꾸었다. 개작하는 과정에서 그는 귀족과 상류 부르주아 계급의 아비투스 재생산을 위한 가부장제에의 순응, 남성 의존성, 교훈성 등을 지나치게 부각하였다. 또한 신데렐라와 상호 소통하는 나무 모티프를 요정으로 대체하고 누더기를 입은 신데렐라를 왕자가 받아들이는 장면도 삭제하였다.

　페로의 「신데렐라」에서는 물질적인 것을 추구하는 의붓언니들과 대조되는 신데렐라의 특성이 감소되어 있다. 또한 'vair얼룩덜룩한 모피' 구두를 'verre유리' 구두로 바꾸었다. 이 때문에 페로의 「신데렐라」에는 물질주의, 출세 지향성 등의 개인주의적 정서가 지배적으로 드러난다. 페로의 신데렐라는 꿀처럼 달콤하고, 무미건조할 정도로 착하고, 주도권을 온전히 결여하고 있다.(브루노 베텔하임, 김옥순 외 옮김, 2010) 페로 판본은 구비전승의 열린 상상력을 제한한다는 점에서 문제적이다.(잭 자이프스, 김정아 옮김, 2006)

　페로의 「신데렐라」를 차용한 월트 디즈니Walt Disney는 문자 텍스트를 이미지화하는 과정에서 미국적 개인주의 이데올로기, 자수성가, 성차별적 내러티브, 순응성과 인습성을 주제화하여 더욱 심각한 문제를 드러냈다. 이야기로 사회적 모순을 지적해온 자이프스는 월트 디즈니의 작업이 "미국식 프로테스탄티즘과 가부장제 전통에 따른 갇힌 이미지"를 제공하는 것이라고 주장한다.

페로의 『옛날옛적 이야기』에 실린 「신데렐라」와 디즈니가 영화화한 〈신데렐라〉에는 몇 가지 공통점이 있다. 첫째, 신데렐라는 왕자가 주최한 무도회에 참여하고 싶어 한다. 이로써 '결혼으로 인한 신분 상승'이 주제화된다. 둘째, 호박, 쥐, 도마뱀의 역할이 도구적이다. 대모는 이들을 마차, 마부, 하인으로 변신시킨다. 콩쥐가 소, 두꺼비, 새와 소통하는 것, 섭한이 물고기와 깊은 소통을 이루는 것과 대비된다. 셋째, 외모지상주의가 드러난다. 왕자는 신데렐라를 '대단한 외모의 공주'로 보고 첫눈에 반한다. 넷째, 개인적 성공지상주의가 나타난다. 페로는 「신데렐라」 후면에 실린 「교훈」에서 출세를 강조한다.

디즈니 영화에 대한 자이프스의 지적은 날카롭다. 1937년 〈백설공주〉부터 1994년 〈라이온 킹〉에 이르기까지 디즈니 영화는 테크놀로지를 활용하여 옛이야기를 규격화standardization 하였다. 디즈니 브랜드를 엔터테인먼트 산업의 챔피언으로 만들기 위해 모든 디즈니 영화는 일차원성, 획일성에 포커스를 맞춘다. 또한 개인주의, 남성중심적 사고, 멋진 왕자를 통한 문제 해결로 어린이 소비자들의 미적 감수성과 취향을 지배하여 마음을 사로잡았다. 자이프스는 디즈니의 한계를 극복할 대안으로 톰 다벤포트Tom Davenport의 1990년 영화 〈Ashpet: An

American Cinderella〉를 제시하였다. 이 영화는 제2차 세계대전 당시 남부 지방의 징병 때문에 희생과 이별이 강요되는 상황에서 주인공 릴리가 계모와 의붓언니에게 빼앗겼던 자신만의 스토리를 완성해가는 이야기다. 자이프스에 따르면 디즈니를 넘어서는 방법은 이야기를 통해 가부장제와 인종차별주의를 극복하는 것이다.(Zipes, 1997) 자이프스는 이야기를 통해 약자에 대한 차별을 종식하고 차이를 인정하는 평등에 주목할 것을 주장한다.

자이프스는 이러한 경직된 이야기 서술의 반대편에서 미야자키 하야오의 작품 속 상호 협동과 공동체성의 가치를 긍정적으로 평가한다. 〈센과 치히로의 행방불명〉에서 치히로가 귀신들린 마을에 들어가 자신의 용기를 증명하고, 〈하울의 움직이는 성〉에서 소피가 마법사 하울과 힘을 합쳐 낭비 마녀를 물리치는 것은 '상상력의 해방'을 보여주는 것이라고 하면서 사회적 모순에 대응할 이야기의 긍정적 요소로 평가하였다.(잭 자이프스, 김정아 옮김, 2008)

2) 〈콩쥐팥쥐〉

한국의 신데렐라 유형인 〈콩쥐팥쥐〉에 대한 연구는 크게 세 가지로 나눌 수 있다. 먼저 신데렐라 유형과의 비교 문학적 연구가 있다.(장덕순, 1957; 최운식·김기창, 1998; 이원수, 2002; 김헌선·최자운, 2004; 김정란, 2005; 오윤선, 2006) 그리고 원형 탐구와 전래 동화로의 수용 양상에 대한 연구가 있다.(권순긍,

1987; 이원수, 1997; 손병국, 2002; 허완, 2006; 노제운, 2009) 교육적 활용 영역에서는 초·중·고등학교에서의 활용 방안 연구가 다수 이루어졌다.(김효선, 2006; 권순희·김승연, 2011; 전철웅·우혜경, 2011; 김혜진·권순희, 2015) 김혜진·권순희의 연구에서는 국내 중등학교 학생을 대상으로 〈콩쥐팥쥐〉와 중국 〈섭한〉을 비교하여 한중 양국의 문화 어휘와 생활상을 비교하는 교육 방안을 제시하였다.(김혜진·권순희, 2015)

아래 블라디미르 프로프Vladimir Propp의 순차적 구조를 활용하여 작품을 요약하여 제시한다.(블라디미르 프로프, 유영대 옮김, 1987) 본문 내용은 『한국구비문학대계』(한국정신문화연구원, 8-8)의 내용을 참고하여 정리하였다. 이외에 상세 내용은 『한국구비문학대계』(한국정신문화연구원, 1-4; 1-9; 5-1; 8-8)와 『한국구전설화』(임석재 엮음, 6; 10)를 함께 참고하였다.

어머니가 돌아가신 후 콩쥐는 아버지와 함께 살고 있었다. 콩쥐의 아버지는 재혼했고, 새어머니는 콩쥐를 구박하며 온갖 집안일을 다 시켰다. 팥쥐에게는 쇠 호미를 주고 콩쥐에게는 나무 호미를 주어 밭을 갈게 하였다. 콩쥐가 밭을 갈다가 호미가 부러져서 울자 하늘에서 검은 소 한 마리가 내려와 도와주었다. 콩쥐가 깨진 항아리에 물을 붓다가 물이 차지 않아 울자 두꺼비 한 마리가 나타나 도와주었다.
팥쥐는 새어머니와 함께 잔치에 갔다. 콩쥐도 잔치에 가고 싶었지만 새어머니가 시킨 일이 많아서 갈 수 없었다. 그런데 선녀가 내려와 베를 짜주고, 새들이 쌀나락을 벗겨주었다. 선녀는 잔치에 입고 갈 수 있도록 새 신과 새 옷도 주었다.

잔칫집으로 가는 도중 원님 행차와 마주친 콩쥐는 냇물을 건너다 꽃신을 잃어버렸다. 원님이 콩쥐의 꽃신을 찾아주고 두 사람은 결혼하여 행복하게 살았다. 자신이 꽃신 주인이라고 거짓말했던 팥쥐와 새어머니는 벌을 받게 되었다.

콩쥐는 암소, 두꺼비, 새 등 동물과 천상의 존재인 선녀의 도움으로 시련을 극복한다. 판본에 따라 검은 암소가 돌아가신 친어머니라는 설명이 덧붙기도 한다.(한국정신문화연구원, 5-1) 인간에게서 비롯된 소외, 가까운 가족에게서 비롯된 소외를 인간이 아닌 동물과 선녀의 도움으로 극복하면서 인간과 다른 것들, 즉 평소에 '다른 존재'라 인식하던 동물들과 유대가 형성된다.

콩쥐는 자신의 힘으로 해결할 수 없는 과업 앞에서 도망가거나 물러서지 않는다. '밑 빠진 독에 물 붓기', '엄청난 양의 나락 까기', '나무 막대기 호미로 밭 갈기'는 개인이 맞닥뜨리는 세계의 절대적 한계에 대한 은유다. 민담은 무의식, 직관, 상상력의 산물인 환상성에 지배를 받는다. 일상에서 부딪히는 문제들은 은유, 직유, 환유를 통해 드라마화된다. 무의식의 감정적 에너지를 사용하여 세계에 대해 말한다.(Jones, 1995)

한계와 맞서다가 힘이 빠진 콩쥐는 그저 운다. 콩쥐가 처음부터 과제를 피하거나 과제로부터 도망친 것이 아니다. 콩쥐의 울음은 자신의 힘으로 어떻게 해볼 수 없는 세계의 폭력 앞에서 한계 상황에 직면한 인간의 절규로 볼 수 있다.

콩쥐는 초월적 힘의 도움으로 마침내 고난을 극복한다. 문제를 극복하려는 콩쥐의 노력이 한계에 다다랐을 때 초월적 존재의 도움이 주어진다. 초월적 존재의 도움은 콩쥐의 나약성을 보여주는 것이 아니라 콩쥐의 진정성을 확인해주는 장치다. 환상적 민담에서 초월적 존재의 도움은 약자이지만 진정성 있게 세계와 대면한 자에게 주어지는 행운이다. 선과 악의 도식으로 보자면 선을 증명하는 장치라고 할 수 있다. 자신의 힘으로 해결할 수 없는 과도한 노동의 양과 세계의 폭력 앞에 섰던 콩쥐는 초월적 존재의 도움으로 이를 극복하고 비로소 자기실현을 이룬다. 융Jung의 표현을 빌리자면 콩쥐는 자아ego의 페르소나를 벗고 자기실현self-realization을 성취하여 온전해진다. 진정한 자기를 실현한 콩쥐는 성숙과 온전함을 성취한 이상적 개인이다.(이부영, 2002 참조)

콩쥐는 잔치에서 배제되었지만 잔치에 참여하고 싶어 한다. 잔치는 판본에 따라 외갓집 혼사, 결혼식, 공진이굿 등 다양한 형태로 나타난다. 이들의 공통점은 많은 사람이 모이는 공동체적 회합으로서 교제, 음식, 기쁨이 있는 곳이며 공동체의 안녕과 공존을 확인하는 장소라는 것이다. 잔치는 축제의 개념과 상통한다. 호이징가Johan Huizinga는 축제의 개념을 비일상성, 유희적 본성이라고 하였고, 콕스Harvy Cox는 일상성을 벗어나 경축하고 좋은 것을 나누는 것이라고 하였다. 또한 표인주는 축제가 일상성을 벗어나 감성적 욕망이 넘나드는 곳이라고 하였다.(표인주, 2007) 잔치에 참여하는 '사람들'에 주목한다면 사람들 사이에 이루어지는 유대, 공존, 연합이라는 '잔치의 공동체성'은 더욱 중요하게 논의되어야 한다.

오랜 시간 새어머니와 의붓자매에게서 따돌림을 당하고 모진 노동에 시달린 콩쥐가 고통 속에 매몰되지 않고 많은 사람이 모인 공동체의 회합에 가기를 희망했다는 점은 콩쥐의 내적 강인함을 보여준다. 지속적으로 따돌림과 불합리한 처우를 당하면 내면이 위축될 법도 하다. 하지만 콩쥐는 고난에 꺾이지 않고 이를 성숙의 도구로 삼았다.

내적 성숙을 이뤄낸 콩쥐는 건강한 자의식을 가지고 공동체 안으로 스스로 걸어 들어가 타인과 소통하기를 희망한다. 고난을 극복하면서 자기 자신을 사랑하는 과업과 타인과 공존하는 과업을 성취하려는 콩쥐의 모습은 자문화와 타문화에 대한 이해와 공존이라는 다문화적 가치를 환기하며, 자기를 사랑하고 타인을 사랑하는 과업을 이룬 콩쥐의 성취는 자문화와 타문화의 균형 있는 존중이라는 다문화적 가치를 환기한다.

콩쥐는 모든 고난을 극복하고 원님과의 혼인으로 그동안 겪은 시련과 고난을 보상 받는다. 민담에서는 흔히 소년, 소녀가 불가사의한 세계에서 이유 없이 고난을 당하고 이를 마법의 힘으로 극복한다. 이들이 고난을 극복하고 결혼하면서 어른이 되는 결말이 일반적이다.(Jones, 1995) 혼인은 이야기의 대단원이자 콩쥐라는 한 인격의 완성, 통과 의례적 대단락으로서의 성숙, 온전한 개인으로서 성인의 삶에의 진입이라는 의미를 지닌다. 어려움 속에 있던 소녀 콩쥐와 원님의 혼인은 이야기가 무엇을 지지하는지 보여주는 표지다. 지위가 높은 남성과 혼인하는 것은 이야기 속에서 소녀가 얻을 수 있는 최고의 상이다. 원님과의 혼인은 콩쥐가 겪어야만 했던 모든 고난이 콩쥐의 결함에서 비롯된 것이 아님을 증명한다. 원님과의 혼인이라는 상은 그동안 이유 없는 고난 속에서도 꺾지 않은 의지에 대한 대가다. 또한 고난 속에서도 자기를 사랑하고 또한 타인을 사랑하며 공동체 속으로 걸어 들어간 용기에 대한 보상이다. 원님과의 혼인을 통해 이야기는 콩쥐의 자기 사랑, 타자 사랑, 그리고 공동체와의 소통 의지를 긍정한다. 이는 우리에게 다문화적 가치인 자문화와 타문화 이해에 대한 통찰을 제공한다.

3) 〈섭한〉

「섭한」은 중국 당나라 시대 단성식段成式의 『유양잡조』에 실린 것이 가장 오래된 판본으로 추정된다.

> 진·한 이전에 동주洞主 오 씨吳氏는 죽은 첫 번째 아내의 딸인 섭한을 사랑하였다. 오동이 죽자 섭한은 계모의 학대를 받았다. 계모는 섭한에게 험한 산에서 나무를 하게 하고, 깊은 곳에서 물을 긷게 하였다. 섭한은 어느 날 물을 긷다 얻은 물고기를 그릇에 담아 키우다가 물고기가 너무 커지자 연못에 놓아주었다. 물고기는 섭한이 오면 물 밖으로 나와 반겼다.

다른 사람들이 가면 절대 나오지 않았다.

그런데 계모가 섭한의 옷을 입고 가서 물고기를 칼로 찔러 죽여 요리해 먹고 뼈를 퇴비 밑에 숨겼다. 물고기가 죽은 것을 안 섭한은 큰 슬픔에 빠졌다. 그때 하늘에서 내려온 사람이 퇴비 밑에 있는 물고기 뼈를 방에 숨겼다가 원하는 것을 빌면 이루어질 것이라고 하였다. 섭한이 그 말대로 하니 보석, 옷, 먹을 것 등 원하기만 하면 무엇이든지 생겼다.

계모는 동洞 축제에 가면서 섭한에게 마당의 과실을 지키라고 했지만 섭한은 청록색 윗옷을 입고 금 신발을 신고 축제에 갔다. 섭한은 자신을 알아본 의붓동생을 의식하고 부리나케 돌아오느라 신발 한 짝을 잃어버렸다. 동 사람이 주운 섭한의 신발은 털처럼 가볍고 돌을 밟아도 아무 소리가 나지 않는 신기한 물건이었다. 동 사람은 그 신발을 타한국에 팔았다.

임금이 그 신발의 주인을 수소문한 끝에 섭한의 발에 신발을 신기니 딱 맞았다. 섭한은 왕에게 자초지종을 이야기하였다. 계모와 의붓동생은 징검돌에 맞아 죽었다. 그들을 묻은 무덤을 '오녀총吳女塚'이라 불렀다. 타한국 왕은 섭한을 데리고 물고기의 뼈를 챙겨 왕국으로 돌아온 뒤 섭한을 왕비로 삼았다.

섭한은 계모의 학대와 힘든 노동 속에서 물고기를 기른다. 계모는 섭한과 물고기의 친밀한 관계를 시샘해서 물고기를 죽인다. 섭한은 하늘에서 내려온 사람의 도움으로 물고기 뼈를 찾아 방에 숨긴다. 물고기 뼈는 섭한이 원하는 것은 무엇이든지 준다. 물과 관련된 용족이 신이한 능력을 베풀고 선물을 주는 것은 중국과 한국에서 오래전부터 지속된 신비한 용궁에 대한 상상력의 일환이라 볼 수 있다. 물고기는 인간에게 신비한 구슬, 보물, 돈 등을 제공한다.(이성희, 2001) 섭한은 물고기를 돌보고 물고기는 죽어 뼈가 되어 섭한에게 보석, 옷, 먹을 것을 베푼다. 돌봄, 알아봄, 필요를 채워줌으로써 둘은 호혜적 관계를 형성한다. 이 관계는 물건이 재산 축적의 도구가 아니라 '베푸는 것'이 되어 서로의 관계를 유지해주는, 상호 공존의 매개로서의 호혜성을 환기한다. 선물을 한다는 것은 단지 물건이 아니라 그 안에 깃든 영혼도 함께 주는 것이며 우정의 표현이다.(마르셀 모스, 이상률 옮김, 2002)

섭한은 좋은 옷을 입고 금 신발을 신은 채 축제에 간다. 섭한은 공동체에 참여함으로써 건강한 자의식을 내보인다. 타한국 왕과의 혼인은 고난 속에서도 꿋꿋하게 자신을 지켜낸 섭한의 행동에 대한 지지라고 볼 수 있다.

이후 왕이 욕심을 부려 물고기 뼈에서 보석을 수없이 얻어내자 물고기 뼈는 이제 소원을 들어주지 않았고, 더 많은 재물을 얻어 군사를 기르려고 뼈를 해안가에 묻어두었더니 바다의 조류에 쓸려가 버렸다는 내용이 이어진다. 전쟁에 필요한 군사를 기르려고 물고기 뼈를 이용하는 왕의 모습은 물고기와 상호 소통하던 섭한의 모습과 대조된다. 물고기 뼈와 호혜적 관계를 맺은 섭한의 모습과 물고기 뼈를 수단화하는 왕의 모습이 대조되면서 타자, 소외된 존재와의 관계 설정에 대한 문제를 제기한다.

3. 자문화와 타문화 이해를 통한 다문화 역량

앞에서 살펴본 두 작품의 내용을 다문화적 역량, 즉 자문화와 타문화의 이해를 기반으로 한 다양성 인정, 상호 영향을 주고받는 관계의 중요성 인식, 다 함께 어울려 살아야 하는 세계 시민으로서의 공존의 가치로 주제화하여 고찰하고자 한다.(크리스틴 베넷, 김옥순 외 옮김, 2001; Banks, 2004 참조)

1) 자문화 이해: 자기 존중, 내재적 가치 추구

콩쥐는 차별 속에서도 굳건히 자신의 일을 한다. 섭한은 대가 없는 노동을 통해 생명을 돌본다. 땅에서 하는 노동과 가여운 생명을 돌보는 일은 자기 안에서 나온 내재적 가치 실현을 통해서 가능하다. 〈콩쥐팥쥐〉와 〈섭한〉의 결말이 두 주인공에게 우호적인 것은 이야기의 주제가 지향하는 자기 존중, 내재적 가치에 대한 긍정적 인식에서 비롯되었다고 할 수 있다.

콩쥐와 섭한은 잃어버린 자기 신발을 찾는다. 콩쥐와 섭한이 잃어버린 신발을 찾고자 하는 것은 자기 내면의 목소리에 따라 행동하는 당당함의 표현이다. 콩쥐와 섭한은 타인의 시선, 권력, 자본을 추구하면서 외재적 가치를 따르는 타인들의 횡포 속에서 묵묵히 자기 길을 걸어간다. 이들은 자기 자신을 사랑하여 자기화를 실현한다.

반면 의붓자매들은 자기 신발이 아닌 타인의 신발을 찾는다. 자기 신발이 아니라는 것을 알면서도 타인의 신발에 억지로 발을 끼워 넣는다. 이러한 행위는 '자기'를 찾기 위한 것이 아니라 타인의 것을 자기 것으로 만들려는 과한 욕망이다. 권력과 자본에 대한 욕망이며, 타인의 것을 뺏고자 하는 만들어진 욕망이기에 끝내 다다르지 못하는 헛된 욕망이다. 타인의 욕망을 따르는 새어머니와 의붓자매들은 내재적 가치가 아니라 외재적 가치를 따르는 자인 것이다.

두 이야기는 신발을 잃어버린 콩쥐와 섭한에게 신발을 찾아줌으로써 이야기의 내적 질서를 보여준다. 마땅히 주인에게 돌아가야 할 신발 찾기는 바로 자기 아닌 것, 자기 것이 아닌 것에 헛된 욕망을 두지 말라는 경계로 읽을 수 있다.

다문화 교육은 일차적으로 자문화에 대한 이해, 자기 민족과 자기 전통에 대한 이해를 목적으로 한다. 콩쥐와 섭한이 자기실현을 통해 내재적 가치를 추구하는 과정은 다문화 교육에서 추구하는 자문화에 대한 이해와 존중의 필요성을 환기한다.

2) 타문화 이해: '차이' 인정을 통한 소통과 공존, 다양성 존중

다문화 교육은 다른 인종에 대해 더 긍정적인 반응과 태도를 지니도록 하는 것을 목표로 한다. 다문화 교육에서 시민 의식 향상을 위한 교육은 인권에 대한 깨달음의 과정에서 다뤄지며, 상호 이해와 상호 관대성으로 다른 문화를 존중하도록 한다. 사회적으로 소외되어온 집단에 중점을 둠으로써 다른 문화적 집단을 존중하게 하는 것이다.(김선미·김영순, 2008) 다른 인종에 대한 차별은 강자가 약자에게 나타내는 감정이다. 소외된 것들을 존중하고 중심으로 불러내는 작업으로 그동안 지속되던 부조화에 균형을 꾀하는 것이 다문화 이해의 핵심적인 내용이다.

콩쥐와 섭한은 동물과 소통하면서 공존을 지향한다. 〈콩쥐팥쥐〉에서 암소는 밭을 갈고 두꺼비는 깨진 항아리를 몸으로 막아낸다. 새는 작은 입으로 나락을 깐다. 인간보다 제한된 능력을 가진 동물들이 콩쥐가 할 수 없는 일을 해서 콩쥐를 위기에서 구해낸다. 여기서 우리는 인간과 동물, 인간과 자연의 상호 이해와 우정을 바탕으로 한 공존을 본다. 거기에는 '우열'이 아닌 '차이'가 있다. 차이와 공존의 필요성을 제창하는 다문화주의의 이상은 인간과 함께 살아가는 모든 생명을 존중하는 가운데 공존을 추구해야 하는 생태주의의 이상과 통하는 면이 있다.(그렉 개러드, 강규한 옮김, 2014)

섭한은 계모의 학대와 힘든 노동 속에서도 물고기를 기른다. 다른 생명을 돌보는 행위는 섭한이 힘든 상황에 매몰되지 않고 자기 삶을 꿋꿋이 지켜내면서 외적인 세계와 연관을 맺고 있다는 반증이다. 섭한이 기르는 물고기도 섭한이 오면 물 밖으로 나와 반긴다. 섭한과 물고기는 상호 소통한다. 섭한과 물고기가 상호 소통하는 것처럼 「신데렐라」의 그림 판본에서는 개암나무 가지, 새 등이 신데렐라와 소통한다. 그림 판본에서 신데렐라는 어머니의 무덤가에 개암나무 가지를 심고 눈물과 기도로 키운다. 무도회에 입고 갈 옷을 달라고 나무에 빌자 새가 옷을 가져다준다. 콩을 골라주는 비둘기, 옷을 주는 새, 은신처가 되어주는 비둘기장과 배나무 등 동물, 자연과의 상호 소통이 이루어진다.(Brothers Grimm, Jack Zipes 엮음, 1992)

동물은 인간과 함께 세계 내에 존재해왔지만 인간의 욕망에 의해 희생을 강요 당하고 소외되어온 '자연'이다. 나카자와 신이치는 인간과 동물 사이의 대칭 관계에 주목하면서 인간의 '문화'와 동물의 '자연'이 대칭 관계에서 서로 존중하는 것을 이상적인 모습으로 보았다. 대칭성의 균형을 상실하여 변형된 것이 '문명'과 '야만'이다. 인디언의 사상에서는 인간과 동물 사이에 본질적인 차이가 존재하지 않는다. 인간과 동물이 상호 변용 가능한 '친족'이며 '친구'라는 사고는 '인간적인 마음', 즉 타자에 대한 공감으로 가득 찬 이해에서 비롯되었다. 친구 사이인 곰과 인간은 서로 보답을 바라지 않는 선물을 주고받음으로써 깊은 상호 이해와 우애로 맺어졌다.(나카자와 신이치, 2014)

동물에 대한 존중과 사랑의 표현은 소외된 것을 불러오는 다문화적 가치를 환기한다. 텍스트 내의 '동물'은 서구, 권력, 자본 중심의 주류 문화에 의해 소외되었던 비주류 문화에 대한 은유로 읽을 수 있다. 동물과 인간은 다른 것이 아니라 상호 이해와 우정으로 만나야 하는 관계라는 다문화적 인식이다.

4. 나오며

본고에서는 '내용 통합'을 위해 동아시아 학습자 국가의 이야기 콘텐츠를 제안하면서 〈콩쥐팥쥐〉와 〈섭한〉의 주제론적 접근을 통한 다문화 역량의 신장 방안을 고찰하였다.

두 이야기에서는 '자기 존중, 내재적 가치 추구'가 주제화된다. 콩쥐와 섭한은 잃어버린 신발을 찾는다. 이는 자신의 정체성을 찾는 일이며 자기 내면의 목소리에 따라 행동하는 당당함의 표현이다. 콩쥐와 섭한은 타인의 시선, 권력, 자본을 추구하면서 외재적 가치를 따르는 타인들의 횡포 속에서 자기화를 실현한다. 이는 자문화 이해와 존중이라는 다문화적 가치로 이해될 수 있다.

〈콩쥐팥쥐〉와 〈섭한〉에서는 "'차이'의 인정을 통한 소통과 공존, 다양성 존중"이 주제화된다. 이는 타문화 이해라는 다문화적 가치로 이해될 수 있다. 콩쥐와 섭한은 동물과의 상호 이해와 우정을 바탕으로 소통하고 공존한다. 동물에 대한 존중과 사랑의 표현은 소외된 것을 불러오는 다문화적 가치를 환기한다. 텍스트 내의 '동물'은 서구, 권력, 자본 중심의 주류 문화에 의해 소외되었던 비주류 문화에 대한 은유로 읽을 수 있다. '문

화'–'자연'이 아닌 '문명'–'야만'으로 잘못 읽어온 인간과 동물
이 다른 것이 아니라 상호 이해와 우정으로 만나야 하는 관계라
는 다문화적 인식이다. 고난을 극복하면서 자기 자신을 사랑하
는 과업과 타인과 공존하는 과업을 성취하려는 콩쥐와 섭한의
모습은 자문화와 타문화에 대한 이해와 공존이라는 다문화적
가치를 환기한다.

　　다문화 교육의 가치를 실현하는 이상은 멀고 어려워 보인
다. 하지만 전 지구적 관점에서 중심과 주변의 경계 없는 이해
와 소통이 이뤄지는 다문화적 이상과 평화의 가치를 실현하기
위해서는 작은 한 걸음이 필요하다. 다문화적 가치는 우리가 끝
내 성취해야만 하는 이상이기 때문이다.

4장

—

다문화 동화로서의
아시아 전래 동화[1]

오정미

———

인하대학교 다문화융합연구소 인문학술 연구교수

1. 들어가며

한국이 다문화 사회인가에 대한 논란은 이제 필요 없다. 교육, 미디어, 정책 등 다양한 분야에서 다문화는 한국 사회에서 중심 화두가 되었고, 다양한 국적의 이주민을 주변에서 쉽게 만날 수 있는 우리 사회는 이제 다문화 사회다. 이러한 사회적 변화는 아동을 대상으로 한 동화책에서도 확인할 수 있다. 전에 없던 '다문화'를 전면에 내세운 '다문화 동화'가 출판되기 시작하였고, 다문화 동화에 대한 연구도 활발하게 진행되고 있다.[2]

그러나 다문화 동화의 현주소는 애초에 기획했던 것과 달

---

1 이 글은 「다문화동화로서의 아시아 전래동화집 연구」, 『동화와 번역』, 41집을 수정하고 보완하였다.

2 다문화 동화가 가진 문제점에 대한 연구는 비교적 이른 시기부터 시작되었다. 대표 논문을 소개하면 다음과 같다. 류찬열, 「다문화 동화의 현황과 전망」, 『어문논집』, 40, 중앙어문학회, 2009; 김부경·원진숙, 「다문화 동화의 내용 요소 분석: 인물, 갈등의 양상, 해결의 방식, 다수자의 편견을 중심으로」, 『다문화교육연구』, 8(2), 한국다문화교육학회, 2015. | 이외에 다문화 동화 소개 차원의 연구도 있다. 내용의 분석에서 다문화 동화의 문제점이 드러나므로 문제점에 대한 연구로 볼 수 있다. 이혜미, 「다문화 동화에 나타난 상호 이해의 양상」, 『글로벌교육연구』, 3(2), 글로벌교육연구학회, 2011. | 그리고 본 연구와 궤적을 같이하는 다문화 동화에 대한 연구도 있다. 권혁래, 「다문화 동화집 출간: 이주민들이 안고 들어온 글로컬 문학에 대해」, 『동화와 번역』, 35, 동화와 번역연구소, 2018; 권혁래c, 「다문화 동화로 출간된 베트남 옛이야기 연구」, 『우리문학연구』, 62, 우리문학회, 2019.

리 이주민에 대한 선입견과 편견을 재생산한다는 비판에 놓여 있다. 따돌림을 당하는 다문화 가정의 아이 혹은 가난한 이주민이 마치 정해진 문법처럼 주인공으로 등장하는 다문화 동화가 오히려 다문화 가정과 이주민에 대한 선입견과 편견을 재생산한다는 것이다. 이러한 문제는 어디에서 온 것일까. 이 글에서는 다문화 동화에 대한 고착화된 개념에서 그 답을 찾고자 한다. 한국 사회가 이주민 혹은 다문화 가정에 대한 선입견과 편견을 가진 것처럼 다문화 동화에도 선입견과 편견이 씌워져 있고, 그것을 벗어난 새로운 접근의 다문화 동화가 필요한 것이다. 이러한 필요성 아래 현재의 다문화 동화의 정의와 범주를 비교적 최근에 정리한 김부경·원진숙과 권혁래의 연구를 아래에 인용한다.

> 다문화 동화의 개념을 정의하면 다음과 같다. 다문화 동화란 결혼 이주자와 이주 노동자, 탈북자와 그 가정이 한국에 정착하는 과정과 우리 사회의 소수자로 살아가는 모습을 그린 동화, 그들의 민족 집단과 출신 국가를 배경으로 그들의 문화가 구체적으로 드러나 있는 동화이다.(김부경·원진숙, 2015)

> ① 이주 노동자, 결혼 이민자, 탈북민, 그리고 그 자녀들을 주인공으로 한 동화다.
> ② 이주민들이 한국으로 이주하고 정착한 과정을 그린 동

화다.

③ 한국 사회에서 이주민들이 소수자로 살아가는 모습을 그린 동화다.

④ 이주민들의 모국 문화가 드러나 있는 동화다.(권혁래, 2018)

현재 다문화 동화는 아시아계 이주민이나 아시아계 이주민이 속한 가정의 갈등을 주요 내용으로 하여 아시아계 이주민을 소수자로 형상화하는 창작 동화가 대부분이다. 이러한 다문화 동화의 고착화된 서사는 다문화 동화를 매우 한정적인 소재와 주제에 가두었고 결국 이주민과 다문화 가정에 대한 선입견과 편견을 양산하는 데 일조하였다. 사회적 화합과 통합을 지향하고자 했던 다문화 동화의 본래 기획 목표를 상기하면 다문화 동화에 대한 새로운 개념 정립이 시급하게 필요한 이유다. 그래서 이 글에서는 다문화 동화에 대한 새로운 개념의 재정립을 모색하고자 위에 정리된 다문화 동화 유형 중에서도 '이주민들의 모국 문화를 주요 서사로 한 다문화 동화'에 집중하고자 한다. 다양한 문화에 대한 이해와 탐색을 위해 우리 이웃이 대대손손 살아온 삶의 이야기를 주요 서사로 한 동화를 다문화 동화로서 발굴하고 소개하고자 하는 것이다.

한국의 다문화 사회에서 필요한 진정한 다문화 동화란 이주민에 대한 선입견을 버리고 서로를 이해하고 화합하는 서사일 것이다. 다문화라는 용어의 의미를 원론적으로 생각해보아도 다문화 동화란 문화 충돌과 문화 갈등을 겪는 이주민의 이야기가 아닌 다양한 국가에서 우리 사회로 이주한 사람들의 문화 가치관에 대한 소개와 이해일 것이다. 이러한 의미에서 세계 전래 동화, 특히 아시아 전래 동화에 다문화 동화로서 새롭게 접근해보고자 한다. 즉 우리에게는 이미 다문화 동화가 존재하고 있었고, 그것이 세계 전래 동화였다는 관점이 이 글의 출발점이다. 직접 가보지 못한 세계의 다양한 문화와 가치관을 소개하는 세계 전래 동화가 사실은 다양한 문화권 사람들의 문화와 가치관을 소개하는 일종의 다문화 동화였던 것이고, 이러한 다문화 동화에 대한 개념의 재정립을 모색하는 것이 이 글의 방향이자 목표이고 주요 내용이다.

따라서 이 글에서는 세계 전래 동화가 좋은 다문화 동화라는 전제 아래 현재 출판된 대표적 세계 전래 동화집의 현황을 살펴본 후 한국 다문화 사회의 특성을 반영한 아시아 전래 동화집의 다문화 동화로서의 방향과 가치에 대하여 제안하고자 한다. 세계 전래 동화집에서 아시아 전래 동화집으로 지역을 한정하는 것은 서구의 전래 동화는 충분히 출판되었다고 판단하기 때문이다. 또한 아시아계 이주민 중심의 한국 다문화 사회를 고려하면 아시아 전래 동화집이 다문화 동화로서 중요한 의미를 가진다고 판단하기 때문이다. 그래서 필자가 약 3년 동안 진행한 이주민 구술 설화를 바탕으로 아시아 전래 동화집의 방향을 구체적으로 모색하고자 한다. 여기에서 이주민 구술 설화란 한국에 거주하는 이주민이 직접 구술한 그들 모국의 설화를 의미한다. 전래 동화가 설화의 재탄생이라는 의미에서 이주민 구술 설화는 다문화 동화로서의 아시아 전래 동화의 방향을 구축하는 데 매우 중요한 자료일 것이다. 따라서 이 글에서는 한국에서 출판되는 세계 전래 동화집의 출판 현황을 분석한 후 수집된 이주민 구술 설화를 토대로 다문화 동화로서의 아시아 전래 동화의 방향을 구체적으로 모색하고자 한다.³

3　이 글의 주요한 연구 자료인 이주민 구술 설화는 본 연구자가 전임 연구원으로서 참여한 연구 사업의 내용을 토대로 하였다. 연구 사업 과제명은 "다문화 시대 한국학을 위한 이주민 설화 구술 자료 DB 구축"이며, 2016년 9월 1일에 시작해 2019년 8월 30일에 종료되었다. 참여 인원은 총 17명으로 3명의 전임 연구원을 중심으로 전국 대상의 이주민 설화 조사가 진행되었다. 그 결과 28개국의 이주민 134명을 통해 설화를 포함한 구술 담화 자료 1,493편을 확보하였다.

2. 한국에서 출판된 세계 전래 동화집의
   현황과 문제점

설화를 바탕으로 한 전래 동화집은 한국에서 크게 두 종류로 분류되어 출판되고 있다. 하나는 한국 전래 동화집이고 다른 하나는 유럽과 북미를 중심으로 한 세계 전래 동화집이다. 이 글에서는 다문화 동화로서의 아시아 전래 동화집을 기획하기 위해 먼저 현재 한국에서 출판되고 있는 대표 세계 전래 동화집의 현황을 검토하였다. 다만 지면의 한계를 비롯한 여러 이유로 한국 톨스토이, 교원, 비룡소 출판사를 중심으로 세계 전래 동화집에 수록된 전래 동화의 국가 구성을 살펴보았다.[4]

---

4 세계의 옛이야기를 동화책으로 출판한 출판사는 목록표에서 제시한 출판사 외에도 많이 있지만 본 연구에서는 세 개의 출판사를 대표로 선정하였다. 한국톨스토이, 교원, 비룡소를 본 연구에서 대표 출판사로 선정한 이유는 우선 다른 출판사보다 다양한 아시아 국가의 설화를 수록한 출판사이기 때문이다. 대중적인 브랜드 파워가 있는 출판사가 어린이들에게 영향력을 강하게 미칠 수 있다고 판단하여 대중성도 선정 기준으로 삼았다. 그래서 학부모 239,682명이 활동하는 네이버 카페 '우리 아이 책 카페(http://cafe.naver.com/nowbook)'를 통해 비교적 대중적으로 잘 알려진 세계 전래 동화집을 연구 대상으로 선정하였다.

[표 1] 국가별 세계 전래 동화집의 현황

출판사	전래 동화집의 국가별 구성
한국톨스토이 (대상 연령: 5~10세)	'한바퀴 옛이야기' 시리즈에 세계 50개국의 이야기를 각 2편씩 총 100편을 담았다. - 국가 목록: 영국, 말레이시아, 인도, 필리핀, 중국, 파키스탄, 러시아, 오스트리아, 베트남, 이란, 이집트, 캐나다, 브라질, 태국, 프랑스, 핀란드, 티베트, 인도네시아, 미국, 오스트레일리아, 우크라이나, 노르웨이, 독일, 몽골, 일본, 이라크, 멕시코, 이스라엘, 튀르키예, 칠레, 남아프리카공화국, 네덜란드, 모로코, 카메룬, 스위스 등
교원 (대상 연령: 3~13세)	'호야·토야의 세계 옛이야기'라는 시리즈로 세계 50개 나라의 옛이야기를 각 한 편씩 아시아, 아메리카, 오세아니아, 유럽, 아프리카로 권역을 나누어 출판하였다. - 국가 목록: 중국, 일본, 몽골, 인도, 태국, 베트남, 말레이시아, 인도네시아, 필리핀, 사우디아라비아, 이스라엘, 이라크, 이란, 튀르키예, 미국, 멕시코, 파라과이, 브라질, 칠레, 베네수엘라, 에콰도르, 체코, 크로아티아, 우크라이나, 이집트, 나이지리아, 모로코, 에티오피아, 우간다, 케냐, 남아프리카 공화국, 스와질란드 등
비룡소 (대상연령: 4~13세)	- '세계의 옛이야기' 시리즈로 총 48권을 출판하였다. - 국가 목록: 일본, 키르키르스탄, 우즈베키스탄, 우크라이나, 타지키스탄, 투르크메니스탄, 미얀마, 독일, 그리스, 스위스, 파푸아뉴기니, 노르웨이 등

　　이외에도 여러 출판사에서 아시아 전래 동화를 포함한 세계 전래 동화가 꾸준히 출판되고 있다. 시공주니어 출판사에서 '네버랜드 세계 옛이야기' 시리즈로 일본, 중국, 러시아 등의 세계 전래 동화집을 출판하였고, 길벗어린이 출판사에서도 '길벗어린이 옛이야기' 시리즈에서 중국 소수 민족의 전래 동화를 출판하는 등 아시아 국가의 전래 동화를 소개하고 있다.

　　이처럼 아시아를 비롯한 다양한 국가의 전래 동화가 그 범위를 넓혀가며 출판되는 상황을 확인할 수 있었다. 이는 다양성의 측면에서 무척 고무적인 일이다. 그러나 오랫동안 지속되어 온 문제점은 여전히 남아 있었다.

1) 세계 전래 동화집의 변화와 한계

'세계 전래 동화' 하면 쉽게 떠오르는 이야기가 무엇일까. 〈백설공주〉, 〈인어공주〉, 〈신데렐라〉처럼 금발의 공주가 등장하는 이야기다. 2024년에도 대중에게 세계 전래 동화란 금발 주인공이 등장하는 서구 중심의 동화이며, 이는 꽤 오랜 세월 지속되어온 상황이다. 유럽과 북미 등 서구 전래 동화가 '세계'라는 대표성을 가지며 한국의 아동들에게 오랜 시간 사랑을 받아온 것이다.

유럽 중심의 세계 전래 동화가 오랫동안 한국 아동들의 가치관 형성에 지대한 영향을 미친 것은 당대의 사회 문화와 깊은 관계가 있다. 1970~1980년대 한국에서 출판된 세계 전래 동화집이 유럽을 비롯한 서구에 초점이 맞추어진 것은 무엇보다 경제적 도약을 꿈꾼 한국 사회와 깊은 연관이 있었다. 선진국인 서구의 문명을 수용하고자 했던 한국 사회의 분위기가 영화, 드라마뿐 아니라 어린이들의 세계 전래 동화집에도 지대한 영향을 미쳤고 유럽 중심의 세계 전래 동화가 한국에서 굳건하게 자리 잡을 수 있었다. 그래서 유럽 중심의 세계 전래 동화를 경험한 아동들은 유럽, 나아가 서구에 대하여 친근함을 넘어 동경을 경험하며 무의식적으로 동화책 속 배경이 되는 국가와 사람들에 대한 긍정적인 가치관을 형성하며 성장하였다.

그리고 2024년인 현재, 단일 민족을 강조하던 한국이 다문화 사회라는 변화를 겪으며 세계 전래 동화집도 이전과 다른 변화의 바람을 맞이하였다. 금발의 공주님이 등장하는 서구 중심의 전래 동화집과 함께 한국 다문화 사회의 주축이 되는 아시아의 전래 동화가 출판되기 시작한 것이다. 한국 다문화 사회의 주축인 중국, 베트남, 일본, 몽골, 카자흐스탄, 필리핀 등 아시아 국적의 이주민들이 한국 사회를 다문화 사회로 변화시켰고, 이러한 사회 현상을 반영하듯 최근에는 아시아를 중심으로 한 다국적의 전래 동화가 출판되고 있다. 아시아 중심의 전래 동화를 출판한 정인출판사의 '색동다리 다문화' 시리즈는 중국과 일본, 몽골, 베트남, 필리핀, 태국, 러시아, 말레이시아, 키르키르스탄 등의 전래 동화를 소개한다.

색동다리 다문화 시리즈는 전에 거의 소개된 바 없는 작품을 소개한다는 점에서 다문화 동화로서의 의미가 더욱 크다. 그러나 아시아를 비롯한 다국적의 세계 전래 동화집은 여전히 다수보다는 소수에 속하고, 유럽 중심의 세계 전래 동화집이 21세기에도 순항 중이다. 세계 전래 동화라고 하면 제일 먼저 떠오르는 작품은 여전히 금발의 〈신데렐라〉이지 베트남의 〈떰과 깜〉이 아니다.[5] 물리적으로 혹은 역사적으로 서구보다 훨씬 가까운 아시아의 전래 동화가 여전히 낯선 이야기인 것이다. 아시아 전래 동화는 여전히 중심보다는 주변부의 이야기에 속한 채 독자적인 목소리를 한국의 어린이들에게 전달하지 못하고 있다.

---

5   한국의 〈콩쥐팥쥐〉와 비슷한 이야기로 서구의 〈신데렐라〉와 함께 베트남의 〈떰과 깜〉, 중국의 〈섭한〉이 있다.

2) 답습되는 아시아 전래 동화

최근 한국톨스토이, 교원, 비룡소 등 여러 출판사에서 아시아의 설화를 바탕으로 한 전래 동화가 출판되고 있다. 그러나 아시아 전래 동화는 유럽 중심의 세계 전래 동화보다 그 수가 매우 적은 데다 출판된 작품이 다양하지 못하고 제한적이라는 더 큰 문제도 있다. 즉 선정된 아시아 전래 동화가 여러 출판사에서 중복되고 답습되는 경향이 강하다. 대표 아시아 국가인 중국과 일본의 작품 목록을 살펴보면 다양하지 못한 아시아 전래 동화의 출판 상황을 쉽게 확인할 수 있다.

[표 2] 한국에 출판된 중국과 일본의 전래 동화 현황

국가	작품명	출판사
중국	『마량의 신기한 붓』	한국톨스토이
	『마량의 신기한 붓』	한국헤밍웨이
	『신기한 붓』	사계절
	『신기한 붓』	단비
	『마량의 신기한 붓』	상상박물관
	『금비녀와 쌍찬』	교원
	『신기한 비단』	시공주니어
	『늑대 할머니』	길벗어린이
	『청룡과 흑룡』	길벗어린이
	『호리병박에서 나온 아가씨』	한국톨스토이

일본	『복숭아 동자 모모타로』	한국톨스토이
	『복숭아 동자』	비룡소
	『복숭아 동자 모모타로』	상상박물관
	『복숭아 동자 모모타로』	한국헤르만헤세
	『꽃 피우는 할아버지』	시공주니어
	『복숭아 부부』	교원
	『요술을 부리는 주걱』	한국헤르만헤세
	『두루미 아내』	비룡소
	『혀 잘린 참새』	비룡소
	『신기한 부적 세 장』	비룡소
	『주먹밥이 데굴데굴』	비룡소

한국에 출판된 아시아 전래 동화 중에서 가장 활발하게 작품이 소개되는 국가는 역사적 친연성이 있는 중국과 일본이다. 중국과 일본의 전래 동화 출판 현황을 살펴보면 중국은 『마량의 신기한 붓』, 일본의 『복숭아 동자 모모타로』가 여러 출판사에서 반복적으로 출판되고 있다. 마치 유럽의 전래 동화 『신데렐라』와 『백설공주』, 『인어공주』가 대표 작품으로서 여러 출판사에서 중복 출판되는 것처럼 중국의 『마량의 신기한 붓』과 일본의 『복숭아 동자 모모타로』가 여러 출판사에서 반복하여 재화되는 것이다. 그러나 다문화 동화로서 아시아 전래 동화의 위상을 갖추기 위해서는 동일 작품의 답습보다 다양한 작품의 출판을 지향해야할 것이다. 아시아 국가들이 가진 다양한 가치관과 문화를 소개하고 통합과 화합을 추구하는 다문화 동화로서의 역할을 담당하기 위해서는 다양성을 전제한 출판이 필수적

이기 때문이다.

각국을 대표하는 아시아의 다양한 전래 동화를 출판하기 위해서는 무엇보다 전래 동화의 원형 서사인 각국의 설화에 대한 자료 조사가 선행되어야 한다. 원재료라고 할 수 있는 아시아의 다양한 설화 자료를 수집하고 탐색하는 것은 아시아 전래 동화 출판을 위한 핵심 조건이자 가장 중요한 과정이기 때문이다. 특히 한국어가 능숙한 이주민이 공동체 구성원으로서 함께 살아가는 현재의 한국 사회를 고려하면 더 적극적인 자료 발굴과 아시아 전래 동화의 출판을 기대할 수 있다. 과거에는 번역과 경비 문제, 그 외 현실적 제반 상황 때문에 아시아의 전래 동화를 다양하게 출판하기 어려운 상황이었다. 그러나 현재는 한국에서 살아가는 다국적의 재원들, 즉 이주민들을 통해 아시아의 보석과 같은 다양한 설화를 한국어로 쉽게 수집할 수 있고 SNS와 유튜브 등을 통해서도 아시아 각국의 다양한 설화를 수집할 수 있다. 아시아 전래 동화를 적극적으로 기획할 수 있는 사회 환경이 이미 충분히 구축된 것이다.

이러한 점에서 한국에 거주하는 이주민에게 수집한 다민족의 설화가 수록된 총서 『다문화 구비문학대계』 스물한 권의 사례는 다문화 동화로서의 아시아 전래 동화집의 기획과 방향을 구체화하는 데 나침반이 되어줄 것이다.

3. 다문화 동화로서의 아시아 전래 동화집

1) 이주민 구술 설화를 활용한 아시아 전래 동화집의 기획

이주민 구술 설화란 결혼 이주 여성, 유학생, 이주 노동자와 같이 현재 한국에서 살아가는 이주민이 직접 구술한 모국의 설화를 의미한다. 본 연구자는 2016년부터 2019년까지 전국의 다국적 이주민을 직접 만나 모국의 설화를 조사하는 연구 사업을 진행하였다. 조사 결과를 살펴보면 한국의 다문화 사회를 반영하듯 중국과 베트남, 일본의 이주민을 가장 많이 만났고, 그만큼 조사된 설화도 세 국가의 것이 가장 많았다. 이외에도 몽골, 카자흐스탄, 필리핀, 캄보디아, 러시아, 사우디, 타지키스탄 등의 다국적 설화를 채록하였다. 이 중 아시아 전래 동화로서 재화 가능한 중국 설화 목록의 일부를 소개하면 다음과 같다.

[표 3] 중국 설화 목록(*일부) 6

번호	중국 편	다문화 구비문학대계
1	〈하늘을 연 반고〉	중국 설화(I)
2	〈하늘의 구멍을 막은 여와〉	중국 설화(I)
3	〈태양을 쏜 후예〉	중국 설화(I)
4	〈바다를 메우는 새 정위〉	중국 설화(I)
5	〈남편을 따라서 죽은 맹강녀〉	중국 설화(I)
6	〈중양절 유래〉	중국 설화(I)
7	〈니엔 괴물과 설날 유래〉	중국 설화(I)
8	〈황제의 입을 가진 나영〉	중국 설화(I)
9	〈노반과 우산〉	중국 설화(I)
10	〈왕개미를 구한 동조지〉	중국 설화(I)
11	〈견우와 직녀〉	중국 설화(I)
12	〈욕심 많은 바이를 골탕 먹인 아판티〉	중국 설화(I)
13	〈산을 옮긴 우공〉	중국 설화(II)
14	〈동곽 선생과 늑대〉	중국 설화(II)
15	〈두견새와 두견화 유래〉	중국 설화(II)
16	〈장백산 천지 유래〉	중국 설화(III)
17	〈견우와 직녀〉	중국 설화(III)
18	〈단오의 유래〉	중국 설화(III)
19	〈흑룡강 유래〉	중국 설화(III)
20	〈송화강의 흑룡과 백룡〉	중국 설화(III)

6 오정미·신동흔·김영순 외, 『다문화 구비문학대계: 중국 설화(I·II·III)』, 북코리아, 2022.

중국은 다민족이 살아가는 국가다. 한족, 조선족 외에도 다양한 소수 민족이 살고 있는 만큼 다양하고 방대한 설화가 전승된다. [표 3]에 제시한 중국 설화 20편은 『다문화 구비문학 대계』에 실린 중국 설화 중 일부 목록으로, 중국 이주민의 구술을 통해 수집된 자료다. 설화 조사에 응한 이주민 대부분이 한국 연구자들에게 자신의 모국을 대표하는 설화를 구술하고자 하다 보니 중복해서 조사된 설화가 다수 있었다. 또한 학교에서 배운 대표 설화, 예컨대 한국의 〈단군신화〉처럼 공교육을 통해 학습한 설화를 구술하기도 하였다. 물론 어릴 적에 자신의 고향에서 전승되던 지역 설화, 예컨대 〈장백산 천지 유래〉와 같은 설화도 조사되었지만 [표 3]의 중국 설화는 대부분이 중국 전역에서 전승되는 광포 설화다.

　　이러한 이주민 구술 설화의 채록 현황은 다문화 동화로서의 아시아 전래 동화를 기획하는 데 중요한 지표다. 어떤 설화를 선정하여 각국을 대표하는 전래 동화로 재화할 것인지는 매우 중요하다. 이주민 구술 설화의 채록 현황은 전래 동화로의 재화를 위한 작품 선정에 객관적인 지표로서의 의미를 지닌다. 다수의 이주민이 중복하여 구술한 설화는 각국을 대표하는 정전 문학으로서의 가치를 가지므로 작품 선정의 중요한 요인이 되기 때문이다. 단지 흥미로운 이야기 혹은 교훈적인 이야기라는 임의적 기호가 아니라 객관적이고 타당한 작품 선정의 기준에 따라 아시아 전래 동화를 기획해야 한다. 이러한 관점에서 보면 여러 이주민에게서 중복되어 조사된 설화는 각국을 대표하는 광포 설화이면서 정전 문학의 가치를 가지며, 이는 아시아 전래 동화 기획을 위한 첫 번째 선정 기준이라 할 수 있다.

다문화 동화로서의 아시아 전래 동화의 기획 방향에서 중요한 또 한 가지는 흥미 혹은 교훈성보다 각국이 가진 문화의 다양성을 서사화한 작품을 선정하는 것이다. 물론 아시아 전래 동화집도 기존의 세계 전래 동화집처럼 건강한 가치관과 세계관 형성이 중요한 기획 목표의 하나겠지만 다문화 동화로서의 아시아 전래 동화에는 각 민족의 다양성, 상호 문화성과 같은 담론들이 기획 목표로 추가되어야 한다. 예컨대 가난과 후진국이라는 아시아에 대한 선입견과 편견을 지양하는 다문화 동화 차원에서의 아시아 전래 동화집을 기획할 필요가 있으며, 아시아의 다양한 문화를 소개하는 '문화 중심'의 전래 동화를 기획하는 방향이 모색되어야 한다. 그래서 문화 중심의 아시아 전래 동화집 출판에 상호 문화 교육을 위한 설화의 선정 기준과 내용을 적극적으로 차용하여 적용할 필요가 있다.

- 가치 문화: 각 민족의 세계관, 가치관 등을 의미하며 효행담, 지혜담 등이 이에 속한다.
- 자연 문화: 각국의 생태 환경, 즉 동식물 관련 설화로 동물, 산, 바다 등과 관련한 설화, 지명 전설 등이 이에 속한다.
- 생활 문화: 각국의 풍습과 생활을 의미하며 명절, 민속(악기, 노래 등)과 관련한 설화가 이에 속한다.
- 역사 문화: 민족을 대표하는 영웅과 역사적 사건을 의미하

며 영웅 설화와 민족 신화 등이 이에 속한다.(오정미, 2020)

좋은 문학 작품일수록 주제를 정면으로 말하지 않는다. 이러한 점에서 시혜적 관계로 구조화된 정주민과 이주민이 등장하는 기존의 다문화 동화는 이제 매력적이지 않다. 화합과 통합을 정면으로 말하는 대신 아시아의 보편적이거나 특수한 가치 문화, 자연 문화, 생활 문화, 역사 문화를 전래 동화 속에서 경험하게 하는 것, 최종적으로 아시아에 대한 긍정적 가치관을 정립하고 건강한 공존을 모색하게 만드는 것이 좋은 다문화 동화일 것이다. 따라서 보편적 문화의 이야기를 통해 우리와 같다는 공감을, 특수한 문화의 이야기를 통해 다름을 경험하게 하는 아시아 전래 동화가 화합과 통합을 추구하는 다문화 동화가 될 수 있을 것이다.

2) 설화를 바탕으로 한 문화 중심의 아시아 전래 동화 사례

가치 문화, 자연 문화, 생활 문화, 역사 문화 등 문화 중심의 아시아 전래 동화란 구체적으로 무엇일까. 아시아 전래 동화집의 기획을 위해 문화 중심으로 선정한 중국과 몽골의 설화를 소개하고자 한다.[7] 우선 중국 설화 〈니엔 괴물과 설날 풍속 유래〉다.

---

7 한국학중앙연구원에서 이주민 구술 설화 자료를 DB로 공개하고 있다. 다문화 시대 이주민 구술 설화 아카이브: http://waks.aks.ac.kr/rsh/?rshID=AKS-2016-KFR-1230004

본 연구자가 검토한바 현재까지 한국에서 동화책으로 출판된 적 없는 중국의 설화 〈니엔 괴물과 설날 풍속 유래〉는 중국의 춘절에 관한 전설이다. 한국의 설날에 해당하는 중국의 춘절이 어떻게 유래한 것인지부터 춘절의 다양한 풍습까지 흥미롭게 서사화되어 있다. 구체적으로 그 내용을 소개하면 다음과 같다.

마을로 내려와 사람을 잡아먹고 돌아가서 365일 동안 잠자기를 되풀이하는 니엔年이라는 괴물이 있었다. 니엔이 마을로 내려오는 날이 가까워지면 마을 사람들과 이바오는 모두 니엔을 피해 도망을 갔다. 그때 흰 수염이 땅까지 오는 노인이 나타나 이바오에게 잠을 재워달라고 말하였다. 아무도 노인에게 신경을 쓰지 않았지만 이바오는 노인이 불쌍하다는 생각이 들어 자신의 음식을 나눠주고는 피난을 가야 한다고 말해주었다. 그러자 노인은 자기와 함께 집에 있으면 무서워할 필요가 없다고 답하였다.

노인은 보따리에서 길쭉하고 빨간 종이 두 장을 꺼내 대문에 붙이게 했고 날이 어두워지자 빨간색 초 두 개를 켜게 하였다. 그리고 날이 추우니 대나무로 불을 피우라고 하였다. 그러자 신기하게도 니엔이 도망가버렸다. 그 후로 사람들은 365일마다 새날이 시작되는 것으로 생각하게 되어 새해가 생겨났고 서로 그날을 축하하며 안부를 묻게 되었다. 문 앞에 빨간색 글을 써서 붙이고 빨간 초롱불도 켜두는 풍습이

생겨난 것도 그때부터다.[8]

아동을 대상으로 한 동화책으로 재화가 가능한 설화인가부터 살펴보면 설화 〈니엔 괴물과 설날 풍속 유래〉는 '니엔'이라는 상상 속의 괴물이 등장한다는 점에서 흥미로움이 두드러지는 이야기이다. 더불어 이바오라는 소년이 마을 사람들을 구하는 선행 이야기이기에 교훈적인 면에서도 중국을 대표하는 동화책으로 다시 태어나기에 손색이 없다.

그리고 다문화 동화, 즉 문화 중심의 아시아 전래 동화 측면에서도 중국의 대표 명절인 춘절을 소개하는 설화 〈니엔 괴물과 설날 풍속 유래〉는 자격이 충분하다. 춘절은 중국의 큰 명절로, 중국인들은 춘절에 만나 서로의 안부를 묻고 설화에서 보여주는 세 가지 풍습을 현재까지 계승하고 있다. 빨간색 종이, 빨간색 초에 관한 풍습은 거의 그대로이며 현대화된 사회 환경에 따라 대나무로 불을 지피는 행위만 폭죽을 터트리는 문화로 대체되었다. 연구 참여자 류 씨의 말을 인용하면 다음과 같다.

365일마다 그 뭐지? 니엔만 오는 거예요. 그다음 날은 그냥 평범한 날인데 니엔을 쫓고 나니까 사람들이 너무너무 기뻐

---

8 위 이야기는 본 연구자가 조사팀과 함께 2017년 5월 15일에 직접 수집하고 채록한 이야기를 바탕으로 정리하였다. 연구 참여자 류 씨는 중국에서 남편을 만나 결혼 후 경기도에서 거주하는 결혼 이주 여성이다. 현재 사설 중국어 학원의 선생님으로 활동 중이다.

서 축하하잖아요. 그래서 이날로 새로운 날이라구 생각하고 그리구 또 모든 사람들이 이제 니엔을 쫓는 방법을 알았어요. 그래서 그 후부터 365일마다 이 사람들은 문 앞에다가 중국 사람들은 빨간색 그 글을 써서 붙이고 그다음에 폭죽을 터트려요. 소리가 나잖아요. 그담에 설날에 밤에 보시면 빨간 초롱에 불을 켜놔요.

정리하면 설화 〈니엔 괴물과 설날 풍속 유래〉는 괴물 니엔이 빨간 종이와 초, 그리고 대나무 타는 소리를 무서워해 결국 도망을 갔다는 춘절 풍습에 관한 유래담이다.

다문화 동화로서 설화 〈니엔 괴물과 설날 풍속 유래〉가 전달할 수 있는 중국의 문화는 무엇일까. 우선 중국의 대명절인 춘절이라는 생활 문화가 있다. 앞서 언급했듯 현대에도 중국인들은 춘절에 빨간 종이와 초, 그리고 폭죽에 관한 풍습을 이어오며 니엔을 쫓는다. 이 동화를 읽은 사람은 중국인들의 춘절 풍습, 예컨대 폭죽을 터트리는 행위의 이유를 설화를 통해 이해하게 되고, 이러한 과정이 다문화 수용성의 의미를 가진다. 이는 이 설화를 다문화 동화로 선정하는 이유이자 기대할 수 있는 다문화 동화책의 의미다. 물론 이웃을 돕는 이바오의 선한 행위와 같은 세계 보편의 가치 문화도 중요한 선정 이유겠지만 무엇보다 문화 다양성의 측면에서 춘절의 문화 풍습을 경험하게 만드는 서사가 설화 〈니엔 괴물과 설날 풍속 유래〉를 다문화 동화로 선정하게 한다.

다음으로 몽골의 설화를 소개하고자 한다. 한국과 역사·문화적으로 가장 친연성이 높은 중국의 설화도 전래 동화로 재화된 편수가 많지 않으니 그 외 아시아의 경우에는 더욱 그 수가 적다. 몽골도 상황이 다르지 않다. 몽골은 역사·문화적으로 중국만큼 친연성이 높은 데다 몽골에서 온 많은 이주민이 한국에서 함께 살아가고 있다. 현재 한국에는 재한몽골학교[9]도 있다. 그러나 몽골의 설화를 바탕으로 한 전래 동화는 그 편수가 매우 적다. 다문화 동화책은 한국 국적의 아동뿐 아니라 한국에 거주하는 다양한 국적의 아동과 청소년을 대상으로 하므로 몽골재한학교가 운영되는 점을 고려한다면 몽골 전래 동화 출판은 더욱 긴요하다.

그러나 실제로 출판된 몽골의 전래 동화는 한국톨스토이에서 출판한 『용감한 울란바토르』, 『마두금 이야기』, 교원에서 출판한 『수호와 흰말』, 『바위가 된 젊은이』, 정인출판사에서 색동다리 다문화 시리즈로 출판한 『지혜로운 사람』, 『하얀 아기 낙타』 정도다.

문화 다양성의 측면에서 몽골을 경험하게 하는 몽골의 설화 한 편을 소개한다. 몽골의 자연 문화를 경험하게 하는 다양

---

9 재한몽골학교는 몽골 근로자의 자녀들에게 제대로 된 배움의 기회를 주고자 1999년 12월에 서울외국인근로자선교회의 도움으로 설립되었다. 2005년 2월에 서울특별시 교육청으로부터 외국인 학교로, 몽골 교육부로부터 재외 몽골학교로는 최초로 정식 인가를 받았다. 현재 서울시 광진구에 학교가 있으며, 초·중·고 과정이 운영된다. 재한 몽골학교 웹사이트: http://www.mongolschool.org

한 설화 중에서도 대표로 꼽히는 〈낙타의 뿔이 없어진 유래〉다.

> 옛날에 사슴은 뿔이 없고 낙타는 뿔이 있었다. 어느 날 사슴
> 이 낙타의 뿔을 부러워하며 뿔을 빌려 가더니 약속을 어기고
> 돌려주지 않았다. 그 후 제 것이 아닌 사슴의 뿔은 1년에 한
> 번씩 떨어지고, 낙타는 사슴이 왔는지 확인하기 위해 물을
> 마실 때마다 고개를 한 번씩 들게 되었다.[10]

설화 조사에서 총 여섯 편이 조사될 만큼 〈낙타의 뿔이 없
어진 유래〉는 몽골에서 대중적인 광포 설화다. 매우 짧은 서사
지만 중국의 〈니엔 괴물과 설날 풍속 유래〉처럼 동화로서 재화
가치가 충분한 동시에 다문화 동화로서의 영향력도 기대되는
설화다. 설화의 서사를 통해 약속과 신의라는 세계 보편의 가치
문화를 전할 뿐 아니라 낙타라는 주요 화소를 통해 몽골의 사막
과 같은 특수한 자연 문화를 아동들에게 전달할 수 있기 때문이
다. 몽골에는 말, 늑대, 호랑이 등 다양한 동물이 주인공으로 등
장하는 설화가 많이 전승된다. 독자는 이러한 동물 설화, 즉 우
화를 재화한 동화를 통해 몽골의 자연 문화에 대해 더욱 구체적
으로 경험할 수 있다. 이외에도 『다문화 구비문학대계』에 실린

---

10 이 이야기는 본 연구자가 조사팀과 함께 2018년 2월 13일에 직접 수집하고 채록한
이야기를 바탕으로 정리하였다. 연구 참여자 멀 씨는 몽골에서 남편을 만나 결혼 후
한국에 정착하여 경기도에 거주하는 결혼 이주 여성이다. 현재 몽골 이주민들과 문
학 관련 커뮤니티 활동을 하고 있다.

몽골의 대표 신화 「해를 쏜 메르갱」을 비롯하여 「낙타가 열두 띠에 들지 못하는 이유」, 「9일간의 추위와 갈라진 소의 발」, 「늑대의 후예」, 「징기스칸 어머니의 지혜」 등은 몽골의 광활한 자연과 역사, 그리고 지혜를 경험할 수 있게 할 것이다.

이와 같은 문화 중심의 작품 선정은 기존 전래 동화집과의 차별점이자 다문화 동화로서의 아시아 전래 동화집 기획을 위한 가장 중요한 특성이다. 이주민뿐 아니라 문헌, SNS, 유튜브 같은 다방면의 통로를 통해 적극적으로 아시아 설화를 발굴하여 다문화 동화로서의 아시아 전래 동화집을 기획한다면 다문화 교육과 상호 문화 교육에 기여하는 바가 클 것으로 기대된다.

4. 나가며

아동 대상의 다문화 동화는 현재 본래 취지와 다르게 비판의 중심에 있다. 아시아계 이주민과 다문화 가정의 갈등을 주요 스토리로 하는 다문화 동화가 오히려 다문화에 대한 선입견과 편견을 조장하기 때문이다.

그래서 이 글에서는 다문화 동화에 새롭게 접근하기 위해 세계 전래 동화를 다문화 동화로 보고 아시아 전래 동화집의 나아갈 방향을 모색하였다. 문화 충돌과 문화 갈등을 주요 내용으로 하는 이주민의 이야기가 아닌, 우리 사회로 이주한 다양한 사람의 모국 문화와 가치관에 대한 소개와 이해라는 차원에서 다문화 동화를 바라보고 한국의 다문화 사회가 아시아계 이주민 중심으로 구성되었다는 점을 고려해 아시아 전래 동화집의 나아갈 길을 구상한 것이다.

이 글의 2절에서는 다문화 동화로서의 아시아 전래 동화집의 방향을 제시하기 위해 현재 출판되는 세계 전래 동화집의 현황을 살폈다. 그 결과 한국에서 출판되는 세계 전래 동화는 『백설공주』, 『신데렐라』, 『인어공주』처럼 유럽을 포함한 서구의 전래 동화가 대부분이고, 최근 10년 동안에 아시아를 비롯한 다양한 국가의 전래 동화가 출판되기 시작했다는 점을 확인할 수 있었다. 그러나 주류는 여전히 유럽 중심의 세계 전래 동화이며, 출판된 아시아의 전래 동화는 중국의 『마량의 신기한 붓』, 일본의 『복숭아 동자』처럼 동일 작품이 답습되는 경향이 강하다는 점을 확인할 수 있었다.

세계 전래 동화집의 현황과 문제점을 바탕으로 3절에서는 아시아 전래 동화집의 구체적 기획 방향을 제시하였다. 3년 동안 진행한 이주민 구술 설화 수집의 결과물인 『다문화 구비문학대계』를 바탕으로 아시아 전래 동화집의 기획 방향을 제시한 것이다. 먼저 흥미롭거나 교훈적인 이야기라는 작가의 임의적 기호가 아니라 각국의 정전 문학처럼 객관적이고 타당한 기준에 따라 세계 광포 설화를 선정하여 제시하였다. 다수의 이주민이 중복하여 구술한 설화를 광포 설화로 보고 각국을 대표하는 정전 문학으로서의 가치를 가진 다문화 동화로 선정한 것이다. 아시아 전래 동화집의 또 다른 기획 방향은 각국이 가진 문화의 다양성을 서사화한 작품을 선정하는 것이다. 일반적인 전래 동화집에서는 흥미와 교훈성이 작품 선정의 주요 기준이지만 다문화 동화로서의 아시아 전래 동화에서는 문화 중심의 작품 선정이 필요하다. 이에 상호 문화 교육을 위한 설화의 선정 기준이자 내용인 가치 문화, 자연 문화, 생활 문화, 역사 문화를 아시아 전래 동화집을 위한 선정 기준으로 수용하였다. 이에 따라 가치 문화, 자연 문화, 생활 문화, 역사 문화의 내용을 포함한 중국 설화 〈니엔 괴물과 설날 풍속 유래〉와 몽골 설화 〈낙타의 뿔이 없어진 유래〉를 대표 설화 사례로 제시하며 문화 중심의 아시아 전래 동화가 무엇이지를 구체화하였다.

앞으로 우리가 지향해야 할 다문화 동화란 다양한 문화를 소개하고 서로의 관계를 이해하도록 돕는 상호 문화성을 갖춘 동화다. 이러한 관점에서 문화 중심의 아시아 전래 동화집은 최고의 다문화 동화가 될 것이다. 그동안 주류를 차지해온 서구 중심의 전래 동화에서 벗어나 문화 다양성의 실천적 관점 아래 아시아의 다양한 문화를 소개하는 전래 동화집의 출판을 기대한다.

2부

현대 문학으로
읽는 다문화 사회

1장

———

다문화 문학과 문학 교육 : 다수자를 대상으로 하는 다문화 교육

윤여탁

———

서울대학교 국어교육과 명예교수

여자는 식탁으로 남자를 안내한 뒤
밥과 반찬과 생고기를 갖다 놓는다
여자도 남자도 얼굴만 보고서도
멀리서 왔다는 것을 알아버린다

여자가 말하지 않는 것은
조선족 티를 내지 않기 위해서라고
남자는 짐작하지만
실은 여자는 연변에 남은 아이들이 배고파하는지 생각하고,
남자가 말하지 않는 것은
탈북자 티를 내지 않기 위해서라고
여자는 짐작하지만
실은 남자는 사리원에 남은 아이들이 배고파하는지 생각한다

식사시중 드는 여자와 식사시중 받는 남자 사이에 주어진 시
간
어미새가 먹이를 물어와서 새끼새에게 먹이고
한번 더 찾으러 날아갔다가 와도 남을 시간
한마디도 없이
여자는 불판에 익은 생고기를 자르고
남자는 한 점씩 집어 매매 씹는다

— 하종오, 「베드타운—식사시간」의 전문.

1. 다문화 교육과 문학 교육

1) 다문화와 다문화 교육

일반적으로 다문화多文化, multiculture라는 용어는 한 국가나 사회 안에 서로 다른 인종과 언어, 문화가 공존하는 현상을 일컫는다. 그리고 이러한 다문화 현상으로 비롯된 구성원 사이의 갈등과 대립은 국가와 사회뿐 아니라 공동체 구성원 모두가 감당해야 할 책무다. 다른 측면에서 설명하면 다문화 사회의 문제는 정치, 경제, 사회, 문화 전반에 걸쳐 나타나는, 공동체 모두가 책임지고 해결해야 하는 공동의 과제다. 이러한 다문화 문제를 해결하기 위한 공공公共의 정책 중에서 다문화 교육multicultural education은 인간이 살아가는 데 필요한 지식이나 기술 등을 가르치고 배우는 과정이자 활동인 교육을 통해서 이 문제를 해결하려는 시도다.

다문화 교육은 문화적 다양성을 인정하는 정책이 교육의 장에 적용되어야 하는 원칙과 실천의 문제 전반을 아우른다. 즉 다문화 교육의 기본적 개념은 공동체에 존재하는 인종race, 종교, 문화, 언어, 민족nationality의 다양성과 관련된 교육의 문제를 최소화하고, 이러한 다양성이 제공하는 교육의 가능성과 기회,

성취를 극대화할 수 있도록 하는 제반 활동을 포함한다. 이외에도 다문화 교육의 쟁점에는 성gender, 장애disabilities, 사회 계층social class과 같은 사회적 불평등으로부터 기인하는 교육 문제 등이 포함된다.(Banks, 2002) 그렇기 때문에 다문화 교육 정책은 소수자의 교육 기회를 극대화하기 위한 대안 정책뿐 아니라 다수자의 소수자에 대한 이해와 배려를 학습하고 이를 실천하는 정책을 포함해야 한다.

2) 다문화 교육에서 문학의 효용성

인간의 예술적 생산물이자 언어 표현물인 문학 작품을 가르치는 문학 교육은 창의성이나 상상력과 같은 문학의 향유 능력과 밀접한 관련이 있다.(윤여탁, 2014) 여기서 향유는 문학 작품의 생산뿐 아니라 수용에도 적용되는 개념이며 문학은 고급 문학뿐 아니라 영화, 대중가요와 같은 대중문화를 포함하는 개념이다. 그리고 이러한 문학을 가르치고 배우는 문학 교육은 소수자뿐 아니라 다수자를 대상으로 하는 교육 목표에 적합한 교육 내용과 방법을 아우른다. 그 이유는 문학 교육에 지식 교육이나 언어 교육의 목표뿐 아니라 궁극적으로 인간의 정신적, 정서적 성장을 지향하는 인간 교육이라는 융·복합적 특성(윤여탁, 2022)이 있기 때문이다.

특히 정의情意, affect적 작용을 중요시하는 문학 교육은 문학 작품의 이해와 감상을 통해서 인간사를 추체험追體驗, Nacherleben(Dilthey, 1979)하고 학습하는 활동이다. 아울러 문학

교육을 통해서 학습자들은 자신을 주체적으로 표현하고 타인과 적극적으로 소통할 수 있는 능력을 기를 수 있다. 문학 교육은 학습자들이 민주적이고 문화적인 세계 시민으로, 정체성을 지닌 현대 사회의 주체적 인간으로, 세계와 타자他者를 이해하고 공감할 수 있는 사람으로 성장하는 것을 목표로 하는 학문이기 때문이다.

이와 같은 맥락에서 다문화 교육에 문학 작품을 활용하는 다문화 문학 교육은 기본적 목표인 소수자의 언어 교육과 문화 교육을 실천할 수 있으며, 소수자와 다수자 모두에게 필요한 덕목인 공감하는 능력과 조화롭게 협력하는 인간으로의 성장을 추구하는 인간 교육이라는 궁극적 목표 또한 실현할 수 있다.

이 글에서는 현대 한국 사회가 당면한 문제 중에서 다문화 현상에 초점을 맞추어 논의를 진행하고자 한다. 이를 위해서 먼저 지난 20세기 후반 이후 급변하는 한국 다문화 사회의 특수한 현상들을 살펴보겠다. 다음으로는 한국 사회의 다문화 현실을 담아내는 문학 작품의 현실 인식과 문학 교육의 효용성을 이야기할 것이다. 특히 그동안 한국 문학계에 발표된 다문화 문학 작품의 내용을 살펴봄으로써 이러한 문학 작품을 활용하는 다문화 교육의 가능성과 전망을 제시하고자 한다.

2. 한국 다문화 현상의 특수성과
다문화 교육의 지향

1) 한국 다문화 현상의 특수성

현재 우리나라에는 외국인이 260만 명 가까이 살고 있다.[1] 이들은 주로 결혼 이민자, 유학생, 이주 노동자, 이주 노동자의 자녀 등으로 정치, 사회, 경제적인 측면에서뿐 아니라 다문화 교육이라는 관점에서도 우리 사회의 중요한 구성원이다. 이외에도 국내 혼혈인, 결혼 이민자의 배우자와 가족, 새터민 등이 우리 다문화 사회의 구성원에 포함된다. 특히 지난 세기 후반 이후 국내 체류 외국인의 급격한 증가로 다문화 정책을 본격적으로 추진해야 할 상황이 되었으며, 이러한 문제 상황은 한국 현대 사회가 산업화 과정에서 인구 억제 정책을 견지하면서 파생된 결혼 상대자와 노동 인력의 부족에서 시작되었다.

　　더구나 한국의 현대 사회는 과거 유럽이나 미국 등이 수세기에 걸쳐서 겪어야 했던 근대화 과정과 다문화 경험을 불과

1　2025년 2월 말 현재 체류 외국인은 2,595,935명이다. 국적별 체류 외국인은 그 수가 많은 순으로 중국 36.8%(956,443명), 베트남 11.7%(302,503명), 태국 7.0%(181,939명), 미국 6.5%(169,624명), 우즈베키스탄 3.7%(95,005명) 등이다.(법무부 출입국외국인정책본부, http://www.immigration.go.kr/, 2025. 4. 16.)

1세기와 1세대 안에 압축적으로 체험하고 있다. 서양의 다문화주의나 다문화 정책은 시민이나 소수자들이 요구와 투쟁을 통해서 점진적으로 쟁취한 것과 달리 짧은 기간에 이루어진 우리 사회의 다문화 정책은 정부가 이끄는 관官 주도형이라는 특징이 있다. 우리 사회의 다문화 논의에서 초창기에는 시민 단체 NGO나 종교 단체가 다문화 사회에 대한 문제 제기와 실천의 역할을 담당했지만 현재는 정부가 주도하여 시혜적인 다문화 정책을 수립하고 집행한다.

이렇게 한국 사회가 다문화 사회로 진입하면서 한국 사람들이 오랫동안 '단일 민족 국가'라고 자부하며 지켜왔던 순혈주의와 부계 혈통주의 같은 전통도 사라지게 되었다. 이에 따라 유엔 인종차별철폐위원회CERD는 "한국이 한국 사회의 다민족적 성격을 인정하고 단일 민족 국가라는 이미지를 극복해야 한다."라고 권고하였다.[2] 어떻든지 우리도 다문화 사회라는 현실을 인정하고 받아들여야 할 상황이 되었다. 그럼에도 우리 사회 구성원 대다수는 여전히 다문화 사회라는 현실을 실체로는 물론이고 심정적으로도 인정하려고 하지 않는다. 이 점도 한국적 다문화 사회의 또 다른 얼굴이자 특수성이라고 할 수 있다.

---

2   연합뉴스, 「유엔, 한국 '단일 민족국가' 이미지 극복 권고」, 2007. 8. 19.

2) 현대 사회 인성 교육으로서의 다문화 교육

그동안 다문화 교육이 소수자의 한국 사회 적응을 위한 언어 교육을 중심으로 추진되었던 점을 우리 다문화 교육의 또 다른 특성으로 지적할 수 있다. 기본적으로 다문화 교육은 소수자가 변화하고 성장하는 것을 목표로 하지만 궁극적으로는 우리 사회 구성원 다수가 변화하지 않으면 성공할 수 없다. 이러한 맥락에서 다수자인 자국민을 대상으로 하는 다문화 교육의 당위성이나 필요성이 제기되었으며, 소수자의 언어 교육을 넘어 다수자를 대상으로 하는 인성 교육, 정서 교육도 중요해졌다. 더구나 지난 COVID 19의 대유행 시기에 전 세계적으로 시행된 온라인 비대면 교육은 지식 교육을 넘어선 인성 교육, 정서 교육의 중요성을 새롭게 제기하였다. 온라인 비대면 교육으로 지식은 어느 정도 전달할 수 있었지만 인간 교육의 궁극적 목표인 정신적 발달의 중요한 축을 이루는 인성이나 정서의 성장에는 한계가 있었기 때문이다.

이에 따라 현대 산업 사회에서 인간의 정서를 표현하는 문학과 예술의 효용성과 교육적 가치가 중요하게 제기된다. 다르게 이야기하면 인성 교육, 정서 교육, 다문화 교육의 차원에서 문학 교육이나 예술 교육이 중요해지고 있다. 예를 들어 서정시는 인간의 생각과 정서를 표현한 문학 갈래로 시인은 서정시에 형상화된 대상을 통해서 자신의 정서와 사상을 언어로 형상화한다. 이처럼 서정시에 표현된 자연 대상은 자연 자체이거나 단순히 경치를 서술한 것이 아니라 시인의 정서와 사상을 담아낸 시적 형상물이다. 그렇기에 서정시는 정서 교육의 차원에서 교육적으로 유용한 교수·학습 자료가 된다.

　　같은 맥락으로 다문화 교육에서 문학 작품은 중요한 교육 내용이자 제재가 될 수 있으며, 다문화 교육으로서의 문학 교육은 기능적인 지식 교육의 한계를 극복할 수 있는 교육적 대안이다. 구체적으로 말하자면 다문화 교육에서 중요한 정서적 텍스트인 문학 작품을 활용하여 소수자는 언어 능력의 증진과 정서적 성장을 도모하고 다수자는 소수자인 타자를 이해할 수 있도록 하는 인성 교육을 실천할 수 있다. 즉 다문화 문학 교육을 통해서 학습자들은 자신의 체험이나 정서를 활용하여 문학이라는 정서적 텍스트를 이해하고 감상할 수 있다. 이 과정에서 문학 학습자는 시의 화자가 되어 시의 세계에 감정을 이입하거나 소설의 주인공 혹은 등장인물의 이야기를 따라가며 작품을 읽음으로써 일차적으로는 작가의 감정이나 정서를 표현한 문학의 정서를 이해하고 공감하며, 이차적으로는 학습자 자신의 정서와 인성을 함양하는 교육적 효과도 얻는다.(윤여탁, 2017)

3) 상호 문화 교육을 지향하는 다문화 교육

우리 인간은 언어, 문화와 분리해서 생각할 수 없으며 언어와 문화는 인간의 모든 국면에 작용하는 총체적이고 본질적인 것이다.(Brown, 2006) 그런데 세계화의 흐름 속에서 국가 간 장벽이 낮아지자 어느 국가나 단일 문화가 아닌 다문화라는 상황에 직면하게 되었다. 이에 따라 서로 다른 문화에 대한 교육과 실천의 필요성도 증대되었다. 이러한 세계사적 흐름과 맥락을 같이하는 다문화 정책은 그동안 문화적 융합을 지향하는 용광로melting pot 정책, 샐러드 볼salad bowl 정책을 거쳐 서로 다른 문화적 차이와 그 정체성을 중요시하는 모자이크mosaic 정책으로 발전하였다. 문화적 차이를 인정하는 다문화주의를 미국, 캐나다 등에서는 모자이크 정책, 유럽에서는 상호문화주의라고 규정한다.

이러한 상호 문화 교육(Abdallah-Pretceille, 1999)은 소수자들의 목표 언어 사용 능력 함양을 넘어 목표 문화와 모어母語 문화의 차이에 대해 이해하고 주체적으로 실천할 수 있는 문화 능력 함양을 목표로 한다. 즉 소수자들은 자신의 문화에 대한 정체성을 조정할 뿐 아니라 목표 언어의 문화에 대한 정체성(제2 문화 정체성)을 형성할 수 있어야 한다. 또 다수자들은 학습을 통해 소수자의 언어와 문화의 차이를 이해하고 그 가치를 인정해야 한다. 이런 맥락에서 다문화 교육은 목표 문화와 모어 문화에 대한 이해 능력과 문화적 정체성을 함양할 뿐 아니라 학습자들이 자신의 일상생활에 적용하여 사용할 수 있는 문화 능력을 길러줄 수 있다. 그리고 이러한 상호 문화 교육적 지향을 통해서 우리 사회의 구성원들은 타자를 차별하는 것이 아니라 서로의 차이를 인정하는 태도를 가지게 된다.[3]

---

3   '다문화'라는 용어에는 암묵적 차별이 함축되어 있다는 점도 인정해야 한다.

더구나 현대 사회의 과학 기술, 즉 4차 산업 혁명의 대표적인 기술인 인공지능, 로봇, 빅데이터, 사물 인터넷 등 디지털 기반의 과학 기술은 우리 인간의 삶에 큰 변화를 불러일으키고 있다. 언어 문화 교육에서 활용되는 빅데이터와 인공지능, 로봇 기술을 적용한 자동 번역·통역 기술, 대화형 메신저인 AI 챗봇 등을 그 예로 들 수 있다. 이와 같은 과학 기술의 발달에 따라 실용적인 언어 교육이나 지식 교육의 필요성과 효용성은 축소되고 있으며, 전문적이고 특수한 학문 영역이나 문화적 평등주의에 입각한 학문을 교육하고 실천할 필요성은 더욱 증대되고 있다.(윤여탁, 2020) 특히 기계 번역이나 통역과 같은 미디어 소통 기술이 발달함에 따라 기초적인 외국어의 사용 장벽은 낮아지고 있으며 실용적인 외국어 통역이나 번역과 같은 언어 활동은 크게 위축될 것으로 예측된다. 그리고 이러한 현실을 반영하여 다문화 교육도 기초적 언어 능력 신장을 목표로 하는 언어 교육을 넘어 문화적 차이와 특수성을 존중하고 인정하는 상호 문화 교육을 지향해야 한다.

3. 한국 다문화 문학의 현실 인식

한국 문학이나 문화계에서는 한국 현대 사회의 새로운 현상인 다문화를 화두로 삼은 문학 작품(소설, 시, 아동 문학, 청소년 문학)이나 대중문화 상품(영화, 연극)이 많이 생산되었다. 이러한 다문화 문화 상품들은 상업적으로나 예술적으로 비교적 성공했다는 평가를 받는다. 이와 같은 긍정적인 평가는 다문화 관련 한국 문화 상품들이 다문화라는 주제와 제재를 통해서 한국 사회에 새롭게 제기된 갈등과 우리 사회 구성원들이 살아가는 모습을 잘 그려내고 있기에 가능하였다. 특히 다문화 사회라는 현실을 직접 체험하며 살고 있고 앞으로도 살아가야 하는 학습자들을 대상으로 하는 아동 문학이나 청소년 문학, 영화(주로 인권 영화)는 다문화 사회의 문제를 다양하고 심층적으로 형상화하였다. 그래서 다문화 문화 상품들은 다수자를 위한 교육의 차원에서 초·중·고등학교 교과서에 수록되어 준정전으로 인정받고 있다.(윤여탁, 2013)

다문화 문학 작품은 대체로 소수자인 타자의 삶과 이야기를 담고 있지만 이들의 삶을 이야기하는 서술자는 다수자인 경우가 대부분이다. 즉 형상화의 대상이 되는 소수자를 통해서 다

문화 사회를 바라보는 다수자의 현실 인식을 드러내는 방식이
다. 그렇기 때문에 다문화 문학 작품은 소수자에 대한 이해를
넘어 다수자의 반성과 성찰을 도모할 수 있는, 다문화 교육에
유용한 교수·학습 제재가 된다. 이 글에서는 다문화 소설을 중
심으로 한국 다문화 문학의 현실 인식을 살펴보고자 한다.

1) 이방인을 바라보는 타자의 시선

한국 문학에서 초창기 다문화 문학 작품은 낯선 이방인에 대
한 호기심과 동정심을 이야기하는 것으로 시작되었다. 사회
과학 용어로 설명하면 우리 사회의 다수자들이 동정자同情者,
sympathizer의 시선으로 소수자인 다문화 구성원들을 바라보았
다고 할 수 있다. 한국의 다문화 문학 작품 대부분이 이 유형으
로, 이런 문학 작품에 형상화된 낯선 타자인 소수자는 한국 사
회의 주체로서 미처 또는 제대로 자리매김하지 못한 이방인의
모습[4]으로 그려진다는 한계를 보여준다.

서성란의 『쓰엉』(2016)을 통해서 한국 다문화 소설에 형
상화된 낯선 이방인의 모습을 살펴보겠다. 그 줄거리는 다음과
같다.

베트남 여인 쓰엉, 젊고 건강한 그녀는 국제 결혼 중개로

---

4   박범신의 소설 『나마스테』(2003), 하종오의 시집 『베드타운』(2008), 김려령의 청
소년 문학 『완득이』(2008)가 대표적이다. 이외에 방현석의 『랍스터를 먹는 시간』
(2003), 서성란의 『파프리카』(2009) 등이 있다.

만난 김종태와 결혼해서 한국 시골 마을에서 살게 된다. 그러나 그녀가 상상했던 결혼 생활과 달리 오랫동안 자식을 낳지 못하면서 시어머니와의 갈등은 날이 갈수록 심해지고 남편은 시어머니와 쓰엉 사이의 불화를 모른 척한다. 또 다른 이방인인 소설가 이령과 대학 강사이자 문학 평론가인 장(규완)이 도시에서 이사 와 '하얀집'을 짓고 살지만 이들은 좀처럼 바깥출입을 하지 않는다.

김종태가 농사짓던 버섯 농장에 불이 나면서 쓰엉의 시어머니가 죽게 된다. 그러던 중 이령은 산골 마을 관목 숲에서 박씨 할머니의 아들인 벙어리 사내를 피해 달아나다가 사고를 당해 뇌 수술을 받고 언어와 기억을 잃어버린다. 이령을 간병하면서 일상생활을 하기 위해 장은 쓰엉을 '하얀집'의 가사 도우미로 채용한다. 이를 계기로 좁고 어두운 다락방에 스스로를 가두고 잃어버린 시간을 더듬던 이령은 쓰엉에 대한 호기심 때문에 밖으로 나오게 된다.

쓰엉이 오토바이를 타고 개울을 건너 앞마당으로 들어설 무렵이면 이령의 입가에 희미하게 미소가 번졌다. 집 안을 오가며 밥을 짓고 청소하는 젊고 건강한 외국인 여자를 경계하거나 불편하게 생각하지 않았다. 쓰엉이 머물러 있을 때 하얀집은 정막이 걷히고 온기가 돌았다. 따뜻한 말이 오가고 웃음소리가 들리는 듯했다. 쓰엉은 언제나처럼 조용하고 바쁘게 몸을 움직였다. 이 층 다락방 문이 활짝 열려

있었다.(서성란, 2016)

이런 생활 속에서 쓰엉은 김종태에게만 의존하는 삶이 아닌 다른 삶을 꿈꾼다. 그리고 이를 눈치챈 남편 김종태는 '하얀집'을 불태우기로 마음먹는다. 결국 치밀하게 계획된 남편의 방화와 마을 사람들의 암묵적 용인 때문에 쓰엉은 방화 용의자로 몰려 구속된다. 누구의 도움도 받을 수 없는 쓰엉은 스스로 자신을 변호해야 하는 상황임에도 능숙했던 한국어를 전혀 말하지 못하는 일시적 언어 장애를 겪는다.

이 소설은 적막한 시골 마을에 들어온 장과 이령, 쓰엉이라는 이방인[5]과 이 마을에 살고 있던 김종태, 벙어리 사내 등 토박이가 서로 다른 시선으로 바라본 등장인물들의 얽히고설킨 이야기를 풀어내고 있다. 이 소설에서는 쓰엉이라는 베트남 결혼 이주 여성의 유입으로 인한 갈등뿐 아니라 시골 마을 사람들과는 다른 도회 사람들, 장과 이령이라는 또 다른 이방인의 출현에 따른 인과관계가 불분명한(?) 여러 사건도 일어난다. 그리고 도회 사람들이 지은 시골 마을과 어울리지 않는 '하얀집'은 이 집 사람들이 낯선 타자임을 상징적으로 보여주는 징표다.

이 소설은 등장인물들의 얽히고설킨 사랑과 욕망을 노골적으로 드러내기보다는 각각 다른 시선으로 그려냄으로써 그

---

5 작가는 쓰엉과 이령의 만남을 "이방인이 이방인을 만날 때"(185쪽)라고 서술한다.

리 성공적이지 않은 객관화를 시도한다. 서술자가 자기 이야기를 하는 대신 자신이 바라본 타자를 이야기하는 것이다. 작가는 이러한 서술 방식으로 이들 각각의 서술자가 다른 등장인물과 자신은 다른 부류의 사람들이라고 이야기하려는 모습을 보여준다. 『쓰엉』이라는 제목에서 알 수 있듯이 표면적으로는 베트남 결혼 이주 여성의 삶을 다루지만 이러한 서사적 기획으로 이 동네의 또 다른 이방인인 장이나 이령을 사건의 중심에 놓고 이야기를 풀어가는 것이다. 같은 맥락에서 우연한 사고로 언어를 잃고 글을 쓰지 못하는 이령과 남편에게 배신 당하고 구속되어 한국어를 잃은 쓰엉이 결코 다른 사람이 아니라는 사실도 확인해준다.

작가는 「작가의 말」에 자신의 또 다른 소설인 「파프리카」를 언급하며 "「파프리카」의 츄엔, 그녀는 쓰엉이 되어 내게로 왔다."라고 썼다. 그 말을 빌어 이 소설을 설명하면 "쓰엉은 이령이 되어 내게로 왔다."라는 고백이 된다. 이러한 고백은 이 소설에서 쓰엉의 이야기보다는 장의 가족들(전처와 아들, 부모)의 이야기와 이령의 가족들(어머니, 언니)의 이야기가 많은 부분을 차지한다는 점에서도 확인할 수 있다. 즉 이 소설은 작가의 분신인 이령의 이야기에 우리 사회에 적응하지 못한 쓰엉이라는 결혼 이주 여성의 이야기를 추가한 것이라고 할 수 있다. 물론 이러한 다양한 서사적 시도 역시 작가의 치밀한 계획에서 비롯된 것일 수 있지만 이 기획이 성공적이지만은 않은 것 같다.

어떻든지 이 소설은 김종태로 대표되는 한국 사회의 기득권 집단인 원주민에 의존하지 않고 새로운 삶을 살아가려고 노력하는 결혼 이주 여성을 주인공으로 내세운다. 그녀는 무능하고 무기력한 남편을 대신해서 생활을 꾸려야 하는 상황에서 독립적인 존재로서의 삶을 꿈꾸기 시작한다. 그러나 쓰엉의 그러한 시도가 좌절되고 마는 한계도 이 소설은 보여준다. 또 다른 이방인인 장이나 이령의 삶과 시도 역시 '하얀집'을 집어삼킨 불 속에서 활활 타버리는 것으로 끝을 맺는다.

2) 하위 주체subaltern로서 선택한 삶

다문화 문학의 다른 유형은 소설의 등장인물들이 별로 다르지 않은, 같은 부류의 사람들이라는 사실을 이야기한다. 특히 다문화 사회에서 소수자인 인물들은 서로 별로 다르지 않으며, 차별을 받을 수밖에 없는 사람이라는 현실 인식을 보여준다. 이들의 이야기는 타자의 시선으로 전개되는 앞의 경우와 달리 소설의 주요 인물들이 다문화 사회의 구성원인 하위 주체[6]라는 공동체적 인식을 바탕으로 전개된다. 다만 이 경우 등장인물들은 사회 과학적 용어인 동지同志, comrade의 관계는 아니며 운명적인 삶을 같이 살아가는 주체들이라는 정도의 인식에 머물러 있다.

---

[6]   하위 주체는 "전 지구상에 다양한 형태로 흩어져 있으며, 자본의 논리에 희생 당하고 착취 당하면서도 자본의 논리를 거슬러 갈 수 있는, 저항성을 갖는 주체"다. 이탈리아의 사상가인 그람시Antonio Gramsci가 식민지 지배를 받는 민중을 지칭해 사용했던 용어로 미국 컬럼비아대학 교수인 스피박Gayatri Chakravorty Spivak이 탈식민주의와 페미니즘 연구에 도입하였다.(Morris Ed., 2010)

이 부분에서는 이혜경의 소설 『기억의 습지』(2019)를 통해서 우리 다문화 소설의 또 다른 현실 인식을 살펴보고자 한다. 그 줄거리는 다음과 같다.

'그(필성)'는 죽은 월남 새댁의 장례식장에서 울던 베트남 부모와 여동생을 보며 베트남에 파병되었던 과거의 시간을 떠올린다. 베트남에서 돌아온 지 벌써 40여 년이 지났는데도 아직 그때 일로 악몽을 꾼다. 앞서가던 선임병이 총에 맞아 죽는 장면, 지뢰를 밟아 움직이지 않아야 한다는 사실을 알면서도 발을 떼어 산산조각이 되는 꿈을 꾸다 식은땀을 흘리며 깨어난다. 그는 현재와 과거 사이에 놓여 있는 것이다. 과거에 군표를 내고 베트남 여성을 안았던 필성은 전쟁이 끝난 뒤 헤어질 때에야 '응웬'으로 알던 여자의 이름이 '판'이었음을 알게 된다. 자신의 이름을 기억하라던 판의 목소리가 생생하게 되살아난다.

아내(영희)를 먼저 보낸 필성은 산골 마을에 들어가 마을 사람들 속에 녹아들려고 노력한다. 역시 혼자 마을에 들어와서 산속에 머무는 '김'은 필성과 달리 마을 누구와도 왕래하지 않는다. 그들은 마을 이장으로부터 동네 노총각인 철규가 베트남 여성과 결혼한다는 청첩장을 받고서 결혼식에 참석한다. 응웬이라는 월남 새댁이 들어온 뒤 필성은 잊었던 베트남의 기억들을 떠올리는 한편 베트남어를 다시 배우려고 한다. 멀리서 시집온 월남 새댁에게 베트남어로 말을 걸어 고향에 대한 그리움을 잠시나마 달래주고 싶은 마음에서였다.

마을 사람들에게 배척 받는 김은 한국전쟁 고아였다. 그는 남원에서 서울로 올라왔지만 꼬임에 넘어가 북파 공작원을 양성하는 훈련소에 입소하였다. 그는 나라를 위해 북파 공작원으로 활동하다가 도망쳤다는 이유로 도망자 신세가 되어 이 마을에 정착한다. 그러나 그와 이야기하는 사람은 필성밖에 없을 정도로 마을 사람들은 그를 없는 사람 취급한다. 김은 외로움을 달래려고 산으로 올라가던 월남 새댁에게 말을 걸고 싶었다. 새댁이 놀라 걸음을 빨리하자 김은 외국에서 온 여자까지 자신을 멸시한다고 생각해서 그녀를 잡아채 자신의 집으로 끌고 온다. 그녀를 범하고 목을 졸라 살해한 김은 집에 불을 지르지만 불은 타오르다 연기만 남기고 꺼지고 만다. 그는 산에서 생활하기에 필요한 것들만 챙겨서 산으로 들어간다.

> 오래전 북쪽의 산에서 사람의 목을 조르던 때가 살아났다. 그땐 무서웠는데, 여자가 죽었다는 걸 안 순간 뭔가 뿌듯해졌다. 그런 자신이 끔찍했다. (중략) 이건 보복이야. 외국인인 그녀를 받아들인 나라, 정작 그 나라를 위해서 몸 바친 자기를, 자기들을 내친 나라에 대한 보복이라고, 그는 그렇게 생각했다. 북쪽에서 내려오다 죽은 수많은 동료들을 위한 보복이라고. 그가 임무를 거부하고 나오자, 약속했던 거액 대신 그에게 '이중간첩'이라는 누명이 씌워졌다. 그는 사람들의 눈을 피해 살아야 했다.(이혜경, 2019)

이 소설은 월남 새댁 응웬, 베트남 파병 군인 출신인 필성,

북파 공작원이었던 김의 이야기다. 이 세 명 모두 과거 기억의 습지(늪)에서 벗어나지 못하고 있음을 소설의 제목은 상징적으로 이야기한다. 특히 다문화의 관점에서 이 소설의 등장인물들은 똑같은 처지에 놓인 운명 공동체다. 이들은 우리 사회에서 각각 다른 이름으로 불리는 하위 주체로, 이들에게 지워진 운명의 굴레를 벗어나기가 쉽지 않음을 소설은 이야기한다. 예를 들어 필성은 여전히 '월남' 새댁과 '베트남' 파병 군인이라는 용어를 사용함으로써 베트남 파병 군인인 자신을 월남 새댁과 구별하려고 한다. 그러나 이러한 서사의 기획은 성공하지 못한다.

그럼에도 이 소설은 베트남과 한국은 특수한 관계이며 남과 북도 다르지 않은 관계라는 역사 인식을 보여준다. 한국은 베트남 통일 전쟁에 연합군의 이름으로 참전했던 적대적인 국가로 전쟁 과정에서 행해진 인적, 물적 피해에 대한 책임도 있다. 남과 북은 베트남전쟁과 크게 다르지 않은 한국전쟁을 겪었으며, 북파 공작원이라는 소재는 한국전쟁이 이 순간에도 계속되는 현실임을 상기한다. 이처럼 이 소설은 베트남 결혼 이주 여성의 죽음이라는 개인사를 넘어 베트남전쟁과 한국전쟁이라는 역사를 기억의 늪, 기억의 습지로 같이 불러낸다. 이를 통해서 '기억의 습지'는 한 개인의 이야기가 아니라 우리와 우리 사회, 우리 국가가 같이 감당하고 치유해야 할 상처임을 이야기한다.

이 소설과는 조금 다르게 김훈의『공무도하』(2009)의 주인공 '후에'7는 다문화 결혼 이민자가 한국인 하층민으로 정착하는 모습을 보여준다. 『기억의 습지』의 월남 새댁이 다른 하위 주체에게 죽임을 당하여 삶을 마감하는 것과 달리 이 소설의 주인공 후에는 가정 폭력이나 사회적 차별로부터 자유롭지 못한 대부분의 외국인 결혼 이민자들과는 다른 삶을 선택한다. 미군 비행기 폭격장(뱀섬) 근해의 해저에서 탄피를 줍는 잠수부로서 우리 사회의 또 다른 낙오자인 장철수와 동업하며 가난하고 고달픈 한국인으로 사는 삶을 택함으로써 이 소설의 명실상부한 주인공 후에는 다문화 결혼 가정이라는 불평등한 굴레를 벗어나 새로운 삶의 도정에 오른다.

이처럼 『공무도하』의 주인공 후에는 결혼 이주 여성으로서의 불평등하고 예속적인 결혼 생활을 감당하는 대신 가난한 소작 농민인 오금자라는 여성과 별로 다르지 않은, 하층민 하위 주체로서의 독립적인 삶을 선택한다. 그녀는 다문화 결혼 이주 여성이 감당할 수밖에 없었던 의존적 현실을 벗어나서 여전히 소수자의 굴레를 벗지 못할지언정 한국인으로서의 삶을 능동적으로 선택한 것이다. 이 소설은 이러한 등장인물의 서사적 형상화를 통해 이들 하위 주체들이 서로 그리 다르지 않은 사람들이라는 점을 확인해준다.

어떻든지 후에라는 등장인물을 주인공으로 설정한 이 소

---

7 택호宅號인 '후에Hué, 順化'는 익명성이라는 한계도 지닌다. 옛날 베트남 왕조가 수도로 삼았던 베트남 중부의 고도古都인 후에는 베트남의 흥망성쇠를 상징하기도 한다.

설의 서사적 기획은 기존 다문화 문학 작품의 한계를 극복하려는 노력도 보여준다. 즉 기존의 다문화 문학 작품들이 다문화 구성원 사이의 차이만을 보여주거나 차별이라는 개념을 함축한 '다문화'라는 표제어를 무의식적으로 사용했던 것과 달리, 이 소설은 소수자뿐 아니라 다수자인 다문화 구성원들 역시 별로 다르지 않은 다문화 사회의 구성원이라는 사실을 이야기하고 있다.

4. 맺음말: 미래 학문으로서의 다문화주의

1) 세계화와 다른 지향으로서의 다문화주의

현대 사회는 세계화와 4차 산업 혁명이 호명하는 여러 도전과
과제에 직면하였다. 교통이나 통신과 같은 과학 기술의 발달
로 가능해진 지식의 보편성에 방점을 찍는 세계화의 흐름은 지
식의 다양성과 특수성에 주목해야 하는 다문화 현상과 충돌한
다. 이에 따라 정치적, 경제적 강대국들이 중심이 되어 주도하
는 제국주의적 성격의 세계화와는 다른 관점에서 각기 다른 국
가의 지역적 특수성과 문화적 다양성에 주목하는 지역화地域化,
localization, 셋방화glocalization와 같은 지향 역시 중요해지고 있다.
세계화라는 보편성뿐 아니라 다문화라는 특수성도 우리 미래
사회가 지향해야 할 중요한 방향이기 때문이다.

　　이처럼 현대 사회는 과학 기술, 특히 미디어의 발달로 세
계 각국의 언어와 문화가 밀접하게 접촉하면서 이중 언어 문화
bilingual culture나 다중 언어 문화multilingual and multicultural 환경으
로 급속하게 변모하고 있다. 굳이 다문화라는 개념으로 설명
하지 않더라도 현대 사회는 외국어, 외국 문화, 외국인과 공존
할 수밖에 없는 상황이다. 미래 사회는 (대중문화와 하위문화

subculture를 포함한) 문화와 언어의 다양성, 다매체multimedia 환경 등을 현실로 받아들여야 하는 다문화주의와 다원주의多元主義로부터 자유롭지 못하다. 그렇기 때문에 우리 현대 사회도 개별성과 다양성, 그리고 융·복합적 특성을 가진 다문화주의적 발상의 전환으로 미래 사회의 창조적인 발전을 기약해야 한다.

2) 인간학으로서의 다문화주의와 문학 교육

다문화주의는 공기와 물처럼 우리 인간이 살아가면서 항상 함께할 수밖에 없는 언어와 문화를 논의의 중심에 놓는 담론이다. 그래서 이 논의는 인간을 중심에 놓는 인간학, 인문학이라는 학문에서 자유로울 수 없다. 같은 맥락에서 문학과 문학 교육도 마찬가지다. 문학은 인간의 삶으로부터 분리하여 생각할 수 없는 인간들의 상상력과 창조력의 산물이며, 문학 교육은 이러한 문학 작품을 인간에게 가르치는 실천 행위이기 때문이다. 이러한 맥락에서 미래의 다문화 사회에서도 문학은 현실 반영태라는 위상을 유지할 것이며, 문학 교육은 문학의 가치와 효용을 재생산하는 역할을 담당할 것이다.

　문학 작품은 작가의 상상력과 언어로 인간의 삶을 창조적으로 형상화한 예술이다. 그리고 이러한 문학 작품을 교육의 제재이자 내용으로 하는 문학 교육은 특히 정의와 경험을 환기할 수 있는 학습자의 정의적 능력과 상상력을 길러 일상에서 실천하는 태도를 중요시한다. 인간의 특별한 힘인 정의적 능력과 문학적 상상력은 그동안 논리적으로는 쉽게 설명할 수 없는 창조의 힘과 생명의 원동력을 인류에게 끊임없이 제공하였다. 이러한 문학과 문학 교육의 힘이 인간의 미래에도 긍정적이고 희망적인 전망으로 작용할 수 있을 것이라고 생각한다.

2장

——

타자들을 향한
연민과 연대의 시학:
정지용과 윤동주의
동시童詩

최현식

——

인하대학교 대학원 인문융합치료전공 주임교수

1. 정지용과 윤동주의 동시 읽기

이준익 감독의 영화 〈동주〉(2016)에는 매우 인상적인 장면이
하나 등장한다. 아직 등단하지 못한 상태에서 동시 정도나 몇몇
신문과 잡지에 투고 중이던 윤동주가 당대 최고의 모더니스트
정지용을 찾아가 본격적인 시인의 삶을 영위하기 위해 무엇을
해야 하는가를 묻는 장면이다. 정지용은 창씨개명이 두렵고 부
끄러운 것일 수 있으나, 전문 시인의 길을 가기 위해서는 여러
모로 앞선다고 여겨지던 일본 시와 시인에게서 배우고 또 그들
과 더불어 시를 논한다면 실력 향상에 크게 도움이 될 것이라고
조언한다.

　사실 이 장면은 당시 문단 상황을 기록한 여러 회고록이나
후일담 등에서 찾아볼 수 없는 허구적 장치일 가능성이 크다.
그렇지만 정지용의 시, 특히 동시를 아껴 읽고 외우며 또 한 편
씩 필사까지 했던 윤동주의 문학 수업을 생각하면 얼마든지 가
능한 장면이다. 요컨대 실제 존재했음직한 '문학적 사건'으로
일부러 오인하여 잊힐 수 없는 '시적 진리'로 떠올려도 좋은 유
쾌한 허구인 셈이다.

　동시는 어린아이들의 천진난만하고 순진무구한 마음과 행

동을 노래한 장르로 흔히 이해된다. 동시가 시의 원리라고 일컬어지는 '세계와 자아의 하나 됨'이 가장 높고도 깊게 실현된 장르로 인정되는 까닭이 여기 있다. 하지만 동시에도 아이들이 느끼는, 또는 성인인 시인이 아이들의 시선과 목소리를 빌려 대신 말하는 시대 현실이 어떤 식으로든 반영되어 있다. 아이들의 생활도 자연과 사물, 이웃과 친구와의 친화성으로만 이뤄지지 않으며 심지어는 가난과 슬픔으로 가득한 현실에 의해 제약 받거나 고통 당하는 경우가 적지 않기 때문이다.

정지용과 윤동주는 일제의 식민 지배와 통치를 조금도 비껴감 없이 정면으로 관통해야 했던 서러운 시인들이다. 물론 당대를 대표하던 정지용의 시적 생애와 명성이 문학 청년이던 윤동주를 압도했지만 두 시인이 민족어와 오랜 전통, 근대적 감각과 순수한 내면을 껴안았던 것만큼은 그 누구도 부인할 수 없다. 이 사실을 가장 잘 보여주는 것이 두 시인의 동시다. 두 시인은 자연과 사물, 그리고 사람이 하나 되는 동시의 창작에도 뛰어났지만 식민지 현실을 살아가는 아이들의 슬픈 눈동자, 질병이나 가족의 상실로 고통 받는 아픈 마음을 드러내는 일에도 탁월하였다. 두 시인의 동시를 겹쳐 읽다 보면 힘센 권력에 억압 받던 식민지인의 내면과 생활 현실이 자연스럽게 드러난다. 이 부류의 동시를 읽음으로써 '너'와 '나'가 서로를 존중하고 인정하는 인간적 대화와 문화적 소통이 얼마나 중요한 것인가를 다시 확인하게 될 것이다.

2. '어린아이'의 전통과 근대: 정지용의 동시

1) 아이들의 '첫 말'과 새로운 세계

근대에 들어 그들만의 '동심 발견'과 더불어 어린아이는 분열과 갈등 이전의 인간 본연을 발현하고 계시하는 완미한 존재로 가치화되었다. 이를 계기로 때로는 응석받이요, 때로는 욕심쟁이로 이기적이며 외로 된 경우도 적잖은 현실의 아동은 우주, 자연, 타자, 사물과 자연스레 하나가 되는 '천사로서의 아동'으로 훌쩍 정립되기에 이른다. 이 과정을 일목요연하게 포괄하고 정리한 용어가 '동심천사주의'일 것이다. "아동은 미추와 선악에 있어서 현실 생활에 별로 물들지 않은 순결무구하고 천진난만하고 무사기한 인간으로서의 천사"(송완순, 1946)라는 설명 속에 그 뜻이 고스란히 담겨 있다.

이런 질문은 어떨까. 1927년 결성된 '조선동요연구협회'의 회원이었던 정지용도 동심천사주의의 정교한 표현자이자 강력한 후원자였을까? 우선은 그렇다고 답해야겠다. 정지용 시의 핵심 분자 중 하나가 동시라는 사실은 그가 "내일의 호주 내일의 조선 일꾼 소년소녀를 잘 키"울 목적으로 창간한 잡지 『어린이』의 주요 필자였으며, 거기 실린 총 아홉 편의 동시를 첫 시집

『정지용 시집』(1935)에 다시 고쳐 옮겼다는 점에 벌써 뚜렷하다.(장정희, 2015) 또한 '시의 옹호'를 "영해嬰孩의 눌어訥語", 그러니까 '어린아이의 어눌한 말'에 의거하여 수행했다는 사실도 정지용의 동심천사주의에 대한 지지와 성원을 짐작케 한다.

> 문자와 언어에 혈육적 애愛를 느끼지 않고서 시를 사랑할 수 없다. 사랑은 커니와 시를 읽어서 문맥에도 통하지 못하나니 시의 문맥은 그들의 너무도 기사적記事的인 보통 상식에 연결되기는 부적한 까닭이다. 상식에서 정연한 설화, 그것은 산문에서 찾으라. 예지에서 참신한 영해의 눌어, 그것이 차라리 시에 가깝다. 어린아이는 새 말바께 배우지 않는다. 어린아이의 말은 즐겁고 참신하다. 으레 쓰는 말일지라도 그것이 시에 오르면 번번히 새로 탄생한 혈색에 붉고 따뜻한 체중을 얻는다.
>
> ─「시의 옹호」(『문장』, 1939. 5.) 부분.

인용 속 '시어'는 포에지poésie로서의 그것이라는 점에서 동심천사주의 속 그것과 같으면서도 다르다. 어른의 시든 아동의 동시든 즐겁고 참신한 '예지'의 언어로 조직되고 표현되어야 한다는 점만큼은 서로 다를 것 없다. 하지만 둘은 "새로 탄생한 혈색에 붉고 따뜻한 체중"의 구성 요소까지 같이하지는 않는다.

동심천사주의는 그게 동시든 동화든 작가의 눈에 닿은 자연과 생활 모두를 천진무구한, 다시 말해 현실과 거의 무관한

'동심'의 세계로 녹여내는 데 집중한다. 반면 포에지로서의 시는 기호의 숙련공이 집착하는 말의 형식, 곧 "자연을 속이는 변이"의 "교활환 매력"(「시의 옹호」)을 거부하는 대신 문득문득 작은 세계를 알아가며 그것을 떠듬떠듬 자기의 말로 표현—창조이자 기억인—하는 어린아이의 '첫 말'에 빠져들기를 즐긴다.

정지용은 '첫 말'의 가치적 정황을 "예지에서 참신한"이라는 수사에 담았다. 이 표현은 "시안詩眼이야말로 기계적인 것이 아니라, 차라리 선의와 동정과 예지에서 굴절하는 것이요, 마침내 상탄賞嘆에서 빛난다."(「시의 옹호」)로 바꿔 쓸 수 있다. 아이들의 '첫 말'이 진(예지)과 선(선의)과 미(동정)의 결정체인 이유는 횔덜린이 말했듯이 "인간의 모든 행위 중에서 가장 죄 없는 것"인 까닭에 어떤 것에도 얽매이지 않고 자신만의 세계를 온갖 모양과 색깔로 그려내며, 그럼으로써 상상이 곧 현실인 이상적 세계를 풍요롭게 현현할 줄 알기 때문이다.(전광식, 1999)

> 시의 신비는 언어의 신비다. 시는 언어와 Incarnation (육화肉化—인용자)적 일치다. 그러므로 시의 정신적 심도는 필연으로 언어의 정령을 잡지 않고서는 표현 제작에 오를 수 없다. 다만 시의 심도가 자연 인간 생활 사상에 뿌리를 깊이 서림을 따라서 다시 시에 긴밀히 혈육화되지 않은 언어는 결국 시를 사산시킨다. 시신詩神이 거居하는 궁전이 언어요, 이를 다시 방축放逐하는 것도 언어다.
>
> —「시와 언어」(『문장』, 1939. 2.) 부분.

하지만 시의 "선의와 동정과 예지"는 언어와 형식의 심미성에만 골몰함으로써 성취되지 않는다. 시적 언어는 "자연과 인간 생활과 사상에 뿌리를 깊이 서"릴 때에야 비로소 아이와 시신詩神이 사이좋게 기거하는 신비와 궁전의 언어로 "번번히 새로 탄생"한다. 이 점은 정지용 시를 기교주의로 폄하했던 당대의 어떤 평가를 무색케 하는 동시에 그의 시가 오늘날에도 매 순간 "바람에 향하는 먼 기旗폭처럼/ 뺨에 나붓기"(「절정」)는 정령精靈의 언어로 빛나게 하는 핵심적 까닭의 하나다.

그러니 또 이렇게 물어보자. 정지용의 동시에서는 무슨 연유로 우울과 상실의 슬픔이 순진무구의 기쁨을 압도하는 것일까. 자꾸만 현실과 멀어지는 언어의 신비만을 탐닉하는 대신 그 안에 숨겨진 여러 제약과 한계를 삶의 조건과 동력으로 기꺼이 받아들이는 예술적 지혜와 용기에 투철했기 때문이다. 정지용이 탁월하고도 성실한 '예외적 영혼'이었음은 어떤 소리들을 향한 "정신적 심도"에 매우 솔직했으며, 또한 어린 시절의 그 경험을 '언어의 신비'와 "자연과 인간 생활과 사상"의 공동 토대로 불러낼 줄 알았다는 사실에서 어렵지 않게 찾아진다.

시인은 고부 갈등 끝에 자살한 며느리의 넋이 담긴 '며느리새'의 울음에서 "열세 살 적 외롬과 슬픔과 무섬탐"을 반복적으로 환기하였다. 그와 달리 며느리새가 날아다니는 산 속 바람이 일으키는 '솔소리'에서는 "아늑하고 서럽고 즐겁고 편한 소리"(이상 「꾀꼬리와 국화」)를 항상 느꼈다. 두 소리가 우열愚劣과 호오好惡의 관계이기는커녕 서로의 가치와 의미를 실현하는 나—너, 너—나의 소리임은 정지용식 역설 어법에 잘 드러난다. "기쁨이 없이 이루는 우수한 사업이 있을 수 없으니, 지상至上의 정신 비애가 시의 열락이라면 그대는 당황할 터인가?" 기쁨과 우수憂愁, 지상의 정신적 비애와 시의 열락은 서로에 반하는 안티테제가 아니라 서로를 실현하는 신테제라는 주장이다. 이곳, 서로 등을 맞댄 반명제들이 "우수한 전통이야말로 비약의 발 디딘 곳이 아닐 수 없다."라고 서로의 얼굴을 향해 외치는 "혈육적 애愛"(이상 「시의 옹호」)의 생산 현장인 것이다.

> 별똥 떠러진 곳,
>
> 마음해 두었다
>
> 다음날 가보려,
>
> 벼르다 벼르다
>
> 인젠 다 자랐오.
>
> — 「별똥」(『학조』 1호, 1926. 6.) 전문.

'별똥' 체험이 어린 정지용에게 경이와 공포 모두의 순간이 었음은 '별똥을 먹으면 오래 산다.'라는 옛말에 대한 믿음과 반대의 경우 찾아들 사령死靈에 대한 절망의 교차적·반복적 환기(「별똥이 떨어진 곳」)에 뚜렷하다. 하지만 정녕 불우한 운명은 다른 곳에 있었으니, 별똥에 대한 호기심과 발견의 모험을 실행하기도 전에 어른이 되었다는 육체적 성장의 역설이 그것이다. 이것이 영혼의 성숙이 가져온 비극 가운데 하나이기도 했음은 식민지 현실을 달리는 '슬픈 기차'의 비애를 알아차린 뒤의 내면 고백일 "나는 아들이 아닌 것을, 윗수염 자리 잡혀가는, 어린 아들이 버얼서 아닌 것을"(「슬픈 汽車」)이라는 구절에서 투명하게 엿보인다.

이에 비한다면 정지용의 감각과 상상을 부지런히 흡수하며 하늘의 별에서 '추억'과 '사랑'과 '쓸쓸함'과 '동경'과 '시'를 발견하고 추억했던 식민지 청년 윤동주의 '별 바라기'는 차라리 즐겁고 행복하였다. 더구나 그가 헤던 별들은 겨울이 지나고 봄을 맞으며 "무덤 위에 파란 잔디"로, "내 이름자 묻힌 언덕 위"를 뒤덮는 '자랑처럼 무성한 풀'로 걸어 내려오지 않았던가.

그러나 우리는 죽음의 땅을 생명의 유곡幽谷으로 되살린 윤동주의 시적 단련에 선배 시인 정지용에 대한 '시적 영향에 대한 불안', 아니 '자랑'이 깊이 작동하고 있음을 마땅히 기억해야 한다. "시인은 정신적인 것에 신적 광인처럼 일생을 두고 가엾이도 열렬하였다."(「시의 옹호」)는 시적 투기投企의 선언이 그 영향의 핵심임은 물론이다. 이런 까닭에 쉬이 아침이 오고, 내일 밤이 남았으며, 아직 나의 청춘이 다하지 않은 까닭에 "가슴 속에 하나 둘 새겨지는 별을/이제 다 못 헤"는 윤동주의 「별 헤는 밤」에 담긴 '충만한 결여'의 역설이 정지용을 향한 기껍고도 자랑스러운 시적 '불안'의 또 다른 모습이라는 사실 역시 자연스럽게 알게 된다.

2) '옵바'와 '누나(누의)'와의 별리가 다다른 그곳

정지용 동시의 특징 중 하나라면 시적 화자와 호명되는 대상이 남매 지간인 경우가 많다는 사실이다. 유년기 삶의 풍요와 타자에의 친밀성 구축에 가장 큰 영향을 미치는 식구를 꼽을 때 (조)부모를 제외한다면 동생의 입장에서는 오빠와 누나가, 이들의 입장에서는 어린 누이와 남동생이 단연 앞자리를 차지한다. 형제 지간의 친밀함과 죽음에 따른 별리는 신라 월명사月明師의 「제망매가」가 암시하듯이 한국 서정시 고유의 휴머니티와 운명애를 관통하는 심리적 정수의 하나였다. 이 자리에서는 친밀함과 별리를 따로 나눠 썼지만 정지용 시에서 그것은 각 편의 시로 노래되기보다는 우애가 돈독했던 형제, 남매들의 헤어짐—잠시의 이별과 영원한 격절(죽음)—을 함께 보여주는 방식으로 조합된 경우가 훨씬 많다.

그렇다면 시인은 왜 친밀한 우애 자체보다는 그것을 가로막는 이별과 상실에 초점을 맞춰 오히려 친밀함의 밀도와 이별에 따르는 슬픔의 순도를 더욱 드높이는 전략을 취하는 것일까. 이에 상응하는 답은 "시의 고덕高德은 관능 감각 이상에서 빛나는 것이니 우수한 시인은 생득적으로 염려艶麗한 생리를 가추고 있는 것이나 마침내 그 생리를 밟고 일어서서 인간적 감격 내지 정신적 고양의 계단을 올으게 되는 것이 자연한 것이요 필연한 것이다."(「영랑과 그의 시」)라는 말에서 찾아질 듯싶다. 이 말을 참조한다면 동기간의 이별은 우애나 슬픔 한쪽을 승압하기보다는 그 둘의 긴장과 갈등, 그것을 통과한 뒤의 또 다른 정념

情念, 다시 말해 운명애運命哀/運命愛 양자를 동시에 초극하는 어떤 '정신적인 것'에 이르기 위한 심리적·미학적 장치로 이해될 수 있다.

이 판단의 유효함은 전통의 설화(이야기)를 취하기는 마찬가지나 그것을 대상 자체에 연결하는가 아니면 화자의 정서를 드러내는 보조 장치로 활용하는가에 따라 시의 분위기가 완연하게 달라지는 다음 두 시편에서 어렵지 않게 확인된다.

> 하늘 우에 사는 사람
> 머리에다 띄를 띄고,
>
> 이땅우에 사는 사람
> 허리에다 띄를 띄고
>
> 땅속나라 사는 사람
> 발목에다 띄를 띄네
>
> — 「띄」(『학조』 1호, 1926. 6.) 전문.

이 시에 대한 해석은 하늘-땅-땅속의 시공간적 성격과 그곳에 사는 사람들의 형색을 어떻게 보느냐에 따라 다양하게 제출될 수 있다. 누구는 세계와 삶의 문법을 이루는 천·지·인의 원리로, 다른 누구는 인간의 궁극으로서 삶과 죽음의 대위적 편집과 배치로 읽는 것이 그 예다. 만약 어린아이의 시선에 주의한다면 사람-공간-기호의 일체성과 그 하나 됨의 당위성을 이치에 맞게 가르치고 배우는 인지의 텍스트로도 읽을 수 있다.

어쩌면 누군가는 「띄」에 숨겨진 무엇, 그러니까 세 공간의 사람들이 맨 '띄'의 색깔은 무엇일까라는 질문을 던질지도 모른다. 어떤 색깔을 지목했다는 것은 우리를 둘러싼 세 지평과 그곳에 사는 사람들의 정체성에 상응하는 심리적 반응과 이해가 도출되었음을 뜻한다. 그렇게 획득된 동일성은 신과 자연과 인간의 통합을 넘어 그것을 상상하고 실현하는 화자(≒시인)의 선택과 배치 능력을 입체적으로 드러내는 역할을 감당한다. 정지용이 힘주어 강조하는 '선의와 동정과 예지'를 포괄하는 '곳-사람-띄'의 동일성을 존재의 지혜와 성숙을 암시하고 보증하는 미학적 인증으로 해석할 수 있는 지점이다.

뻐꾹이 울든 날
누나 시집 갔네—

파랑병을 깨뜨려
하늘 혼자 보고.

빨강병을 깨뜨려
하늘 혼자 보고.

— 「병」(『학조』 창간호, 1926. 6.) 부분.

「병」의 서사적·서정적 기반을 이루는 것은 전래 동화 〈여우누이〉다. 세 오빠가 자신들을 잡아먹어 사람으로 거듭나려는 어린 여우누이를 피해 달아날 적에 지혜로운 노인에게 받은 노란 병, 파란 병, 빨간 병을 차례로 던져 죽음의 위기를 벗어난다는 내용이다. 동화의 서사는 '오빠'와 '누이'의 대립이라는 점에서 「병」의 그것, 즉 '지금 여기'의 '누나'와 동생인 '나'의 우애와 상반된다. 하지만 '누나'의 결혼은 '그녀'와 '나'의 따스한 우애를 별리와 상실의 멜랑콜리로 치환해버림으로써 결국 가족을 깨친 〈여우누이〉의 폭력적 비극을 재소환하고야 만다.

정지용은 "어머니 없이 자란 나를/종달새 지리 지리 지리리……"(「종달새」)라고 썼던가. 이를 참고하면 「병」의 화자 '나'는 '어린 시인'으로, '누나'는 '어머니'로 얼마든지 대체할 수 있다. 만약 시인이, 아니 우리가 어머니와 누나의 젖줄로 생장되고 그 품에서 보호되는 가족과 나의 영원성을 얻고 유지하려면 설화 속 세 가지 병을 서둘러 손(물질)과 머리(정신)에 거둬두는 수밖에 없다. 이 작업의 중요성은 이제는 멀리 가버린 '누나', 또 그녀의 원형들인 오랜 역사 속 엄마와 할머니들에 의해 대대로 계고되고 전승되어 왔다. 그래서 현실은 아닐지라도 상상과 미학의 방법으로나마 그녀들을 '나'의 고향으로 귀환시켜 내 존재 속에 다시 내주來住하게 하는 작업(전광식, 1999)이 더욱 중요해지는 것이다.

하지만 '병'의 유용성과 삶의 보호막으로서 가족의 절대성을 들려주던 누나와의 이별, 곧 모성성의 상실은 그 영원성의 가능성과 잠재성을 일거에 파탄내버렸다. 이 지점은 '나'의 "하늘 혼자 보"는 행위를 누나와 가족이라는 본원적 고향의 상실을 아파하고 견디려는 슬픈 몸짓만으로 해석하는 것을 주저케 한다. 오히려 거기서 발생하는 주체 자체의 상실, 즉 나를 구성하고 보존하는 존재와 본질로부터의 소외, 그리고 그것들에 대한 망각이 불러일으키는 심리적 불안과 공포의 노출 장면으로 해석케 한다.

그러나 이렇다 하여 화자는 "하늘 혼자 보"는 쓸쓸한 행위, 자세히 말해 '중심의 상실'이나 '무와의 조우', '허무감' 따위의 결핍감이나 불행한 의식을 일상화하는 소극적 니힐리즘(고드스블롬, 천형균 옮김, 1988)에만 빠져들 수 없다. 정반대로 예상치 못한 불우와 조우할수록 '나' 스스로가 '누나'의 역할을 대체하고 담당하는 작업, 그러니까 '시'로 '누나'와 '여우누이' 사이의 동일성과 차이성을 말하는 기호화 작업에 더욱 치열해야 한다. 그때 드러나는 충족과 결여, 우애와 갈등의 대차 대조표를 정확하게 작성할 수 있을 때에야 비로소 나-시인-우리는 '자기 소외'와 '본질 망각'이라는 생애 최대의 형벌로부터 벗어날 기회를 간신히 거머쥐게 된다.

프랑크푸르트학파의 벤야민은 "얘기꾼이란 그의 삶의 심지를, 조용히 타오르는 그의 얘기의 불꽃에 의해서 완전히 연소시키는 그런 사람"이라고 말하면서 그 '이야기'는 자아뿐 아니라 타자의 전全 생애까지 포괄한다고 일렀다. 그럼으로써 "어떤 사람의 영혼과 눈과 손이 한데 어울려 생겨나는 어떤 화음에

의해서만 그것의 존재와 가치를 획득하게 되는 독자적 명암 체계"를 성취하기에 이른다고 설파하였다.(발터 벤야민, 반성완 옮김, 1983) 벤야민의 '애기꾼' 개념은 정지용의 시적 발화를 검토할 때 매우 시사적일뿐더러 꽤나 유용한 것처럼 느껴진다.

　정지용의 동시는 겉으로는 '나'의 표현에 주로 집중하는 듯하다. 하지만 화자의 면면에 유의하면 '옵바', '누나', '누의' 같은 친밀과 상실의 타자를 동생이거나 오빠인 '나'의 내면(고향)으로 호명하는 작업이 시적 발화의 핵심임이 자연스레 드러난다. 이런 장점은 "언어는 시인을 만나서 비로소 혈행血行과 호흡과 체온을 얻어서 생활한다."(「시와 언어」)라는 명제의 수행과 실천에서 생겨나는 것임에 틀림없다. 이로 말미암아 인용문 속 "시인"을 "애기꾼"으로, "혈행과 호흡과 체온"을 너와 나의 영혼과 눈빛과 손길이 만나 빚어내는 "독자적 명암 체계"로 바꿔 읽을 수 있는 가능성이 훨씬 풍부해진다.

　　　　해바라기 씨를 심자.
　　　　담모롱이 참새 눈 숨기고
　　　　해바라기 씨를 심자.

　　　　누나가 손으로 다지고 나면
　　　　바둑이가 앞발로 다지고
　　　　괭이가 꼬리로 다진다.

(중략)

가만히 엿보러 왔다가
소리를 깩– 지르고 간놈이–
오오, 사철나무 잎에 숨은
청개고리 고놈 이다.

—「해바라기 씨」(『신소년』, 1927. 6.) 부분.

　"해바라기 씨"를 심는 과정에서 일어나는 인간과 자연, 사물 사이의 결속과 통합을 명랑한 선율에 담고 있다. 작물과 화초의 씨를 뿌리고 가꾸는 건 사람이라는 생각은 인지상정의 발로겠다. 하지만 시인의 세계관을 대변하는 어린 동생은 식물 생장의 원리와 문법을 타자의 것으로 돌림으로써 그 생육의 터전을 더욱 풍요롭게 북돋운다. 누나의 "손"과 바둑이의 "앞발"과 괭이의 "꼬리"에 동일한 역할을 부여함으로써 셋이 아끼는 "해바라기 씨"와 더불어 이 시에 "혈행과 호흡과 체온"을 더하는 장면이 그것이다. 게다가 시인(≒어린 동생)은 누나와 바둑이, 괭이의 울력에 생명을 키우는 자연의 원리를 대표하는 '이슬'과 '햇빛'의 능동적이며 자발적인 참여를 하나로 묶어 인간과 자연의 통합을 자연스럽게 선율화하는 시적 지혜의 소유자이기도 한 것이다.

　이것은 식물의 발아에 대한 동시적 상상력과 자연적 사실을 결코 분리할 수 없는 하나의 '생명 현상'으로 가치화하는 행위에 해당한다. 이 자리에서 저 울력의 존재들과 대립 관계에 놓인 "참새"나 "청개고리"가 추방의 대상이기는커녕 "담모롱이"와 "사철나무 잎"에 숨어 파종의 시종始終을 함께 하는 조력자로 제시되는 장면을 물활론적 세계의 "독자적 명암 체계"로 명명할 수 있는 가능성이 생겨난다. 그렇다면 화자, 곧 외부의 시인과 시 속의 '어린 동생'은 씨앗 파종의 단순한 관찰자거나 그에 대한 간단한 보고자일 수 없다. 오히려 메마른 땅에서 어린 싹으로 피어나 충만한 결실로 향하는 모든 생명의 신화적 순간과 영원한 도래를 존재와 삶의 역사이자 미래라고 이야기하고 들려주는 영특한 이야기꾼이라고 불러 마땅하다.

> 우리 옵바 가신 곳은
> 해님 지는 서해西海 건너
> 멀리 멀리 가셨다네.
> 웬일인가 저 하늘이
> 피ㅅ빛 보담 무섭구나!
> 날리 났나. 불이 났나.
>
> ─「지는 해」(『학조』1호, 1926. 6.) 전문.

> 눈먼 딸레 찾으러 갔다 오니,
> 쬐그만 아주머니 마자
> 누가 다려 갔네.

방을 혼자 흔들다

나는 싫여 울었다.

　　　　　　　　　　— 「딸레」(『학조』 1호, 1926. 6.) 부분.

　　정지용 동시에서 친밀한 대상과의 이별은 시공간적 격절
의 방식(「지는 해」)으로, 상실은 신체나 의복 따위의 훼손 현상
(「딸레」)으로 그려지곤 한다. 먼저 「지는 해」의 경우다. 미지未
知의 시공간은 호기심과 모험심의 대상이기도 하지만 기지旣知
의 것 없는 불안과 공포의 장이기도 하다. 시인은 이 대극적 양
상을 기지의 “지는 해”와 미지의 “서해 건너”로 대립시킴으로
써 ‘붉은 황홀’과 ‘피ㅅ빛 공포’의 심리적 갈등을 극단화한다. 하
지만 아이들에게는 ‘기지의 심미’보다는 ‘미지에의 불안’이 더욱
강렬할 것이라는 인간 보편의 감정에 충실하기 위해 “옵바 가
신”, “해님 지는 서해 건너”를 혼돈(날리)과 파괴(불)의 공간으
로 그려내기를 잊지 않는다.

　　다음은 「딸레」로, ‘나’와 잘 놀아주는 장난감 인형들인 “눈
먼 딸레”와 “쬐그만 아주머니” 사이에 형성된 유사 가족 관계가
깨어지는 현장과 그 까닭을 그려내고 있어 인상적인 시다. 대상
과 적절한 거리를 유지할 때에는 그것의 객관적 이해와 표현에
유리하다. 그 거리를 없앤 타자 중심의 동일화는 “말아, 사람 편
인 말아”, “너는 웨그리 슬퍼 뵈니?”(「말」)에 선명하듯이 자아와
대상 간의 융화나 일체화를 현현하는 데에 능수능란하다. 과연
인형 이름에서 환기되는 가족 ‘공동체적 생의 실재성’(마키 유

스케, 최정옥 외 옮김, 2004)은 그녀들의 훼손과 상실이 밀어 올리는 슬픔과 절망을 몇 겹의 배음倍音으로 증폭하는 은유적 동일성으로 충실하게 작동하고 있다.

> 서낭산ㅅ골 시오리 뒤로 두고
> 어린 누의 산소를 묻고 왔오.
> 해마다 봄ㅅ바람 불어를 오면,
> 나드리 간 집새 찾어 가라고
> 남먼히 피는 꽃을 심고 왔오.
>
> ── 「산소」(『정지용 시집』, 1935) 전문.

'죽음'은 개체와 더불어 그것을 둘러싼 모든 자연적·사회적 관계를 중지하고 소멸시키는 절대적 상실과 허무의 결정체다. 자연의 순환과 종교적 계시를 본떠 만들어진 '원형적圓形的 시간'과 '영원성'의 관념은 그 누구도 피할 수 없는 죽음의 공포와 폭력을 넘어서기 위해 고안된 인류 최고의 존재론적 발명품이다. 그게 식민지 현실 때문이든 뜻밖의 질병 때문이든 "어린 누의"를 잃은 오라비의 슬픔과 절망은 그 무엇과도 비교할 수 없는 엄청난 심리적 충격에서 발원發源한 정서임에 틀림없다.

하지만 '오라비'는 죽은 '누의'에 대한 애도를 몇몇 기억과 슬픈 감정의 표현으로 마무리하지 않았다. 그러기는커녕 죽음의 영지 "산소"를 "봄ㅅ바람" 불면 자연 속 동무이자 식구인 "집새"를 찾아가는 생명성과 친밀성의 터전으로, 또 그녀 스스로

"남먼히 피는 꽃"과 동화하는 타자 지향의 생명 공간으로 서정화·가치화하고 있다. 자연과의 동화를 통해 죽음을 삭제하고 존재를 부활시키는 시적 행위는 생명의 영원성과 현재성을 전면화함으로써 죽은 자가 남긴 빈 구멍을 메꾸는 한편 삶과 죽음, 만남과 이별 따위의 대립 관계를 무화하는 최상의 애도 행위다. 이로써 '오라비'는, 또 시인은 '죽은 누의'라는 "'지금 있는 과거'이자 세계와 인생의 '의미로서의 과거'인 신화"(마키 유스케, 최정옥 외 옮김, 2004)를 그녀가 나고 자란 공동체와 그녀가 날마다 부대끼던 동기同氣의 내부(영혼과 내면)에 확고히 정초하고 되살리는 순간에 이른 것이다.

3. 동심, 순진과 연대의 기원: 윤동주의 동시

1) 동심의 아름다움 또는 상실의 어린 마음

송우혜의『윤동주 평전』(1998)에 따르면 윤동주는 열여덟 살 (1934) 때부터 시와 동시를 병행하여 창작하기 시작한다. 윤동주는 여러 잡지와 신문에 습작 시를 투고하는 한편 그것의 게재에 힘입어 시인의 꿈을 구체화해갔다. 그에게 동시는 표현의 욕망을 충족하는 문자 행위였을 뿐 아니라 시인 특유의 개성과 울림을 두텁고 예민하게 정련하는 시적 수련의 장이었다. 그가 동시를 아이 세계의 문자를 넘어 그 자체로 매력적인 자율적 언어로 가치화하게 된 결정적 계기의 하나로 정지용 동시의 영향이 흔히 거론된다. 정지용은 1948년 발행된 윤동주 유고 시집『하늘과 바람과 별과 시』의 「서문」에서 고故 윤동주의 삶과 죽음, 시를 향해 "무시무시한 고독에서 죽었고나! 29세가 되도록 시도 발표하여 본 적도 없이!"라고 정중히 애도하였다. 그럼으로써 윤동주의 시를 한국 문학사의 절창으로 끌어올렸다. 이런 사실들을 감안하면 습작의 동시라 해서 가볍게 스쳐 지나갈 일은 결코 못 된다. 거기서 "별을 노래하는 마음으로/모든 죽어가는 것을 사랑"(「서시序詩」)하는, 대체 불가한 연민과 타자성 지향이 서서히 싹트고 성장해온 셈이기 때문이다.

우리애기는
아래발추에서 코올코올,

고양이는
부뜨막에서 가릉가릉

애기바람이
나무가지에 소올소올

아저씨 햇님이
하늘한가운데서 째앵째앵.

― 「봄」(1936) 전문.

주변에서 흔히 접하는 아기와 고양이, 바람과 햇님의 어떤 모습들을 리드미컬한 의태어와 의성어로 명랑하게 표현한 동시다. 이것이 즉흥적 감각의 소산이기는커녕 잘 계산된 언어의 운용임은 세대 구성의 날카로운 교직("우리 애기"-"애기바람"과 "고양이"-"아저씨 햇님")과 이 대상들의 상하 배치, "코올코올"-"소올소올"과 "가릉가릉"-"째앵째앵"에 선연한 각운들에 뚜렷하다. 과연 윤동주는 어린이 대상의 동시임에도 식상한 비유나 유치한 표현보다는 '봄날'의 정확한 관찰과 투시로 '봄' 안의 아기와 고양이, 햇님의 존재감과 양태를 재치 있게 그려낸 것이다.

세련된 언어의 조탁과 대상의 적확한 파지把持를 향한 성실성은 그대로 정지용 동시의 특성이기도 하다. 정지용은 향토 속 아이의 발화를 통해 물리적 시공간을 초월하는 인간적 삶과 정서의 양식을 탁월하게 점묘해냈다. 이와 같은 보편적 감각을 통해 조선 아이는 식민지의 삶에 아프게 은폐되는 대신 고유한 개성과 존재감을 자랑하는 어엿한 사람으로 거듭났다. 정지용의 동시가 윤동주의 시적 성숙과 언어 운용에 없어서는 안 될 모본模本이었던 까닭이 여기서도 어김없이 드러난다.

똑, 똑, 똑,
문좀 열어주서요
하로밤 자고갑시다.
밤은깊고 날은추운대
거, 누굴가?
문열어주고 보니
검동이 꼬리가
거즛뿌리 한 걸.

— 「거즛뿌리」(1937) 부분.

코끝이 찡할 만큼 추운 저녁, 누군가 찾아와 문을 두드리기에 열어줬더니 강아지의 꼬리가 그랬다는 맹랑하고 소소한 경험을 다룬 동시다. 황당한 '거짓부리'에 따른 허전함이나 약오름이 유쾌한 쾌미로 반전되는 이유는 무엇일까? 하나는 잠자리를 청하는 길손에 대한 우애가 반갑기 때문이고, 둘은 그 사랑이 '검둥이'에게도 고스란히 옮겨지고 있기 때문이다. 지금은 반려동물이라는 고급스러운 명칭을 얻었지만 당시 '검둥이'는 잉여와 결핍을 식구들과 함께 나누는 어여쁜 군식구였을 따름이다.

이처럼 윤동주의 내면은 둘레의 변변찮은 대상에의 따스한 사랑과 연민으로 항상 충만했기에 '검둥이'를 안아 내리는 타자성의 경험과 기억들로 붐볐음에 틀림없겠다. 타자성에의 숱한 참여와 단련이 그의 동시가 주위의 가난한 이웃과 가족을 향해 손을 내밀 때 훨씬 깊은 연민과 슬픔의 정서를 자아내게 된다는 성숙한 의식과 정서의 발휘는 다음 시편에 뚜렷이 드러난다.

> 누나의 얼골은
> 해바라기 얼골.
> 해가 금방 뜨자
> 일터에 간다.
>
> 해바라기 얼골은
> 누나의 얼골
> 얼골이 숙어들어
> 집으로 온다.
>
> ― 「해바라기 얼골」(1938) 전문.

「해바라기 얼굴」을 지배하는 것은 아이러니다. 보통의 누나나 해바라기라면 밝은 노란빛의 건강한 면모가 먼저 떠오른다. 하지만 아침 일찍 일하러 나가 밤이 다 되어 돌아오는 노동자 누나라면 밝은 햇볕에 그을리지 못한 누런 얼굴일 수밖에 없다. "해바라기"는 이 순간 "누나"와 유사하면서도 대조적인 객관적 상관물로 거듭난다. "누나"와 함께 출근하고 퇴근하는 면모에서는 누렇지만 출퇴근길을 함께하며 "누나"의 고된 삶을 보살피는 면모에서는 밝고 튼튼한 것이 "해바라기"다. 밝음에서 이면의 어둠을 보는 눈은 독서나 전해 들은 이야기 같은 간접의 추체험만으로 획득되기 어려운 것이다. 그 고통과 좌절을 온전히 자아의 것으로 받아들일 수 있는 실제 경험이 어떤 방식으로든 요구되는 까닭이다.

누런빛의 누나와 해바라기 얼굴이 떠오를 만한 윤동주의 실생활을 떠올리라면 풍요롭고 아름답던 고향 명동촌을 떠나 길림 시내로 온 가족이 옮긴 뒤의 가난과 고통, 곧 아버지의 사업 실패에 따른 경제적 몰락이 전면에 대두될 수밖에 없다.(송우혜, 2009) 윤동주가 길림의 용정으로 이사한 시기는 1931년 만주사변이 일어나던 해였는데 이때는 세계사적으로는 경제 대공황이, 만주에서는 일제의 침략이 본격화되고 '만주국'이 세워지던 즈음이었다. 게다가 한 연구에 따르면 만주 곳곳에서 조선인의 생활 수준은 '극빈 중의 극빈'(윤휘탁, 2013)이라 할 만큼 경제적 풍요나 생활의 안정과는 거리가 멀었다. 그러니 대부분 빈농의 딸이었던 조선의 누이들은 충분한 영양 보급도 휴식도 없는 상태에서 공장이나 농장 노동을 강요 받았을 것이다.

「해바라기 얼굴」의 보편적 연민과 연대의 성격을 감안한다면 누이와 해바라기의 표면적 결핍은 윤동주 자신의 가계사적 궁핍과 북간도와 경성, 평양, 다시 길림을 오가며 경험된 민족사적 궁핍이 더해진 결과일 가능성이 크다. 하지만 시적 자아 윤동주는 절망적 상황과 궁핍한 생활에 커다란 슬픔을 드리우는 대신 해를 향해 명랑하게 제 얼굴을 돌릴 줄 아는 해바라기를 비유 대상으로 선택함으로써 누나의 얼굴과 삶에 한 줄기 희망을 놓을 줄 아는 따스하고 우애 깊은 동생이 되었다.

2) 타향의 감각과 생활 현장의 만주국

윤동주에게 존재와 삶의 근원 '북간도'와 그 공동체적 원형 '조선'의 실질적 의미와 가치를 고뇌케 한 실제 경험을 꼽아보라면 무엇이 앞에 나설까? 북간도와 조선은 분명 삶의 원형과 완성을 부여하는 '고향'이었으되 실제 현실은 '만주국'과 '식민지 조선'에 편재된 상태였다는 점에서 상실과 왜곡의 공간이었다. 소년 윤동주에게 '고향'과 '실향'의 동시적 경험은 「해바라기 얼굴」에서 보았듯이 일상의 생활에서 감각되는 것이기도 했지만 북간도와 가계 상황, 미래 기획의 변화와 관련된 교육 환경, 경험과도 깊이 연관될 것이다.

가령 은진중학에서 숭실중학으로, 다시 광명중학으로 이어지는 전학 경험은 단지 학교 공간의 이동이 아니라 식민지 조선과 만주국 조선인에 대한 민족적 각성과 패퇴한 민족 현실이라는 상반된 경험을 동시에 부과하는 사태의 일부였다. 은진과 숭실은 기독교계 학교로 식민 상황 아래서도 조선의 가치와 긍지를 암암리에 교육하여 민족 정체성의 형성과 심화에 기여한 것으로 평가된다. 이에 반해 광명은 일본어를 공식어로 사용했으며 조선인의 황국화를 목표한 친일계 중학이었다. 전자와 후자의 정체성 차이를 하나의 상징적 사건으로 구체화하라면 당연히도 신사 참배를 거부한 숭실중학의 폐교일 것이다. 이를 계기로 윤동주는 평양의 숭실에서 용정의 광명으로 다시 교육적 '입만入滿'의 상황에 처하게 된다.

1936년 윤동주가 학업을 마치기 위해 만주로 귀환한 것은 충분히 강조할 만한 삶의 변곡점 가운데 하나다. 이 당시 만주국의 모토는 '오족협화五族協和'를 통한 '복지만리福地萬里' 국가의 달성이었다. 하지만 만주국에서 조선인은 오족협화에 반하는 이중적 위치에서 한편으로는 제국의 협력자 일본인으로, 다른 한편으로는 일본인과 구분되는 식민지 조선인으로 동시에 소외되고 차별되었다. 이런 재만 조선인과 여타 민족, 그리고 일본과의 모순적 관계는 조선 반도에서는 내선일체內鮮一體로, 만주국에서는 일만일체日滿一體로 '내선'과 '일만'의 차이성 소거를 목적한 조선총독부의 '일선만일체화' 기획에 비교적 뚜렷하게 명시되어 있다.

만주에서 조선, 다시 만주로의 전학은 예의 세 가지 정책에 대한 저항과 협력으로 대표되는 이런저런 교육 현장의 침통한 경험을 뜻한다. 송우혜의 『윤동주 평전』이 계속 강조하는 바지만 제국과 식민지 간의 복잡다단한 상황, 곧 생활의 민족성과 제도의 식민주의 간에 벌어지는 세계와 현실에 대한 이해의 상당한 차이점이 시인 내면의 갈등과 분열, 그것의 극복과 새로운 지향의 추구에 동시에 작용했을 것이다. 물론 연희전문 문과에의 입학이 환기하듯이 광명학원에서 특히 강조되었을 '일만일체'나 '일선만일체화'에 대한 심리적 충격과 내면의 혼돈이 가장 컸을 것으로 짐작된다.

하지만 그 과정은 윤동주에게 만주와 조선의 현실을 객관적이며 구체적으로 파악할 수 있는 결정적 계기로 작동했다는 점에서 시인 고유의 탈식민 서사를 견인하고 성숙시키는 유의미한 획기劃期의 하나였다. 이를테면 광명중학 시절에 영어, 일본어, 만주어의 습득과 학습, 50여 편에 가까운 시와 동시의 창작 같은 언어와 시적 능력의 함양이 활발하게 이루어졌다. 그 결과로 "지도째기노름에 늬땅인줄몰으는 애 둘"의 모습에서 "갓득이나 열븐평화가/깨여질까 근심"(「양지쪽」, 1936)하는 파시즘적 현실에 대한 객관적 인식을 획득함은 물론이다.

이런 위기 상황에 대한 예민한 통찰은 "가난한 생활을 골골이 버려놓고", "제마다 생활을 웨치"고 "싸우"는 '안낙네들'의 "시들은 생활"(「장」, 1937)에 엿보이는 역설적인 건강성과 생명성을 발견하고 가치화할 줄 아는 양심과 연대감의 실질적 토대로 작용하는 징후적 국면을 형성한다. 이 점이 1936~1937년 무렵 만주의 생활 현실을 다루거나 그것과 연관된 동시들을 세목화하여 읽어볼 필요성을 제기하는 핵심적 이유다.

빨래줄에 거러논
요에다 그린지도는
지난밤에 내동생
오줌싸서 그린지도

× × ×

꿈에가본 엄마계신
별나라 지돈가
돈벌러간 아빠계신
만주땅 지돈가

— 「오줌싸개 지도」(1937) 전문.

　오랜 관습상 옛날의 오줌싸개는 부모님의 야단을 맞고 키를 뒤집어쓴 채 이웃으로 가 소금을 동냥하는 창피를 당한 뒤에야 다시 웃음을 되찾았다. 이미 눈치챘겠지만 이 시의 핵심은 오줌 싼 동생과 오줌 지도 자체가 아니다. 시인은 "오줌싸서 그린지도"에서 사별한 엄마의 "별나라"를, 나아가 돈 벌러 간 아빠의 "만주땅"을 떠올린다. 이런 처지의 나와 동생은 천애의 고아와 다를 바 없는 존재들이다. 식민지 아래 파편화된 가족의 실상을 이 동시만큼 담담하게 그려낸 시편은 매우 드문데 그래서 윤동주의 현실 감각이 더욱 두드러진다.
　윤동주가 태어나 성장한 곳은 만주의 명동과 용정이라는

곳이다. 그래서인지 그의 동시에는 만주 경험이 자연스럽게 표출되는 경우가 많다. 유년 시절의 '고향'은 힘겨운 가난과 고통조차도 그립고 추억할 만한 것으로 역전시키는 묘한 마력의 장소로 대개 심미화되곤 한다. 이런 경향에 비추어 본다면 윤동주의 만주 경험과 그 고백은 어딘가 징후적이며 의외롭다. 동시의 배경은 만주로 지시되지 않았을 뿐이지 만주에서의 행복한 삶에 기반을 두고 있다는 사실을 주의해야 한다. 이를 고려해도 윤동주의 만주에는 다른 한편으로 본래의 고향과 나라를 잃은 자들의 설움과 고통이 깊이 배어 있는 경우가 적지 않다.

한국에서 만주는 회복하여 마땅한 고토故土로, 일제 강점기의 저항과 투쟁의 장소로, 진보된 농경 기술을 토대로 미곡 생산력이 일취월장한 개척지로 흔히 이해된다. 저항이든 개척이든 민족주의와 국민 국가의 테두리 안에서 만주는 상상되고 가치화되는 셈이다. 윤동주 가계의 만주에는 이민과 저항, 개척과 피착취의 경험이 골고루 쌓여 있다. 1920년대 이전 만주가 유이민의 삶의 터전이었다면, 1930년대 이후 만주는 개척자의 성공을 약속하는 복지만리의 세계였다. 일제는 만주사변 이후 만주국을 건설하면서 그곳을 천황의 은총 아래 다섯 민족이 협화하는 왕도낙토王道樂土로 상정하였고, 그를 위해 조선인의 개척 이민을 정책적으로 지원하였다.

하지만 이 당시 만주의 조선인은 일본인에게는 이등 국민으로, 여타 민족에게는 황국 신민으로 달리 인식되는 양가적 분열의 존재였다. 일본과 여타 민족의 재만 조선인에 대한 시선과 태도에서도 그랬지만 제도적 차원, 곧 일제의 조선 정책과 만주 국 정책의 갈등과 분열에서도 그랬다. 오족협화가 시사하듯이 만주국은 다민족주의를 표방했으므로 일본인과 조선인을 별개 의 국민(민족)으로 간주하였다. 이럴 경우 재만 조선인과 일본 인은 다 같이 만주국의 인민이되 일본 제국, 곧 천황의 동등한 신민은 아니라는 복잡한 사태가 발생한다.

이런 까닭으로 체제에 협력하는 재만 조선인들은 만주국 의 '민족협화회'에 참여하면서도 만주국민 이전에 황국 신민임 을 끊임없이 강조하였다. 제국 일본에서 소외된, 그럼으로써 만 주국의 주요 분자로 구성되지 못하는 조선인의 신분과 위상은 매우 불안정할 수밖에 없었다. 이런 상황은 조선인들의 생존과 이익에 상당한 훼손을 초래한다는 점에서 문제적이며 또 위험 한 것이었다. 이를 고려하면 친일 성향을 띤 재만 조선인들의 황국 신민으로서의 자각과 긍지에 대한 주장은 불가피한 것이 었겠으나 그럴수록 만주국의 '민족협화' 모토와의 분열과 갈등 은 더욱 심화될 수밖에 없었다.(민경준, 2009) 친일 성향의 재 만 조선인들이 느낀 불안이 이 정도이니 민족주의적 성향의 윤 동주 일가와 관련 단체들의 불안은 더욱 자심했을 것이라는 추 측은 어렵지 않다.

윤동주의 가계는 일제 강점 이전의 만주에서 안정된 토대 를 구축한 상황이었다. 하지만 그들 역시 왕도낙토의 구호 아 래서는 지배와 예속, 착취와 피착취, 제국과 식민의 상반된 입 장을 동시에 살아야 하는 불행한 족속의 숙명에서 자유롭지 못했다. 게다가 윤동주의 동시 창작이 한창이던 1936~1937년 무렵은 앞에서 설명한바 만주국에서 조선인의 신분과 위치가 매우 불안정해지던 시기이기도 하였다. 윤동주가 '고향'을 이야기할 때 만주보다 조선에 자신의 시공간적 위치를 배치하던 태도는 어쩌면 만주에서 조선인이 지녔던 양가성과 깊이 관련될지도 모른다. 자신의 출생지 아닌 조선, 먼 조상의 삶과 뼈가 묻힌 과거의 땅을 '고향집'으로 상상하고 내면화하는 역설적 '향수'의 출현, 그러니까 「고향집—만주에서 불은」의 창작은 그런 점에서 불안한 상황에 대한 심리적 반응이자 그것을 초극하기 위한 미학적 책략의 일종일 수 있겠다.

> 헌집신짝 끟을고
> 나여긔 웨왓노
> 두만강을 건너서
> 쓸쓸한 이땅에
>
>   ×
>
> 남쪽하늘 저밑엔
> 따뜻한 내고향
> 내어머니 게신곧
> 그리운 고향집.
>   —「고향집—만주에서 불은」(1936) 전문.

일제와 그 자본에 예속된 참담한 현실에 대한 예리한 성찰과 뼈아픈 자각이 생생하게 반영된, 타자와 약자를 향한 우애와 연대의 시편이라 할 만하다. 군국주의 파시즘이 확연히 기승을 부리던 시절의 만주를, 거기에 숨겨진 조선의 식민지 현실을 어머니의 때 이른 죽음과 아버지와 누나의 강팍한 노동, 그에 따른 가족의 고통스러운 파편화 같은 위험한 도상圖上으로 묘파해 간 만주 시편은 그리 넉넉하지 않은 형편이다.

물론 타향 만주에서 경험할 수밖에 없는 잦은 이동과 유랑에 따른 가난과 고통을 슬픔의 정서로 노래한 시편은 적지 않다. 하지만 그것들 대개는 만주에의 정착을 열망하면서도 '조선인'의 정체성을 유지하고자 하는 경계인의 상상력이 중심을 이룬다.(조은주, 2014) 윤동주도 이러한 디아스포라의 상상력과 경계인의 정체성을 아프게 드러내고 있기는 마찬가지다. 하지만 동시를 통해서 당대 만주와 조선의 현실에 대한 객관적 이해와 성찰을 실천하고 있다는 점에서 윤동주 자신만의 시적 고유성과 현실성을 새롭게 개척하고 있기도 하다.

아이의 솔직한 심성과 정서가 핵심을 차지하는 동시의 현실 접속은 그런 점에서 매우 전략적이며 사려 깊은 선택지였음에 틀림없다. 왜냐하면 윤동주는 스스로 고백했듯 이른바 리얼리즘의 관점에서 "시대를 슬퍼한 일"(「바람이 불어」)이 드물었기 때문이다. 그의 시편들은 현실의 모순과 왜곡, 그에 따른 폭력성의 가중과 삶의 억압을 본격적으로 비판하는 것보다 거기에 나포된 현실과 자아의 무력감을 신과 자연에 기대어 성찰하고 극복하려는 윤리적 태도의 표현에 훨씬 익숙하고 또 뛰어났다. 동시가 이런 윤동주의 문학 현실을 대담하게 파고들며 그 빈 곳을 채워간 전략적 언어 실천의 하나였다는 판단은 그래서 가능해진다.

　이런 윤동주의 시와 삶의 문법이 '식민지 현실이 강요하는 존재 모순의 현기증, 이를 초극하기 위한 윤리적 정념과 자아 성찰의 지속적 강화'에 토대하고 있음은 물론이다. 우리는 이 어려운 걸음을 '불가피한 삶에 대한 뼈아픈 운명애運命哀'라고 불러도 좋겠다. 이 괴로운 불협화음의 심연 속으로 스스로를 날마다 던져보지 않고는 그 누구도 윤동주의 내향성과 제도적 타협을 함부로 탓하거나 비난할 수 없다. 아니다, 우리는 이런 전제를 걸어두기 전에 저 운명'애哀'가 "모든 죽어가는 것을 사랑"하는 절실한 운명'애愛', 특히 타자 지향의 '인의仁義'를 몰고 왔음을 기억해야 한다. 윤동주의 이런 진실에 대한 자각을 "손목을 잡으면/다들, 어진 사람들/다들, 어진 사람들"(「간판 없는 소리」)에서 발견한다.

　타자성 지향의 인의, 이것은 유년기에서 직접 발원한 품성은 아니지만 가족과 동무, 이웃을 향한 막역한 친밀도가 작동하는 유년 시절 또는 그 언저리 삶의 회상과 추억에서 싹트고 성숙한 것이다. 함께 읽어볼 「이런 날」은 윤동주가 숭실중학에서 광명중학으로 옮기고 두 달 뒤에 작성한 시다.(송우혜, 2009) 기독교 교리와 윤리를 중심으로 학업과 미래를 기획하던 고뇌하는 청년이 천황의 만세일계와 대동아 공영을 힘써 계몽하던

광명중학에서 부닥친 곤란함과 슬픔, 좌절, 새로운 다짐 등이
잘 드러나 있다.

　　　　사이좋은정문正門의 두돌긔둥끝에서
　　　　오색기五色旗와, 태양기太陽旗가 춤을추는날,
　　　　금線을끟은지역地域의 아이들이즐거워하다,
　　　　　　　　　　×
　　　　아이들에게 하로의 건조乾燥한학과學課로,
　　　　해ㅅ말간 권태倦怠가기뜰고,
　　　　「모순矛盾」두자를 이해理解치몯하도록
　　　　머리가 단순單純하엿구나,
　　　　　　　　　　×
　　　　이런날에는
　　　　잃어버린 완고頑固하던형兄을,
　　　　부르고싶다.

　　　　　　　　　　　　　　　— 「이런 날」(1936) 전문.

　　이 시의 최초 제목은 「모순」이었다. 이 사실은 윤동주의
『나의 습작기의 시 아닌 시』와 시 전편을 촬영하여 영인한 『사
진판 윤동주 자필 시고전집』(민음사, 1999)의 「이런 날」 원고에
서 확인된다. 1연의 "오색기"는 좌측 상단에 적·청·백·흑의 선분
을 함께 모아놓은 황색 바탕의 만주국기를, "태양기"는 백색 바
탕에 붉은 태양이 그려진 일장기를 말한다. 두 깃발의 사이좋은

배치는 일제와 만주국의 식민과 피식민 관계를 역설적으로 웅변하며, 거기 울려 퍼지던 '오족협화'와 '왕도낙토'가 식민주의적 의식과 정책의 산물임을 여지없이 드러낸다.

가령 「이런 날」의 장면은 천황 관련 축일이나 개교기념일의 모습일 수도 있지만 학생들의 애국심을 드높이기 위한 나날의 모습일 수도 있다. 양 국기의 의미와 상징에 무감한 친구들은 축일의 화려함이나 놀이의 즐거움에 정신을 먼저 빼앗길 것이다. 하지만 그것의 폭력성과 허구성을 날카롭게 자각한 깨어 있는 영혼에게 양 국기는 제국과 식민지 간의 모순과 갈등을 정시正視케 하는, 또 일단은 그런 현실에 놓일 수밖에 없는 조선인으로서의 자기모순을 더욱 아프게 만드는 역설적 의미의 매개체다.

다시 강조하지만 일장기와 오색기의 병합 장면은 만주의 조선인에게 가해진 이중적 지위, 일본인과 차별되는 이등 국민이자 여타의 민족과 구별되는 일제 협력자라는 모순된 형국의 상징적 장면일 수 있다. 하지만 만주국에서 경험한 윤동주 자신의 모순된 정체성의 강요는 일본 유학을 위해 불가피하게 선택한 '윤尹'의 '히라누마平沼'로의 창씨 과정에서 가장 극대화된다. 그 순간 윤동주는 자신이 모든 삶과 시간을 '참회록'으로 채워야 할 가혹한 운명에 던져졌음을 직감했으며, 거기서 스스로를 구원하는 방법의 최대치가 "밤이면 밤마다 나의 거울을/손바닥으로 발바닥으로 닦아보"(「참회록」, 1942)는 속죄와 성찰의 행위임 역시 깨달았다.

하지만 「이런 날」과 「참회록」에서 자신에게 던져진 모순을 이해하고 해소하는 방법은 썩 달랐다. 「이런 날」에서는 타자, 곧 "잃어버린 완고하던 형"의 호명에 기대어 모순을 견디고자 했다면, 「참회록」에서는 자아, 곧 "어느 운석 밑으로 홀로 걸어가는/슬픈 사람의 뒷모양"을 응시함으로써 모순을 견디는 동시에 내파하고자 하였다. 그러나 유의할 사실 하나는 "슬픈 사람"이 자아의 전 역사와 삶을 아우르는 윤동주 자신에 멈춰 있지 않다는 것이다. 핵심을 말하자면 "슬픈 사람"은 「이런 날」 이후 더욱 완연해진 디아스포라이자 조선인으로서의 정체성 인식과 더불어 소외된 타자들의 자기화, 다시 말해 "모든 죽어가는 것을 사랑"하는 인의의 실천으로 더욱 성숙한 영혼이다. 우리는 그 모습을 「참회록」에 앞서 창작된 「별 헤는 밤」에서 기쁘고도 아프게 확인한다.

4. 다시 '너'와 '나'의 동시를 위하여

정지용과 윤동주의 동시는 어린아이들의 순진무구함만큼이나 그들이 처했던 현실 상황의 인지와 표현에도 심혈을 기울였다. 그럼으로써 식민지 현실 속 어린아이들의 견디기 어려운 가난한 현실과 상실의 세계를 날카롭게 드러냈을 뿐 아니라 어리고 약한 타자들을 향한 연민과 연대의 정을 특별히 살뜰하게 표현하였다.

두 시인이 살았던 시대의 고통스러운 현실은 그 형태와 방법을 달리할 뿐 오늘날에도 여전히 지속된다. 물론 한국 자체의 궁핍한 현실이 지속적인 개선을 요구하고 있기도 하지만 이른바 '다문화'적 존재로 불리는 또 다른 하위 주체들의 소외와 좌절도 작지 않은 문제로 떠오르고 있다. 한국의 동시는 이주민 아동들의 천진난만함만을 노래할 것이 아니라 점점 깊어지는 한국인과 이주민 간 갈등과 균열에도 관심을 돌려야 한다. 그럴 때 정지용과 윤동주가 힘써 노래했던 타자와 약자를 향한 사랑과 연민, 그리고 연대의 서정을 한국에서 자기의 삶과 미래를 기획하고 실현하는 이주민과 함께 나눌 수 있게 될 것이다.

3장

—

'우리'의 확장, 한국
소설과 다문화적
풍경들[1]

류수연

—

인하대학교 프런티어창의대학 교수

1. 이산을 넘어 이주의 시대로

근대를 이끄는 중요한 표상 중 하나는 바로 '이주移住'다. 세계로 확장하려는 제국주의야말로 밖으로 뻗어나가는 힘을 내포하고 있음을 떠올린다면 이 말의 타당성을 충분히 이해할 수 있을 것이다. 하지만 이주를 단지 제국주의의 산물로만 오인하는 것은 곤란하다. 왜냐하면 그것은 제국주의로부터 탈주하고자 하는 가장 강력한 동력이기도 했기 때문이다. 이렇게 격동하는 모순된 힘으로서 이주는 20세기에서 21세기로 유전流傳된 하나의 흐름이 되었다. 네그리Antonio Negri가 '유령'이라고 지칭했던 것처럼(안토니오 네그리, 윤수종 옮김, 2001) 그 어떤 강력한 장벽도 막아낼 수 없는 이주의 시대가 그대로 현실이 된 것이 바로 우리의 오늘이다.

한국 사회 역시 이러한 이주의 문제로부터 자유롭지 않았다. 더 엄밀히 말하자면 식민지에서 한국전쟁으로 이어지는 한국의 근현대사는 그 어떤 민족 국가보다 절박하게 이주의 문제

---

1   이 글은 다음의 글을 수정하고 보완하였다. 「'우리'의 확장, 한국소설과 다문화적 풍경들」, 『문화교류와 다문화교육』, 12(6), 한국국제문화교류학회, 2023, 297~314쪽.

를 겪어왔다. 그러나 우리에게는 이주라는 말보다 이산離散이라는 용어가 더 명확하게 느껴진다. 타의에 의한 '흩어짐'이야말로 한국의 근현대를 관통해온 역사 그 자체였기 때문이다. 이주와 이산의 개념을 모두 내포하는 디아스포라diaspora2가 이주보다는 이산으로 번역되는 이유도 여기에 있다. 이주가 자의적인 선택에 가까운 의미망을 지닌다면, 이산은 스스로 선택할 수 없이 타의로 내몰린 어쩔 수 없는 흩어짐이라는 의미를 내포하기 때문이다.

이러한 디아스포라가 한국 문학에서 비평적 용어로 사용되기 시작한 것은 1990년대부터였다. 그것은 한반도를 떠나 타자 속으로 들어간 '우리', 즉 타국에 정착한 한민족에 대한 정체성 문제를 '발견'하는 가장 적극적인 용어였다. 그리고 이 디아스포라를 통해 규명하고자 했던 것은 식민지라는 비극적 역사에서 시작된 이산의 역사였다. 그 기점은 보통 1860년대로 명명된다.

물론 1860년 이전에도 분명 한민족의 이주는 존재했고 존재했을 것이다. 하지만 그것은 지극히 개인적인 형태로 국가의 허용이나 국적의 변경이라는 복잡한 외교적 문제를 야기하는

---

2   디아스포라의 사전적 개념은 명료하다. 자의적으로든 타의적으로든 자신이 살던 땅을 떠나 다른 지역으로 이동해서 정착한 사람이나 집단을 지칭하는 개념이다. 본래 유럽 전역에 흩어져 살던 유대인을 지칭하는 용어였지만 1990년대부터 그 개념이 확장되어 이주 노동자나 무국적자, 이민자 등을 모두 포괄적으로 지칭하는 용어가 되었다. 이러한 디아스포라의 의미는 이미 널리 공유되고 있기 때문에 이 글에서는 그 함의를 따로 분석하지 않는다.

것은 아니었다. 한민족 이민사에서 1860년이 중요한 이유는 여기에 있다. 조선인의 유이민이 국제적인 외교 관계 속에서 하나의 사건으로 인정되는 첫 번째 장면이기 때문이다. 1860년 북경조약으로 연해주(블라디보스토크)가 러시아에 편입되는데 이때 연해주 개간을 위해 러시아 정부가 한인 입국을 허용하면서 하나의 사건으로 기록된 것이다. 현재 '고려인'이라고 불리는 이들의 러시아 이민사가 시작된 지점이다.

그 이후로도 한민족 이민사의 앞쪽을 채운 것은 경제적 동기로 시작된 대규모 노동력의 이동이었다. 문제는 일제의 내정 간섭에서 일제 강점기로 이어지는 우리의 근대사에서 그 대부분이 강제 동원의 성격을 지녔다는 점이다. 표면적으로는 경제적 동기로 선택한 해외 취업의 형태를 취했지만 실질적으로는 반노예에 가까운 상태로 팔려나간 것이었기 때문이다. 그들은 죽음과 추방 외에는 그곳으로부터 벗어날 방도가 없었다. 물론 정치적 망명이나 유학도 없었던 것은 아니지만 한민족 이민사의 첫 장에 새겨진 굵직굵직한 이동의 대부분이 일제에 의한 강제 동원이라는 것은 명백한 사실이다.

한민족 디아스포라의 두 번째 장면은 다름 아닌 한국전쟁이다. 3년 동안 이어진 전쟁으로 수많은 피난민이 발생했고, 전쟁 이후에는 아직까지 이어지는 이산의 문제를 야기했다는 점에서 문제적이다. 무엇보다 해방과 함께 맞이한 미소 군정기의 분단 상황이 전쟁 이후 그대로 고착화되었기 때문에 한국전쟁으로 비롯된 이산은 한반도 내부에서 일어난 것임에도 가장 해결하기 어려운 난제로 남았다.

마지막 세 번째 장면은 1960년대부터 현재까지의 이민사다. 일반적으로는 한국을 떠나 다른 나라로 가서 그 나라에 정착하고 국적이나 시민권을 획득하는 여러 형태의 이민이 여기에 해당될 수 있다. 투자, 취업, 국제 결혼 등이 그 매개가 된다.

오늘날 우리 사회에서 더 문제적으로 고찰되는 것은 바로 이 세 번째 장면이다. 여기에는 이주와 이산의 문제가 한층 복잡하게 연계되어 있다. 특히 밖으로 나간 '우리'뿐 아니라 안으로 들어온 타자들을 새로운 '우리'로 받아들이는 진통이 결부되어 있다는 점에서 한층 중요한 의미를 갖는다. 오늘날의 이주와 이산의 문제는 피아彼我의 경계를 허무는 현실로 나아가고 있기 때문이다. 따라서 디아스포라의 문제 역시 안에서 밖으로 나가는 단선적 방향이 아닌, 안팎을 넘나드는 복합적 방향으로 파악해야 한다.

바로 이 세 번째 이주의 결과가 다문화 사회로 이어진다. 다문화 사회란 "복수의 인종 혹은 문화가 한 사회, 특히 한 국가 내에 공존하는 상황"(홍원표, 2008)을 지칭한다. 디아스포라가 한반도 바깥에 형성된 '우리'를 발견하고 그들을 탐색하기 위한 개념으로 수용된 것이었다면, 다문화는 오히려 우리 사회 내에서 도출된 새로운 '우리'를 받아들이기 위해 발명된 개념에 가깝다. 이러한 디아스포라와 다문화는 맥락상 완전히 다른 개념은 아니다. 오히려 디아스포라라는 개념 안에 다문화가 포함되어 있다는 것이 더 정확한 표현일 것이다. 그럼에도 오늘날 우리 사회에서 다문화라는 용어가 더 강력하게 사용되는 이유는 무엇인가?

디아스포라라는 용어는 강력한 민족적 정체성이라는 함의 위에서 수용되었다. 그것은 한민족의 이민사로부터 발생한 재외 교포 문제와 재외 교포의 문학에 대해 논할 때 주로 호출되던 용어다. 즉 일제 강점기 전후로 한국전쟁까지는 한반도, 그 이후에는 한반도의 이남인 대한민국이라는 경계를 전제로 타자 안에서 형성된 '우리'의 정체성을 이끌어내던 담론적 용어였던 것이다. 반면 다문화라는 표현은 민족이라는 경계를 어쩔 수 없이 넘어선다. 그것은 주로 '우리'라는 견고한 경계를 넘어서 이미 '우리'의 안에 들어온 타자들을 환기할 때 사용되었다. 또한 자의든 타의든 이미 그 타자들을 '우리'로 받아들여야 한다는 필연과 의지를 환기하는 용어다. 즉 '우리' 안에 들어온 타자를 다시 '우리'로 받아들이기 위해 '우리'의 경계를 확장해야 한다는 당위를 함의하는, 담론을 넘어 현실적 실천까지 담아낸 용어인 것이다. 그러므로 궁극적으로 다문화라는 용어는 민족이나 문화를 둘러싼 여러 경계선 자체를 최대한 무화하는 개념일 수밖에 없다.

이 점에서 본다면 한국 사회 내에서 '우리'와 타자의 관계에 대한 고찰은 디아스포라의 문제에서 시작해 다문화의 문제로 진전해왔음을 알 수 있다. 이러한 다문화 사회에 대한 문제는 현재 한국 문학 내에서 가장 능동적으로 창작되는 주제이며 가장 적극적인 논쟁을 생산한다는 점에서 더욱 문제적이다. 이에 본고는 다문화 사회의 난맥亂脈을 짚어보고 이를 바탕으로 한국 문학 안에서 다문화적 서사들의 실천이 이 난맥을 해체하며 어떤 풍경을 형성해왔는가를 고찰하고자 한다. 나아가 21세기 한국 문학에 대한 새로운 지평까지를 가늠해보겠다.

2. 다문화 사회의 난맥

1990년대는 한국 사회가 본격적으로 다문화 사회로 편입하게
되는 출발점이라 할 수 있다. 무엇보다 1990년대야말로 한국
사회가 세계라는 무대 위에 본격적으로, 그리고 제대로 등장하
는 시기였기 때문이다. 가장 뚜렷한 외적 표지는 88서울올림
픽이었다. "올림픽을 기점으로 한국 정부는 개방화 정책을 실
시"(강진구, 2010)했고, 올림픽의 성공적 개최는 식민지와 전
쟁으로 폐허가 되었던 대한민국이 명실상부한 산업 국가로 성
장했음을 세계에 알리는 계기가 되었기 때문이다. 하지만 간과
할 수 없는 더 중요한 내적 동력은 바로 정치적·사회적 변화다.
4·19와 5·18, 그리고 1987년 6월 혁명까지 이어진 민주화 운동
의 결실이야말로 한국 사회가 바야흐로 세계사의 한 주역으로
함께할 수 있는 사회적 기반을 확보하도록 만들었기 때문이다.
　이와 함께 1990년대는 한국의 산업이 비약적으로 발전하
던 시기다. 1997년 국가 부도 위기 속에서 IMF로부터 자금을
지원 받기도 했지만 그것이 한국 사회의 발전을 뒷걸음치게 만
들지는 못하였다. 산업의 발전은 더 많은 인력을 필요로 했고,
이는 우리 사회 곳곳에서 이주 노동자를 받아들이는 신호탄이

되었다. 하지만 한국 사회의 변화 속도는 문학적 자각보다 빨랐다. 1990년대 이후 산업적·경제적 성장과 함께 한국에 들어온 '타자'로서의 외국인을 어떻게 수용할 것인가에 대한 사회적 인식이 성숙하기도 전에 이미 다문화 사회는 그 자체로 어찌할 수 없는 현실이 되었다. 이러한 현실 속에서 우리 사회가 여러 시행착오와 진통을 거친 후에 도출한 해결책은 바로 다문화(주의)였다.

이처럼 한국 사회에서 다문화(주의)는 디아스포라와는 다소 상이한 배경 속에서 수용되었다. 디아스포라가 한국을 떠나 타자 속으로 들어가야 했던 '우리'에 대한 문제를 탐색하기 위한 비평적 용어로서 수용되었다면, 다문화(주의)는 한국 사회 내에서 발생하는 현실적 문제에 대한 직접적 해결 방안으로서 수용된 것이기 때문이다. 즉 전자가 주로 과거의 역사적 문제로 발생된 정체성에 결부된 것이었다면, 후자는 지금 생산되는 새로운 정체성을 포괄하기 위한 것이었다. 1990년대만 해도 문학 비평에서 디아스포라라는 개념이 더 폭넓게 논의되었던 것이 사실이다. 하지만 2000년대부터 역전이 시작된다. 무엇보다 문학 작품의 창작에서 다문화라는 개념이 점차 뚜렷해졌다. 그것은 다문화가 오늘, 여기에서 첨예하게 대두되는 현실적 문제와 더 직접적인 연관을 맺고 있었기 때문이리라.

그러나 한국 사회가 명실상부한 다문화 사회로 편입했다는 현실에도 개개인의 삶과 사회적 현장에서는 여전히 다양한 불협화음이 발생하는 것이 사실이다. 수많은 외침과 식민지까지 겪어내면서 민족적 단일성에 대한 이상을 유지해왔던 한민족의 역사적 특수성도 다문화 사회로 진입하려면 극복해야만 하는 한계 중 하나로 작용한다. 여기서 한국 사회가 가진 난맥이 도출된다. 바로 인종중심적 난맥이다.

인종중심적 난맥의 출발점은 단일 민족이라는 상상된 공동체에 대한 열망이다. 한반도는 오랜 시간 민족적 단일성을 유지해온 것으로 이야기된다. 물론 이는 불완전한 신화이자 환상에 가깝다. 그 어떤 국가나 민족도 다른 국가나 민족으로부터 고립된 역사를 가진다는 것은 불가능하기 때문이다. 더구나 한반도는 열강에 둘러싸인 지정학적 위치 때문에 과거부터 근대까지 잦은 외침을 당해왔다.

그럼에도 단일 민족이라는 이상(혹은 환상)을 오랜 시간 지속할 수 있었던 이유는 역으로 그것이 이러한 역사적 한계 속에서도 민족적 공동체를 유지할 수 있었던 거의 유일한 힘이었기 때문이다. 그것은 역사에 기록된 수많은 전란 속에서도 한민족의 정체성을 지속하게 만든 동력이었으며, 일제의 국권 찬탈과 식민지 경험은 오히려 그 이상을 강화한 결정적 계기가 되었다. 36년이나 되는 일제 강점기를 거쳤음에도 한민족이 민족국가에 대한 열망을 잃지 않을 수 있었던 힘, 그리고 현재의 대한민국을 이룰 수 있었던 힘이 바로 이러한 저항적 민족주의에 있었던 것이다.

문제는 다문화 사회로 확장된 현재는 이 이상이 오히려 사회에 균열을 일으키는 난맥이라는 사실이다. '우리'의 정체성을 단일한 민족으로 규정하고자 하는 지향에는 타민족은 철저하게 타자화하는 배제의 동력이 내재할 수밖에 없기 때문이다. 더 큰 문제는 이 '우리'를 위한 단일 민족이라는 이상이 놀랍게도 인종 차별과 맥락이 닿아 있다는 지점이다.

이를 파악하려면 단일 민족이라는 환상과 결부되어 성장해온 민족 국가의 이상을 비판적으로 점검해보아야 한다. 민족 국가 혹은 국민 국가의 성립은 근대 이후 한민족에게 절대적인 목표였다. 동시에 안타깝게도 근대 이후 실질적으로는 단 한 번도 성취하지 못했던 미완의 열망이기도 하였다. 일제 강점기에는 주권을 잃고 식민지로 전락하였고, 해방 이후 미소 군정기와 함께 시작된 분단은 한국전쟁을 거치며 오히려 더 공고화되었기 때문이다. 이미 반세기를 넘어 한 세기에 가깝게 고착화된 분단 상황 역시 민족 국가의 완성이라는 목표 자체를 하나의 '꿈'으로 만들어버렸다. 너무나 오랫동안 가지고자 했지만 가질 수 없었던 꿈 말이다.

그러나 단순히 이루어질 수 없어서 문제가 된 것은 아니다. 진정한 문제는 민족 국가라는 열망 뒤에 숨겨진 또 다른 욕망이다. 그것은 바로 우리에게 익숙한 부국강병富國强兵이라는 목표다. 근대를 관통해온 부국강병의 최종적 목표가 어쩔 수 없이 제국주의와 맞닿아 있음은 이미 우리가 너무나 잘 아는 사실이다. 이때의 제국주의란 결국 서구적 산물임이 분명한바 그 자체로 인종적 차별을 내재화할 수밖에 없는 지향이다. 그러므로 오늘의 우리는 인정해야만 한다. 한민족의 동력이자 이상으로 일제 강점기를 함께 관통해온 민족 국가에 대한 열광 안에는 "진정한 국제주의의 이름으로 청산되어야 할 전 시대의 민족주의"(최원식, 1990)가 잔존함을 말이다.

무엇보다 우리 앞의 현실로 다가온 다문화 사회는 "'아我와 비아非我의 투쟁' 즉 침략과 저항의 역사로만 보는 단선성"(최원식, 1998)에 귀결되어 있던 한국사를 넘어설 새로운 정체성을 요청한다. 그와 함께 우리 사회를 견인해온 민족주의 역시 새로운 전환점을 맞이하였다. 그렇다면 이 인종중심적 난맥을 어떻게 극복할 것인가? 과거와 같은 방식의 민족주의는 이제 새로운 시대를 담아낼 답이 되기 어렵다. 그렇다면 어떤 대안이 가능할 것인가? 아무래도 그 답은 문화적 정체성에서 찾아야 할 것 같다.

여기서 말하는 문화적 정체성은 무엇보다 문화적 '공존'에 방점이 찍혀야 한다. 이를 위해서는 "이민자 집단의 고유한 문화적 뿌리와 풍습을 버려야 한다는, 즉 '통합'이 아니라 사실상 '배제'의 논리"(김형중·김정훈, 2011)로 활용되는 동화주의를 가장 먼저 경계해야 한다. 한국 사회에 들어온 이민자들의 문화적 정체성을 존중하고 그것을 한국 사회에 공존하는 문화적 실재實在로 받아들이는 태도가 필요하다. 흔히 다문화주의를 일컫는 '샐러드 볼'과 같은 공존의 형태가 한국 사회의 문화적 정체성을 이루는 중요한 맥락이 되어야 한다는 의미다.

그러나 여기에는 또 다른 과제가 부여된다. 바로 이 공존이 제대로 유지되기 위해서는 샐러드 볼의 크기를 지속적으로 확장하는 노력이 필요하다는 것이다. 이를 위해 '우리'에 대한 더 사회적이고 철학적인 사유들이 필요하다. 결국 '우리'를 어떻게 정의하느냐가 한국 사회가 가진 그릇의 크기를 결정할 것이기 때문이다. 여기서 문학의 중요성이 다시 한번 대두된다. 다문화 문학, 그중에서도 다문화 소설은 어떤 예술 장르보다 이 문제를 가장 능동적으로 반영해왔고 또한 가장 현실적이고 적극적인 방식으로 실천하는 장르이기 때문이다. 이에 다음 절에서는 한국 소설 속에 반영된 그 다문화적 풍경들의 면면을 살펴보고자 한다.

3. 우리 안의 '타자'와 문학적 풍경들

다문화에 따른 문학적 맥락을 짚어볼 때 가장 주목해야 할 것은 창작이 그 흐름을 주도했다는 점이다. 사실 이것은 근대 이후 한국 문학의 현장에서는 매우 특별한 현상에 가깝다. 신문학 초창기부터 현재에 이르기까지 한국 문학에서 가장 능동적으로 담론장을 주도해온 것은 문학 비평이었다. 특히 카프에서 시작되는 우리 문학의 논쟁사는 번번이 작품 창작에 앞서 시대적 조류를 예감하고 비평적으로 준비해왔다. 그런데 흥미롭게도 다문화 사회에 따른 문학적 반향에서만큼은 확실히 다른 면모를 보였다. 실제로 1990년대의 비평은 재외 교포와 그들의 문학에 대한 디아스포라에 집중했을 뿐 그 당시 한국 내에서 전개되던 다문화 사회로의 전환에 대해서는 뚜렷한 담론을 제시하지 않았다. 다문화 사회에 대한 비평적 담론이 본격화되기 시작한 것은 다문화 소설이 대거 등장한 2000년대 이후다. 따라서 "다문화적 상황에 대한 문학적 대응은 먼저 창작 진영에서 이루어졌고, 이에 대한 다양한 비평 작업과 연구가 이루어지는 형태로 진행되었다."(강진구, 2010)라고 보는 것이 타당하다. 본고에서는 소설을 중심으로 한국 사회의 다문화 사회로의 전환에 대한 문학적 맥락을 짚어내고자 한다.

1) 악몽이 된 코리안 드림 : 김소진, 공선옥, 정도상

이주민 문제를 가장 적극적으로 그린 대표 작가는 다름 아닌 김소진이었다. 1990년대 김소진의 작품은 모순적인 대비를 보여주었다. 그의 소설은 "1970년대까지 우리를 옥죄어왔던 지독한 가난의 체험들, 80년대의 살벌한 공포 정치와 이에 맞서는 운동권의 몸부림, 풍요 사회를 앞둔 90년대 초입에서 느끼는 당혹감"(김만수, 2002)을 동시에 내재하고 있었다. 「달개비꽃」(1995)은 산업 현장의 노동 부족을 메우기 위해 혹은 값싼 임금으로 기존 노동을 대체하기 위해 한국에 들어온 이주 노동자의 문제를 다룬다. 그것은 한국 노동 문제를 둘러싼 현실이 어떻게 변화해가는가에 대한 깊은 천착에서 자연스럽게 도출된 풍경으로 보인다.

　김소진의 「달개비꽃」에 등장하는 아지드는 이주 노동자다. 이주 노동자는 다문화 사회로 진입한 한국 사회를 보여주는 타자라는 점에서 중요한 의미를 지닌다. 공장장인 기태는 자기 공장에서 일하는 나이지리아 출신 노동자 아지드와 권투 경기를 하게 된다. 사실 아지드는 기태에게 복잡한 감정을 일으키는 인물이다. 기태는 어린 시절 흑인 병사에게 끌려가서 만신창이가 되도록 폭행을 당한 일이 있었는데 흑인인 아지드가 그 기억을 자꾸 떠오르게 하기 때문이다. 권투 경기에서 아지드에게 케이오 패를 당하면서 기태가 느끼는 불편함은 더 커진다. 변화의 계기는 아지드를 포함한 공장 노동자들과 함께 한 산행이었다. 산행 중에 아지드가 전에 일했던 산호기계 사람들과 만나게 되고, 그들과 말다툼하는 과정에서 기태는 저도 모르게 아지드를 감싸며 동료애를 느낀다.

> 자신이 한국에 오기 전 현지에서 인력 송출 회사에 지원했을 때의 상황을 상기시켰다. 현지 법인의 한국인 직원인 듯한 시험관이 도착해서는 지원자들의 웃통을 다 벗게 한 다음 한 사람씩 입을 벌리게 하여 이빨 상태를 훑어본 다음 손으로 어깨나 팔꿈치 등을 세게 눌러보았다는 것이다. 나중에 보니 그때 신음 소리를 내거나 비명을 지른 사람은 다 떨어졌다. 일하러 갈 사람 뽑는다더니 참으로 이상한 시험도 다 있구나 생각했는데 한국에 와서 막상 일을 해보니 이해가 되더라는 거였다. 노예 아닌 노예로 부리기 위해서였다는 것이다. 아지드는 아프리카 대륙에서 그런 시험을 거쳐 팔려갔을 자신의 할아버지 생각도 나고 해서 한참 슬펐다고 말했다. 기태는 그 말을 들으면서 목덜미께가 뜨뜻해졌다.(김소진, 2002)

타자를 '우리'로 조심스럽게 받아들이는 순간, 그들의 역사와 기억도 가까워진다. 아지드에게서 들었던 그의 고향에 대한 기억은 등산을 계기로 더욱 선명하게 각인된다. 아프리카로 돌아간 해방 노예의 후손인 아지드가 '노예 아닌 노예'인 이주 노동자로 한국에 오게 된 그 모든 과정은 한국인이 겪어야 했던 지난한 역사와 꼭 닮은 모습이었기 때문이다. 이로써 「달개비꽃」은 그저 불편하고 낯선 타자로만 여겼던 이주 노동자가 '우리'로 호명되는 특별한 순간이 된다.

하지만 김소진이 던진 이러한 화두는 아직은 찰나적이고 단편적인 것에 불과하였다. 기태가 아지드에게 느끼는 동질감은 지극히 개인적인 차원일 뿐 불법 노동자로서 아지드가 겪어내야 하는 불합리한 노동 현실의 문제를 고려한 사회적 차원까지 나아간 것은 아니었다. 하지만 김소진이 던진 문제의식은 2000년대 이후 더욱 적극적인 문학적 형상화로 이어졌다. 박범신의 『나마스테』(2005)와 김재영의 『코끼리』(2005), 손홍규의 「이무기 사냥꾼」(2005) 같은 작품이 대표적인 예다. 이들 작품은 "이주 노동자에 대한 인종 차별과 인권 유린의 문제를 낱낱이 드러내고 있는데, 이것은 한국 사회가 가진 배타적 민족주의의 모순성에 대한 고발의 성격"(이미림, 2012)을 뚜렷하게 드러낸다. 하지만 이들 작품 역시 이주 노동자를 일방적인 피해자로 그려내는 데 더 치중한 것이 사실이다. 이러한 연민이나 동정만으로는 이 낯선 타자를 '우리' 안에 제대로 받아들일 수 없음은 너무나 분명하다.

이주 노동자와 함께 2000년대 소설에서 더욱 적극적으로 형상화한 우리 안의 타자는 바로 결혼 이민 여성이다. 그 가운데서도 공선옥의 「가리봉 연가」(2005)는 결혼 이민 여성의 참혹한 삶을 최대한 객관적으로 투영한다는 점에서 주목할 만하다. 이 작품은 『유랑가족』(2005)에 실린 연작 다섯 편 가운데 한 편이다. 특히 "『유랑가족』은 따로 놓여 있을 때는 분절적으로 희미하게 존재하던 주제들이 서로 중첩될 때 비로소 그 연속적인 의미망을 드러내는 모자이크 효과를 갖는 작품"(방민호, 2005)으로 언급되고는 한다.

「가리봉 연가」의 주인공 명화는 가리봉동 노래방에서 일하는 조선족 출신 도우미로 현재는 허승희라는 이름으로 살고 있다. 흑룡강 해림 출신인 그녀는 전남편 용철과 이혼하면서 그에게 딸 향미를 두고 전라도 농촌 총각인 기석과 결혼한 이민 여성이다. 바람난 남편에게 배신감을 느끼고 간암에 걸린 오빠의 치료비를 벌기 위해 한국에 왔지만 모진 감시만 있는 시골에서는 도무지 돈을 벌 수 없어 도망친다. 하지만 그 결과는 더 참혹하다. 결국 가리봉동에 팔리고 말기 때문이다.

그러던 어느 날 용철, 기석, 그리고 명화와 함께 서울로 도망 온 용자까지 모두 명화를 찾으러 가리봉에 모여든다. 바로 그날 명화는 그들을 지척에 두고 뒷골목에서 강도의 칼에 찔려 죽고 만다. 어떤 희망도 없이 예정된 파국을 향해 달려간다는 점에서 일면 자연주의 소설의 성격이 드러나는 것처럼 보이기도 한다. 그러나 이것은 가리봉동을 둘러싼 『유랑가족』이라는 그림을 완성하는 한 조각이자 풍경으로서 그 의미를 가진다.

그곳 전라도에는 명화가 정 붙이고 살 만한 것이 아무것도 없었다. 그러나 명화는 가리봉 오거리 복래반점의 승애가 말한 것처럼 나쁜 맘을 가지고 기석이하고 결혼을 했던 것은 아니었다. 바람을 피운 남편 용철이에 대한 배신감 때문에 한시바삐 고향을 떠나고 싶었고, 무엇보다 간암에 걸린 오빠를 치료하기 위해서는 가족 중에 누군가는 어디로든 가서 돈을 벌어야 했던 것인데 그때 마침 한국으로 올 기회가 생겼던 것이다. (중략) 결혼 생각 않고 악착같이 돈을 벌었으면 지금쯤 명화도 외사촌이나 복래반점 승애만큼은 벌고도 남았을 것이고, 그랬다면 오빠를 그토록 허망하게 저세상으로 보내지는 않았을 거란 생각이 드는 때문이었다.(공선옥, 2005)

따라서 더 중요한 질문은 따로 있다. 누가 명화를 죽였는가? 결혼 이민 여성에 대한 수많은 오해와 달리 명화가 결혼 이민을 선택한 것은 그것이 그녀가 선택할 수 있는 최선이었기 때문이다. 그리고 그 최선이 사실은 최악의 선택이었음은 명화의 삶을 통해 그대로 드러난다. 문제의 그날, 가리봉에서 명화를 찾거나 명화를 스쳐 지나간 모든 사람은 결국 명화라는 인물을 죽게 만든 공간, 가리봉을 구성하는 조각 하나하나였다. 이곳에 모인 인물 각각이 명화의 죽음을 완성하는 퍼즐이었던 것이다. 그 퍼즐이 완성한 것은 바로 한국 사회의 모순된 시스템이다. 아주 조금씩 뒤틀린 그 모순들이 결국 명화를 찌른 칼날이 되고 만다. 이를 통해 명화가 꿈꾸었던 코리안 드림도 결국 허상에 불과했음이 밝혀진다.

이러한 비극성은 정도상의 연작 소설『찔레꽃』연작에서도 엿볼 수 있다. 이 연작의 주인공 충심은 탈북민이다. 사실 탈북민은 타자라고 지칭할 수 없지만 오히려 타자보다 불편하고 껄끄러운 '우리'를 환기하는 존재라는 점에서 더 낯설게 느껴진다. 목숨을 걸고 탈북한 그녀가 남한 사회에서 마주한 것은 냉혹한 자본주의의 민낯이다. 탈북 과정에서 그녀를 내몰았던 폭력이 단지 자본이라는 이름으로 대체되었을 뿐이었다. 자본주의 사회에서 살아남을 어떤 무기도 갖지 못한 그녀가 팔 수 있는 것은 오직 자신의 신체뿐이다. 이 연작의 마지막 작품인「찔레꽃」(2007)에서 그녀는 북에 있는 가족에게 보낼 목돈을 마련하기 위해 매춘까지 하지만 그마저 사기를 당하고 만다. 공선옥의「가리봉 연가」에서 보았던 코리안 드림의 악몽이 정도상의「찔레꽃」에서도 반복되는 것이다. 하지만 여기가 이 작품의 끝은 아니다. 충심의 서사는 절망에서 끝나지 않고 새로운 시작으로 나아간다.

> 그런데 제 나라를 두고 또 어디로 간단 말인가? 언제까지 그렇게 살 수는 없는 노릇이었다.(정도상, 2008)

모든 것을 잃고 절망에 빠진 충심은 골똘히 남은 선택지를 헤아린다. 친척인 갑봉 아저씨가 추천한 가짜 결혼으로 돈을 받을지, 아니면 정착금을 까먹은 다른 새터민들처럼 난민으로 위장해서 영국으로 넘어갈지를 고민한다. 하지만 그녀가 선택한

길은 남한 사회에서 살아남는 것이었다. 그녀는 '제 나라'를 두고 다른 곳으로 갈 수 없다고, 자신의 선택을 부연한다.

그녀의 선택도 그 선택의 이유도 너무나 놀랍다. 충심은 자신을 더 큰 절망에 내몰았던 이곳을 자신의 나라라고 표현한다. 우리에게 타자보다 더 먼 타자처럼 느껴졌던 '우리', 탈북민에 대한 관점이 달라지게 만드는 대목이 아닐 수 없다. 그리고 이것은 「찔레꽃」이 단순한 탈북민 서사를 넘어서 가능성의 서사로 나아가는, 딱 한 걸음의 성취를 만들어낸다.

> 잠시 침대에 기대어 앉아 눈을 감고 몰려오는 허탈감을 이기려 애썼다. 밥을 굶지 말라는 엄마의 말이 귓가에 맴돌았다. 끄응, 몸에 힘을 주었다. 벌떡 일어나 냉장고를 뒤졌다. 한 달 전쯤 친구들과 함께 구워 먹고 남은 삼겹살을 찾아 굽다가 신김치를 보시기째 엎어놓고 밥을 비볐다. 방바닥에 신문지를 깔고 그 위에 프라이팬을 놓았다. 다리 사이에 프라이팬을 끼고 앉아 수저 가득 밥을 떠서 먹었다. 엄마의 말대로 절대로 밥을 굶지 않겠다고 다짐했다. 밥을 먹다 말고 진숙 언니한테 전화를 걸어 내일 당장 만나자고 약속을 정했다. 수저 가득 비빔밥을 떠서 입 안으로 밀어넣으며 찔레꽃을 보았다. 찔레 잎사귀가 바람에 살랑거리고 있었다.(정도상, 2008)

충심이 선택한 것은 바로 삶이었다. 그리 대단하지도 엄청

나지도 않은 삶, 바로 그것이다. 다만 그녀는 당장이 아닌 내일을 위한, 그리하여 조금이라도 더 나은 삶을 위한 선택을 하고자 한다. 진숙 언니가 권유했던 대학 진학을 준비하려는 것이다. 모든 것이 절망으로 치닫는 순간, 가장 적극적으로 미래의 희망을 길어내고자 하는 충심의 태도는 이 작품의 결말을 다른 순간으로 만든다.

하지만 이러한 작품의 마지막은 이 작품의 가장 큰 허점으로 인식될 수도 있다. 어쩌면 작가 자신이야말로 그것을 가장 잘 알고 있었는지도 모르겠다. 정도상은 「작가의 말」에서 이렇게 고백한다. "현실이 소설보다 훨씬 더 비극적인데, 그 비극을 온전히 표현해내지 못하는 것에 자주 마음이 아팠다."(정도상, 2008) 그럼에도 작가는 이 연작의 마지막에 왜 희망의 가능성을 보여준 것일까? 한국 사회가 등 돌렸던 '우리'를 마지막까지 보듬고자 하는 작가의 속 깊은 마음이었으리라 짐작한다.

2) 새로운 '우리'의 탄생 : 김려령, 금희

1990년대부터 2000년대까지 다문화 사회를 다룬 한국 소설은 이주민이라는 정체성 자체에 초점을 맞추고 있었다. 그들은 모두 다른 문화권에서 성장해 낯선 한국 사회로 이주해온 사람들이라는 점에서 이민 1세대라 칭할 수 있을 것이다. 그런데 2000년대가 되면 한국 사회를 뒤흔드는 아주 특별한 작품이 발표된다. 이민 2세대 청소년을 주인공으로 하여 우리 사회의 한 구성원으로 자리한 이주민의 모습을 담아낸 작품, 바로 김려령의 『완득이』(2008)다.

동명의 영화(2014)로 제작되어 관객과 평단의 호평을 고르게 받기도 한 이 작품은 우리 사회에 들어온 이주민들을 여전히 '타자'로 비춘 기존 작품들과는 분명히 결을 달리한다. 한국이 이미 다문화 사회로 완전히 진입했음을 보여주면서 이전까지 '타자'로 지칭되던 사람들이 이미 '우리' 안에 편입했음을 확인하는 소중한 전환점을 보여주는 작품인 것이다.

난쟁이인 아버지와 살고 있는 고등학생 완득이는 엄마가 없다. 학교에서는 그저 잠이나 자면서 평온한 일상을 보내던 완득이의 삶에 어느 날 담임인 똥주가 끼어든다. 사사건건 귀찮게 하는 담임 때문에 미칠 지경인데, 이 담임은 완득이에게 정체성 문제까지 던진다. 없는 줄 알았던 엄마가 알고 보니 베트남 사람이라는 것이다.

> 정황상 나는 가출을 해야 했다. 출생의 비밀을 알았습니다.
> 잠시 혼자 있고 싶어 떠납니다, 라고 쓴 쪽지 하나 남겨놓고
> 떠나야 했다. 그런데 아버지와 어머니라는 사람들이 먼저 떠
> 나버렸다. 잘못하면 가출하고 돌아와 내가 쓴 쪽지를 내가
> 읽게 될 확률이 높았다. 어떻게 된 집이 가출마저 원천 봉쇄
> 해놓았는지, 돌아다니다 돌아다니다 혼자 있고 싶어서 온
> 곳이 결국 집이었다.(김려령, 2008)

떠돌이로 돈을 벌어야 하는 아버지와 자신이 어릴 적에

집을 나가버린 베트남인 어머니. 한창 예민한 고등학생이 되어서야 출생의 비밀까지 알게 되었는데 완득이의 팍팍한 현실은 반항마저 불가능하게 만든다. 여기서 흥미로운 것은 이 복잡한 상황을 받아들이는 완득이의 태도다. 다문화 가정의 2세대로서 자신의 정체성을 알게 되었지만 아이는 그것을 제법 경쾌하게 받아들인다. 완득이의 이러한 모습은 이미 우리 사회가 이 정도의 충격을 수용할 만큼 성숙했음을 방증하는 것이기도 하다. 그러나 태도가 경쾌하다고 해서 그 본질까지 잊힐 수는 없음을 잘 포착하고 있는 것은 이 작품의 또 다른 미덕이다.

> 얼마나 교양 있는 사람이 되고 싶어서 자식한테 꼬박꼬박 존댓말을 쓰는지 모르겠다. 가난한 나라 사람이, 잘사는 나라의 가난한 사람과 결혼해 여전히 가난하게 살고 있다. 똑같이 가난한 사람이면서 아버지 나라가 그분 나라보다 조금 더 잘산다는 이유로 큰 소리조차 내지 못한다. 한국인으로 귀화했는데도 다른 한국인에게는 여전히 외국인 노동자 취급을 받는 그분이, 내가 버렸는지 먹었는지 모를 음식만 해놓고 가는 그분이, 개천 길을 내려간다. 몸이 움직인다. 저 꽃분홍색 술이 달린 낡은 단화 때문이다. 나는 내려가는 그분에게 달려갔다.(김려령, 2008)

완득이는 자신의 정체성을 둘러싼 문제를 분명하게 인식한다. "똑같이 가난한 사람이면서 아버지 나라가 그분 나라보다 조금 더 잘산다는 이유로 큰소리조차 내지 못"하는 모순된 현실을 너무나 잘 인지하고 있는 것이다. 이처럼 작가 김려령은 여전히 우리 사회에 잔재하는 이주민에 대한 배타성을 쉽게 간과하지 않는다. 이러한 시각은 우리 사회가 나아가야 할 방향이 무엇인지에 대해서 짚어주기도 한다.

물론 비판적 입장이 없는 것은 아니다. 특히 이주민 2세대의 표상으로 떠오른 완득이는 "한국 사회 주체들의 다문화 가정 아동에 대한 판타지"(정선주, 2014) 혹은 그들에 대한 희망 사항을 그대로 담고 있는 인물이기 때문이다. "공부는 좀 못해도 착하고, 정체성의 혼란기는 있어도 큰 문제 안 일으키면서 사회와 주위의 도움으로 한국 사회의 또 다른 계층으로, 한국 인구의 감소를 막는 두터운 청년층으로 잘 커주기를 바란다는 욕망"(정선주, 2014)이 바로 그것이다.

하지만 이러한 욕망은 완득이가 다문화 가정의 아이이기 때문에 나타나는 것만은 아니다. 그보다는 오히려 그의 계층적 속성과 더 긴밀하게 연관된 욕망이다. 이미 많은 아동·청소년 소설에서 하위 계층의 아동이나 청소년을 주인공으로 삼을 때 열악한 환경에서도 건강하게 잘 크는 존재로 묘사해왔기 때문이다. 이 점에서 본다면 『완득이』가 다문화 가정 아동에 대한 한국 사회의 다문화 판타지를 새롭게 형성했다기보다는 하위 계층 아동에 대한 한국 사회의 판타지 속에 다문화 가정의 문제가 포섭된 것이라고 보는 편이 더 타당할 것이다.

여러 한계가 있음에도 김려령의 『완득이』는 다문화 가정의 아동이 한국 사회에 어엿한 '우리'로서 자리매김하고 있음을 보여주고, 나아가 우리 사회의 구성원으로서 그들의 문제를 함께 고민할 것을 제시하는 작품이라는 점에서 그 의의를 확인할 수 있다. 이는 이전까지 '우리' 안으로 들어온 '타자'로만 여겨지던 그들을 새로운 '우리'로 확인하는 단계로, 다문화 사회로서의 한국 사회가 한 걸음 성장했음을 보여주는 것이기도 하다. 다문화 소설에서 하나의 장을 연 작품으로 평가되는 『완득이』는 2011년 교과서에도 실린다. 이 같은 사실은 『완득이』가 다문화 사회로 진입하는 한국 사회의 모습을 잘 그려낸 대표작으로 교육부의 공적 인정까지 획득했음을 보여준다. 『완득이』 이후 아동·청소년 소설에서는 다문화 소설이 하나의 주류적 흐름을 이루었다.

『완득이』가 작품 창작의 내용적 측면에서 다문화 사회로의 진전을 알렸다면, 우리가 포착해야 할 또 다른 전환점은 바로 금희(본명 김금희) 작가의 등장이다. 중국 길림성 조선족 마을 출신인 그는 2016년 『세상에 없는 나의 집』을 출간하고 본격적으로 한국과 중국 양쪽에서 작품 활동을 이어나가고 있다.

한국 사회에 처음 등장했을 때만 해도 "그의 문학은 바깥에서 전해진 서발턴의 목소리로"(천춘화, 2021), 그리고 "우리 안의 경계를 무너뜨리는 디아스포라 문학의 새로운 발견"(정은경, 2017)으로 기존 디아스포라 문학의 한 갈래로서 받아들여졌다. 그러나 현재 그의 문학은 더는 한국 바깥의 디아스포라 문학으로 여겨지지 않으며, 오히려 다문화 사회로 나아가는 한국 사회와 그것을 반영하는 다문화 소설에 새로운 시각을 제기한다. 한국과 중국에 걸친 그의 작품 활동이 독특한 이중 언어의 상황을 보여주기 때문이다.

물론 이중 언어로 작품 활동을 하는 작가들은 이전에도 있었다. 일제 강점기를 거치면서 많은 작가가 조선어와 일본어로 글을 썼다. 김사량의 「빛 속으로」나 김내성의 「추리 소설가의 살인」과 같은 작품은 일본어로 발표되었고 일본에서 먼저 주목을 받기도 하였다. 하지만 일제 강점기의 이중 언어 상황은 작가의 선택이라기보다는 식민지라는 외적 환경의 영향이 더 크게 작용한 것이었다.

반면 중국 국적을 가진 재중 동포 작가 금희는 여전히 중국에 거주하면서 한국어로도 작품을 발표한다. 번역을 경유하지 않은 그의 작품은 한국 문학의 장 안에서 문제적 작품으로 다양하게 호명된다. 이러한 그의 행보는 그 자체로 한국 문학 안에 독특한 지점을 만든다. 오늘 우리의 다문화 소설이 이미 민족과 국가라는 경계를 넘어서고 있음을 보여주는 것이다. 국가라는 장벽을 넘어선 그의 작품 활동은 무엇보다 그 자신의 선택인 동시에 한국 문학의 정의에 대한 새로운 화두를 던져준다. 그의 행보야말로 바로 다문화 사회로의 전진 속에서 한국 문학의 미래가 나아갈 방향 그 자체이기 때문이다.

4. 결론을 대신하여

본고는 20세기에서 21세기로 전승된 이주(이산)의 흐름 속에서 오늘날 한국 사회의 중요한 전환으로 평가되는 다문화(주의)의 문제가 탄생했음에 주목하였다. 또한 그러한 변화의 과정에 대한 문학적 형상화로서 한국 소설이 그려낸 다문화적 풍경들을 되짚어보았다. 1990년대를 축으로 타자 속으로 나아간 '우리'에 대한 고찰을 위해 수용된 디아스포라에서 다시 '우리' 안으로 들어온 타자를 새로운 '우리'로 받아들이기 위해 도출된 다문화(주의)까지, 이 모든 과정이 한국 근현대사의 질곡과 함께 진행되었음을 살펴보았다. 그리고 이러한 다문화 사회라는 '현존' 앞에서 한국 문학은 새로운 전환점을 맞이하고 있음을 확인하였다. 그 전환점이란 바로 21세기 한국 문학은 과연 무엇이고, 무엇이어야 하는가에 대한 새로운 질문이다.

한국 문학의 가장 보편적인 정의는 "우리 민족이 주체가 되어 우리 민족의 사상과 감정을 우리말로 표현한 문학"(송진우, 2007)이라는 말일 것이다. 거기에는 한민족이라는 정체성, 한국어라는 언어, 그리고 어쩔 수 없이 한반도라는 영토의 문제가 결부된다. 그런데 다문화(주의)는 거기에서 가장 중요한 전제를 전복한다. 언제든지 '한민족'으로 곧장 치환될 수 있었던 '우리'라는 말에 의문을 제기했기 때문이다.

한국 사회가 명실상부한 다문화 사회로 전환됨에 따라 우리는 이 '우리'를 더는 민족적 정체성만으로 규정할 수 없다는 모순에 부딪치고 말았다. 더 중요한 것은 이러한 파동이 겨우 시작에 불과하다는 사실이다. 이주민 1세대와 2세대 작가들이 본격적으로 한국 문학의 장에 등장하면 이러한 파동은 더욱 거세질 것이다. 그뿐이랴. 금희 작가처럼 한반도 바깥에서 한국어 작품을 창작함으로써 한반도라는 영토의 문제마저 해체하는 작가들도 점차 늘어날 전망이다. 그것은 이주의 시대로서 21세기가 만들어낸 필연적 산물이다. 그렇다면 결국 남는 것은 한국어뿐일지도 모르겠다. 하지만 이 역시 쉽지 않다. K-문화의 확산과 함께 한국어 역시 국제어의 하나로서 새로운 정체성을 부여 받고 있기 때문이다.

그러므로 한국 문학은 지금 총체적 위기이자 새로운 도전과 기회의 시대를 맞이하고 있다. 우리에게는 21세기에 걸맞은 새로운 한국 문학을 정의해야 한다는 새로운 과제가 던져졌다. 그 해답의 실마리는 다문화(주의)와 문화적 정체성에 있다. 한국 사회는 이미 다문화라는 말을 통해 견고하던 '우리'의 벽을 허물고 있으며, 다양한 문화가 공존하는 샐러드 그릇으로 '우리'의 개념을 새롭게 만들고자 한다. 무엇으로 이 그릇을 정의할 수 있을까? 무조건적인 '우리'의 확장만으로 그 답을 찾으려는 것이 아니다. 이 '우리'라는 샐러드 그릇은 개방성과 폐쇄성이 공존하는 세포막 같은 경계로서 정의되어야 할 것이다.

바로 이 지점에서 한국 문학, 그중에서도 특히 한국 소설의 역할이 더없이 소중하다. 오늘의 사회 속에서 형성된 인물들의 면면과 그들을 '우리'로 만드는 문화적 정체성을 그려내는 데 그보다 적절한 예술 장르가 없기 때문이다. 한국 소설은 지금까지 다문화 사회로의 변화를 가장 능동적으로 반영해왔다. 이제 다문화 사회를 관통할 새로운 한국 문학의 정체성을 견인하고 새로운 시대의 가치를 반영하는 일에도 앞장서기를 기대해본다.

참고 문헌

강정원(2008). 다문화시대의 구비문학 연구, 구비문학연구, 26, 157~184.

강진구(2010). 다문화 시대와 한국문학 연구, 다문화콘텐츠연구, 4, 7~27.

고경민(2012). 아시아 전래 동화의 비교를 통한 한국 문화교육—다문화 가정 구성원을 대상으로, 동화와 번역, 24, 15~38.

고드스블롬, 천형균 옮김(1988). 니힐리즘과 문화, 문학과지성사.

고정희(2013). 연민을 이끌어내는 문학과 도덕적 상상력—영화 〈레 미제라블〉과 소설 『레 미제라블』의 비교를 중심으로, 문학치료연구, 26, 205~237.

고현범(2015). 마사 누스바움의 연민론: 독서 토론에서 감정의 역할, 인간·환경·미래, 15, 123~150.

공선옥(2005). 유랑가족, 실천문학.

곽준혁(2007). 다문화 공존과 사회적 통합, 대한정치학보, 15(2), 23~43.

권순긍(1987). 「콩쥬ㅣ팥쥬ㅣ젼」과 고소설의 童話化 경향, 성대문학, 25, 49~64.

권순희·김승연(2011). 콩쥐 팥쥐류 동화의 문화 맥락 탐구학습과 다문화 이해 교육, 국어교육연구, 48, 21~60.

권오만(2009). 윤동주 시 깊이 읽기, 소명출판.

권혁래a(2018). 다문화 동화집의 출간과 활용 연구: 이주민들이 안고 들어온 글로컬 문학에 대해, 동화와 번역, 35, 37~71.

권혁래b(2018). 아시아동화집 출판과 콘텐츠활용 연구—아시아인의 상호이해와 교감을 위한 성찰, 동아시아고대학, 52, 135~162.

권혁래c(2019). 다문화 동화로 출간된 베트남 옛이야기 연구, 우리문학연구, 62, 109~140.

그렉 개러드, 강규한 옮김(2014). 생태비평, 서울대학교출판문화원.

금희(2016). 세상에 없는 나의 집, 창비.

김공숙(2023). 드라마『나의 아저씨』서사에 나타난 연민의 감정: 마사 누스바움의 연
　　　민 이론의 관점에서, 다문화콘텐츠연구 45, 131~164.

김려령(2008). 완득이, 창비.

김만수(2002). (해설)가난이 남긴 것, 자전거 도둑, 문학동네, 455~464.

김만수(2006). 문화콘텐츠 어떻게 할 것인가, 문화콘텐츠 유형론, 글누림, 20~25.

김미혜(2013). 다문화 문식성 신장을 위한 문학교육의 방향 연구, 다문화 사회연구
　　　6(1), 5~30.

김부경·원진숙(2015). 다문화 동화의 내용 요소 분석―인물, 갈등의 양상, 해결방식, 다
　　　수자의 편견을 중심으로, 다문화교육연구, 8(2), 69~96.

김선미·김영순(2008). 다문화 교육의 이해, 한국문화사.

김소진(2002). 자전거 도둑, 문학동네.

김영순(2013). 문화와 문화산업의 이해, 문화산업과 문화콘텐츠, 북코리아, 13~15.

김영순·황해영(2023). 상호문화 실천의 개념 및 내용에 관한 연구―초점집단토론
　　　(FGD) 방법을 중심으로, 언어와 문화 19(2), 31~63.

김영순·오영섭(2019). 전환학습 관점에서 본 이주민설화조사 연구자의 다문화감수성
　　　발달에 대한 연구, 문화교류와 다문화교육 8, 47~74.

김정란(2004). 신데렐라와 소가 된 어머니, 논장.

김정란(2005). 민담에서 동화까지의 속성 변형에 대한 연구―「신데렐라 유형」과 페로
　　　의「상드리옹, 또는 작은 유리 구두」, 한국프랑스학논집, 49, 241~266.

김정은(2018). 이주민 구술 설화를 활용한 상호문화능력 신장의 교육방안 연구, 고전
　　　문학과교육, 39, 201~238.

김정은(2023). 한국 이주민 구술설화의 상징적 표상을 매개로 한 상호문화 감수성 신
　　　장의 문화교육 ―『다문화 구비문학대계』를 활용한 설화연구의 확장을 위하
　　　여, 구비문학연구, 68, 35~75.

김태원(2012). 글로컬 생활세계로서의 다문화 사회, 다문화와 인간, 1(1), 63~89

김태원(2015). 생활세계와 이방인으로서의 결혼이주민, 현대사회와 다문화, 4(1),
　　　1~26.

김헌선·최자운(2004).「신데렐라(Cinderella)와「콩쥐팥쥐」이야기의 비교 연구,인문
　　　논총, 12, 259~275.

김형민·이재호(2021). 사회통합을 위한 패러다임 모색―유럽의 상호문화주의와 상호
　　　문화정책을 중심으로, 통합유럽연구, 12, 1~22.

김형중·김정훈(2011). 다문화 교육의 방향과 문학교육의 효용성, 한국 문학이론과 비평, 53, 347~364.

김혜숙(2007). 여성주의 관점에서 본 다문화주의: 열린 주체 형성의 문제, 철학연구, 76, 203~229.

김혜영(2010). 다문화 문식성 교육 내용 체계화 연구, 부산대학교 박사학위 논문.

김혜진·권순희(2015). 「콩쥐팥쥐」 모티프 설화를 활용한 문화 학습 모형의 국어교육 방안 연구, 한중인문학연구, 47, 46~114.

김효선(2006). 전래동화의 개작양상과 교수·학습 방법론 고찰, 전북대학교 교육대학원 석사학위 논문, 1~100.

김훈(2009). 공무도하, 문학동네.

나수호(2008). 외국인이 보는 한국 구비문학, 구비문학연구, 27, 147~175.

나카자와 신이치, 김옥희 옮김(2003). 곰에서 왕으로-국가, 그리고 야만의 탄생, 동아시아.

나카자와 신이치, 김옥희 옮김(2003). 신화, 인류 최고의 철학, 동아시아.

네이선 글레이저, 최현미·서종남 옮김(2009). 우리는 이제 모두 다문화인이다, 미래를 소유한사람들.

노제운(2009). 한국 전래동화의 원형(原形)과 변용에 관한 연구-「콩쥐팥쥐」이야기를 중심으로, 어문논집, 59, 민족어문학회, 43~83.

다나카 류이치(2004). 일제의 '만주국 통치'와 '재만한인' 문제-'오족협화'와 '내선일체'의 상극, 만주연구, 1.

단성식, 정환국 옮김(2011). 역주 유양잡조, 2, 소명출판.

로절린드 C. 모리스, 태혜숙 옮김(2013). 서발턴은 말할 수 있는가?: 서발턴 개념의 역사에 관한 성찰들, 그린비.

류찬열(2009). 다문화 동화의 현황과 전망, 어문논집, 40, 273~293.

마르셀 모스(2002). 증여론, 한길사.

마르코 마르티니엘로, 윤진 옮김(2008). 현대 사회와 다문화주의-다르게, 평등하게 살기, 한울.

마르틴 압달라-프렛세이, 장한업 옮김(2010). 유럽의 상호문화교육: 다문화 사회의 새로운 교육적 대안, 한울.

마키 유스케, 최정옥 외 옮김(2004). 시간의 비교 사회학, 소명출판.

민경준(2009). 「만주국」 조선인의 '황국신민'관—1930년대 후반을 중심으로, 역사와경계, 72.

박병한(2007). 유엔, 한국 '단일 민족국가' 이미지 극복 권고, YTN(8월 19일).

박인기(2002). 문화적 문식성의 국어교육적 재개념화, 국어교육학연구, 12, 23~54.

박인철(2010). 테오듈 리보의 정념 이론, 한국기호학회, 기호학 연구 28, 77~106.

박재인(2010). 국제결혼 이주여성 배우자에게 나타나는 편집증적 문제와 설화를 활용한 문학치료 방안, 다문화콘텐츠연구, 4, 101~134.

박준형(2020). 이청준의 『당신들의 천국』에 드러난 '연민' 연구—누스바움의 '연민' 이론을 중심으로, 한민족어문학, 87, 213~244.

박진태(2008). 한민족과 세계, 그리고 구비문학—21세기적 상황을 중심으로, 구비문학연구, 27, 89~112.

박현숙(2018). 이주민 구술 설화의 문학적 가치와 활용 방안—이주민 대상 현지조사 자료를 중심으로, 구비문학연구, 48, 179~229.

발터 벤야민, 반성완 옮김(1983). 얘기꾼과 소설가, 발터 벤야민의 문예이론, 민음사.

방민호(2005). 가난에 대한 천착과 그 의미, 유랑가족, 실천문학, 253~266.

브루노 베텔하임(1998). 옛이야기의 매력, 시공주니어.

블라디미르 프로프(1987). 민담형태론, 새문사.

빌헬름 딜테이, 이한우 옮김(2020). 체험·표현·이해, 책세상.

샤를 페로, 이경의 옮김(2012). 페로 동화집, 지식을만드는지식.

서성란(2016). 쓰엉, 산지니.

서혁(2011). 다문화 시대의 국어교육과 다문화 문식성 교육, 국어교육연구, 48, 1~20.

석창훈(2011). 동아시아 신화의 스토리텔링을 활용한 다문화이해교육 연구, 다문화콘텐츠연구, 10, 195~213.

설규주(2003). 한국 시민사회에 적합한 피해자 중심의 윤리와 인성교육, 서울대학교 박사학위 논문.

손병국(2002). 한국 설화에 미친 중국 설화의 영향—「酉陽雜俎」를 중심으로, 인문사회과학논문집, 31, 26~44.

송완순(1946). 조선아동문학시론, 신세대, 2, 1946.

송우혜(2009). 윤동주 평전, 세계사.

신동흔 외(2022). 다문화 구비문학대계, 북코리아.

신동흔(2017). 새로운 한국문학으로서의 이주민 설화 구술의 성격과 의의—다문화 문식성의 질적 심화와 확장을 위하여, 국어국문학, 180, 281~323.

신동흔(2024). 백두산 관련 구비전승 설화의 신화적 성격 —이주민 화자 구술 자료를 중심으로, 민속학연구, 54, 163~222.

안토니오 네그리, 윤수종 옮김(2001). 제국, 이학사.

양민정(2015). 다문화교육 관점의 여성설화의 서사적 전통연구, 외국문학연구, 57, 247~271.

오경석(2007). 어떤 다문화주의인가?—다문화 사회 논의에 관한 비판적 조망, 한국에서의 다문화주의, 현실과 쟁점, 한울아카데미, 22~32.

오윤선(2006). 세계 신데렐라 유형 이야기군 속에서의 「콩쥐팥쥐 이야기」 고찰, 동화와 번역, 11, 261~289.

오정미(2008). 이주여성의 문화적응과 설화의 활용—설화 〈선녀와 나무꾼〉과 설화 〈우렁각시〉를 중심으로, 구비문학연구, 27, 177~210.

오정미(2012). 설화에 대한 다문화적 접근과 문화교육, 건국대학교 박사학위 논문.

오정미(2014). 설화를 통한 정주자 대상의 문화교육: 설화 〈밥 안 먹는 색시〉를 대상으로, 동화와 번역, 28, 195~216.

오정미(2017). 이주민 설화 조사를 통해 본 새로운 다문화교육 방안, 구비문학연구, 47, 187~211.

오정미(2020). 상호문화교육을 위한 아시아 설화에 대한 새로운 접근과 이해 : 베트남 설화를 중심으로, 교육문화연구, 26(5), 1281~1298.

오정미(2020). 상호문화교육을 위한 아시아 설화에 대한 새로운 접근과 이해—베트남 설화를 중심으로, 교육문화연구, 26(5), 인하대학교 교육연구소, 1281~1298.

오정미(2021). 상호문화교육을 위한 문학교육의 방법론 연구—다국적의 구비문학 자료를 바탕으로, 언어와문화, 17, 109~129.

오정미(2023). 다문화 사회를 위한 설화의 문화 교육 연구 동향과 전망-1999~2022년 국내 학술지 연구를 대상으로, 구비문학연구, 68, 189~216.

오태호(2018). 김유정 소설에 나타난 '연민의 서사' 연구: 마사 누스바움의 '감정론'을 중심으로, 국어국문학 184, 187~216.

윤동주(1948). 하늘과 바람과 별과 시, 정음사.

윤보라(2013). 계모설화를 활용한 다문화 교육방안: 한국의 〈콩쥐팥쥐〉와 베트남의 〈떰깜〉을 활용하여, 성신여자대학교 교육대학원 석사학위 논문.

윤여탁(2013). 다문화 사회에서 문학과 대중문화의 교육, 문화교육이란 무엇인가-한 국어 문화교육의 벼리, 태학사, 47~87.

윤여탁(2013a). 다문화교육에서 문학교육의 지향과 다문화 교사 교육, 다문화 사회연 구, 6(1), 59~79.

윤여탁(2013b). 다문화 사회의 문식성 신장을 위한 한국어교육의 전략-문학교육의 관점을 중심으로, 새국어교육, 94, 7~29.

윤여탁(2014). 창의성의 재개념화와 국어교육의 지향과 과제, 새국어교육, 98, 187~208.

윤여탁(2017). 시 교육에서 학습 독자의 경험과 정의에 관한 연구, 국어교육연구 39, 261~287.

윤여탁(2020). 포스트 휴먼 시대의 한국어교육: 그 현재와 미래, 국어교육연구 46, 283~306.

윤여탁(2021). 문식성이란 무엇인가: 한국어교육에서 문화와 문학, 태학사.

윤여탁(2022). 문학 교육: 융복합의 여러 얼굴, 융복합의 시대, 문학 교육이 답하다, 81~90.

윤예진(2008). 한국의 다문화 형성과 이주민의 음악문화-다국적 이주민의 문화, 구 비문학연구, 27, 211~241.

윤휘탁(2013). 만주국: 식민지적 상상이 잉태한 '복합민족국가', 혜안.

이국환(2013). 독서, 연민과 자기 이해의 여정, 국제언어문학, 28, 25~51.

이명현(2013). 다문화시대 인물탄생형 이물교혼담의 가치와 동화 스토리텔링의 방 향-강감찬 설화의 출생담과 성장담을 중심으로, 어문론집, 55, 173~194.

이미림(2012). 2000년대 다문화소설에 나타난 이주 노동자의 재현 양상, 우리문학연 구, 35, 317~346.

이부영(2002). 우리 마음 속의 어두운 반려자-그림자, 분석심리학의 탐구, 한길사.

이성희(2001). 용궁의 서사문학적 구현 양상 연구, 경희대학교 박사학위 논문.

이성희(2019). 다문화시대 상호문화능력 신장을 위한 한국 구비문학 읽기 -〈뱀신랑- AT 425. 잃어버린 남편을 찾아서〉·〈구렁덩덩신선비〉를 중심으로, 온지논총, 58, 339~365.

이성희(2023). 한국구비문학회 30년, 현재적 활용의 성과와 과제, 구비문학연구, 70, 59~90.

이원수(1997). 〈콩쥐팥쥐〉 연구의 경과와 전망, 어문학, 61, 231~252.

이원수(2002). 〈콩쥐팥쥐〉와 〈신데렐라〉 비교 연구—북미인디언 〈신데렐라〉와의 비교를 중심으로, 어문학, 77, 371~393.

이유정·서나래(2024). 세계시민교육의 토대로서 감정: 누스바움(M. Nussbaum)의 역량적 접근을 중심으로소, 한국교육논총, 45(2), 285~319.

이지원(2019). 누스바움의 감정철학으로 본 윤동주의 '시적 정의(正義)', 어문학, 143, 317~347.

이지원(2020). 기형도 시에 나타난 '고통'의 수사학—누스바움의 연민 이론을 중심으로, 어문학, 115, 197~231.

이혜경(2019). 기억의 습지, 현대문학.

이혜란(2010). 다문화 사회의 설화교육방안 연구—한국 〈아기장수전설〉과 필리핀 〈알리구은 전설〉을 중심으로, 전남대학교 교육대학원 석사학위 논문.

이혜미(2011). 다문화 동화에 나타난 상호 이해의 양상, 글로벌교육연구, 3(2), 75~106.

이흥수 외 옮김(2007). 외국어 학습·교수의 원리, 피어슨에듀케이션코리아.

일연, 김원중 옮김(2009). 삼국유사, 민음사.

임석재 엮음(1993). 한국구전설화, 6·10, 평민사.

임재해(2008). 〈골계전〉, 다문화 읽기와 다문화 사회 만들기, 구비문학연구, 26, 29~73.

자크 라캉, 권택영 엮고 옮김(1993). 자크 라캉 욕망 이론, 문예출판사.

장덕순(1957). 〈CINDERELLA〉와 〈콩쥐팥쥐〉, 국어국문학, 16, 123~130.

장정희(2015). 발굴『어린이』誌와 정지용·박목월의 동시, 근대서지, 12.

잭 자이프스, 김정아 옮김(2008). 동화의 정체, 문학동네.

전광식(1999). 고향, 문학과지성사.

전철웅·우혜경(2011). 고전문학을 활용한 중학교 다문화 교육, 개신어문연구, 33, 345~381.

정도상(2008). 찔레꽃, 창비.

정상준(1997). 포스트모더니즘·실용주의·그리고 다문화주의, 미국학 제20집, 323~342.

정선주(2014). 소설『완득이』를 통해 본 한국 사회의 다문화 판타지 고찰, 다문화교육연구, 7(2), 129~158.

정영근(2000). '사이'의 세기와'상호문화교육', 교육의 이론과 실천, 257~272.

정은경(2017). 밖으로부터의 고백: 디아스포라로 읽은 세계문학, 파란.

정지용(1935). 정지용 시집, 시문학사.

정지용, 김학동 엮음(1993). 정지용 전집 2-산문, 민음사.

정지용, 이숭원 주해(2003). 원본 정지용 시집, 깊은샘

제임스 A. 뱅크스, 모경환 외 옮김(2008). 다문화교육 입문, 아카데미프레스

조은주(2014). 디아스포라 정체성과 탈식민주의 시학-만주를 유랑하는 시, 국학자료원.

주경철(2005). 신데렐라 천년의 여행, 산처럼.

진순애(2002). 정지용 시의 내적 동인으로서 童詩, 한국시학연구, 7, 한국시학회.

천춘화(2021). 디아스포라 노마드와 모빌리티의 정치학-금희 소설의 '조선족 서사'를
    중심으로, 열림정신 인문학연구, 42, 95~121.

최운식·김기창(1998). 〈콩쥐팥쥐〉와 〈신데렐라〉의 비교, 전래동화 교육의 이론과 실
    제, 집문당, 315~336.

최원식(1990). '강압의 시대'에서 '지혜의 시대'로, 창작과비평, 70, 70~88.

최원식(1998). 세계체제의 바깥은 없다, 창작과비평, 100, 14~32.

최원오(2008). 구비문학과 다문화주의, 구비문학연구, 26, 1~27.

최원오(2009). 다문화 사회와 구비문학 교육-구전신화에 내재된 초국가적 원리를 중
    심으로, 어문학, 106, 131~147.

표인주(2007). 축제민속학, 태학사.

하종오(2008). 베드타운, 창비.

한경구 외(2008). 다문화 사회의 이해-다문화 교육의 현실과 전망, 동녘.

한국정신문화연구원(1982). 한국구비문학대계, 81.

한국학중앙연구원(2019). 다문화시대 이주민 구술설화 DB 아카이브, http://waks.aks.
    ac.kr/rsh/?rshID=AKS-2016-KFR-1230004

한준상(2008). 다문화 교육에 대한 호모노마드식 접근, 한경구 외, 다문화 사회의 이
    해-다문화 교육의 현실과 전망, 동녘, 262~307.

함형준·김정원(2018). 초등학교 고학년 학생의 다문화수용성 제고를 위한 세계 전래
    동화 활용 교육 프로그램 개발, 다문화교육연구, 11, 109~132.

허완(2006). 전래동화 〈콩쥐팥쥐〉의 개작 양상 고찰, 충북대학교 교육대학원 석사학
    위 논문, 1~82.

홍원표(2008). 한국적 다문화 교육의 발전 방안 탐색, 교육원리연구, 13, 89~113.

Acharya, Malasree Neepa(2017). Cosmopolitanism, in Keywords of Mobility: Critical Engagements (ed. Noel B. Salazar & Kiran Jayaram). New York: Berghahn Books, 33~54.

Alan Dundes Ed.(1982, 1988). Cinderella—A Casebook, The University of Wisconsin Press, vii~xi.

Amin, A.(2002). Ethnicity and the Multicultural City: Living with Diversity Environment and Planning A: Economy and Space, 34(6), 959~980.

Antonsich, Marco et al.(2016). Interculturalism versus multiculturalism - The Cantle—Modood debate, Ethnicities, 16(3), 470~493.

Appiah, Kwame Anthony(1997). Cosmopolitan Patriots, Critical Inquiry, 23(3), 617~639.

Appiah, Kwame Anthony(2006). Cosmopolitanism: Ethics in a World of Strangers, New York: W. W. Norton & Company.

Banks, J. A.(2004). Multicultural education: Historical development, dimension and practice, In J. A. Banks & C. A. M. Banks Eds.(Handbook of research on multicultural education(2nd ed.,) San Francisco: Wiley, 3~29.

Barucha, Rustom(1999). Politics of Culturalisms in an Age of Globalisation: Discrimination, Discontent, and Dialogue, Economic and Political Weekly, 34(8), 477~489.

Bauman, Richard(1971). Differential Identity and the Social Base of Folklore, The Journal of American Folklore, 84(331), 31~41.

Becker, G. S. (1993). Human Capital: A Theoretical and Empirical Analysis, with Special Reference to Education (3rd ed.), Chicago: University of Chicago Press.

Berry, J. W.(1997). Immigration, Acculturation, and Adaptation, Applied Psychology: An International Review, 46(1).

Bronner, Simon(1998). The Problem of Tradition, Following Tradition. Logan: Utah State University Press, 9~72.

Bronner, Simon(2000). The American Concept of Tradition: Folklore in the Discourse of Traditional Values, Western Folklore, 59(2), 143~170.

Brothers Grimm, Jack Zipes trans(1992). The Compelete Fairy Tales of the Brothers Grimm, Bantam Books.

Buccitelli, Anthony Bak(2020). (Folk)Life, Interrupted: Challenges for Fieldwork, Empathy, and Public Discourse in the Age of Trump, Journal of American Folklore, 133(530), 412~429.

Buchanan, Patrick J(1992). 1992 Republic National Convention Speech, Patrick J. Buchanan Official Website: http://buchanan.org/blog/1992—republican—national—convention—speech-148

Byram, M.(1997). Teaching and assessing intercultural communicative competence, Clevedon, Philadelphia: Multilingual Matters.

Calhoun, Craig, Cosmopolitanism in the Modern Social Imaginary, Daedalus, 137(3), 105~114.

Cantle, Ted(2012). Interculturalism: The New Era of Cohesion and Diversity, New York: Palgrave Macmillan.

Chouliaraki, Lilie(2017). Cosmopolitanism, in Keywords for Media Studies (ed. Laurie Ouellette & Jonathan Gray). New York: New York University Press, 52~54.

Cobb, Cory L. et al.(2020). Rethinking Multiculturalism: Toward a Balanced Approach, The American Journal of Psychology, 133(3), 275~293.

Diogenes Laertius(third century AD). Lives of Eminent Philosophers, trans. R. D. Hicks(1972), Cambridge: Harvard University Press, http://www.perseus.tufts.edu/hopper/text?doc=urn:cts:greekLit:tlg0004.tlg001.perseus—eng1:6.2

Dresser, Norine(1996). The "M" Word. The 1994 Archer Taylor Memorial Lecture, Western Folklore, 55(2), 95~111.

Eibl—Eibesfeldt, I.(1979). Ritual and Ritualization from a Biological Perspective. In: Mario von Cranach et al. (Hgg.): Human Ethology. Claims and Limits of a New Discipline. Cambridge: Cambridge UP.

Garlough, Christine(2011). Folklore and the Potential of Acknowledgment: Representing "India" at the Minnesota Festival of Nations, Western Folklore, 70(1), 69~98.

Gould D., Hodge K., Peterson K., Gianni J. (1989). An exploratory examination of strategies used by elite coaches to enhance self–efficacy in athletes Journal of Sport and Exercise Psychology, 11, 128~140.

Greenhill, Pauline(2002). Folk and Academic Racism: Concepts from Morris and Folklore, The Journal of American Folklore, 115(456), 226~246.

Habermas, J. (1987). Theory of Communicative Action, Volume Two: Lifeworld and System: A Critique of Functionalist Reason (Book). Translated by Thomas A. McCarthy. Boston, Mass.: Beacon Press.

Habermas, J. (1998). Between Facts and Norms: Contributions to a Discourse Theory of Law and Democracy (Book), Translated by William Rehg. Cambridge, Massachusetts: The MIT Press.

Harris, Hugh(1927). The Greek Origins of the Idea of Cosmopolitanism. International Journal of Ethics, 38(1), 1~10.

Hawkinson, Katie(2024). Vance used a police report about a stolen cat to justify pet–eating rumors. 'Miss Sassy' was hiding in the basement, The Independent, https://www.independent.co.uk/news/world/americas/us–politics/jd–vance–pet–claims–springfield–ohio–b2615009.html

Herman, Alice(2024). "They're eating the cats": Trump rambles falsely about immigrants in debate, The Guardian, 11 Sep, 2024, https://www.theguardian.com/us–news/article/2024/sep/10/trump–springfield–pets–false–claims

Jack Zipes(1997). Once Upon a Time beyond Disney–Contemporary Fairy Tale Films for Children, Happily Ever After–Fairy Tales, Children, and the Culture Industry, Routledge New York and London, 89~110.

Jakobson, R. (1975). Coup d'oeil sur le développment de la sémiotique. Bloomington: Indiana UP.

Kaminsky, David(2012). Keeping Sweden Swedish: Folk Music, Right–Wing Nationalism, and the Immigration Debate, Journal of Folklore Research, 49(1), 73~96

Keller, R. & Lüdtke, H. (1997). Kodewandel. In: Posner, Roberling & Sebeok 1997~2003, Bd. 1, 414~435.

Kymlicka, Will(2012). Multiculturalism: Success, Failure, and the Future, Migration Policy Institute, https://www.migrationpolicy.org/research/multiculturalism—success—failure—and—future

La Shure, Charles(2012). An 'Existential Bridge' between Korean and the World, Koreana: Korean Culture and Arts, 26(3), 70~73.

Lau, Kimberly, Serial Logic: Folklore and Difference in the Age of Feel—Good Multiculturalism, The Journal of American Folklore, 113(447), 70~82.

Lie, John(2014). Multiethnic Korea? Multiculturalism, Migration, and Peoplehood Diversity in Contemporary South Korea, Berkeley: UC Berkeley Institute of East Asian Studies.

Lotman, J. M. (1990). Über die Semiosphäre. In: Zeitschrift für Semiotik 12(4), S. 287~305.

Meer, Nasar & Tariq Modood(2012). How does Interculturalism Contrast with Multiculturalism? Journal of Intercultural Studies, 33(2), 175~196.

Mignolo, Walter(2002). The Many Faces of Cosmo—polis: Border Thinking and Critical Cosmopolitanism, in Cosmopolitanism (ed. Carol A. Breckenridge et al.), Durham: Duke University Press, 157~187.

Morris, S. (1972). The origin and diversification of language, Sherzer Joel (ed.), with a foreword by Dell Hymes. Chicago & New York: Aldine Atherton.

Müller, J.—E. (1996). Intermedialität. Formen moderner kultureller Komminikation. Münster: Nodus.

Nöth, W. (2000). Handbuch der Semiotik. Stuttgart: Metzler.

Oring, Elliot(1994). The Arts, Artifact, and Artifices of Identity. The Journal of American Folklore, 107(424), 211~233.

Park, Young—a(2020). North Korean Migrants in South Korea, Korean Studies, 44, 123~418.

Pollock, Sheldon et al.(2002). Cosmopolitanisms, in Cosmopolitanism(ed. Carol A. Breckenridge et al.), Durham: Duke University Press, 1~14.

Posner, R. & Reinecke, H.—P. et. al. (1977). Zeichenprozesse. Semiotische Forschung in den Einzelwissenschaften. Wiesbaden: Athenaion.

Posner, R. (1985). Nonverbale Zeichen in öffentlicher Kommunikation. Zu Geschichte und Gebrauch der Begriffe verbal und nonverbal, Interaktion und Kommunikation, Publikum und Öffentlichkeit, Medium und Massenmedium und multimedial. Zeitschrift für Semiotik 7, 235~271.

Posner, R. (2001). Im Zeichen der Zeichen. Sprache als semiotisches System. In: Oswald Panagl, O., Goebl, H. & Brix, E.(Hgg.). Der Mensch und seine Sprache(n). Wien.

Posner, R. (2003). Basic Tasks of Cultural Semiotics. Semiotics, 307~353.

Posner, R.(1991). Kultur als Zeichensystem. Zur semiotischen Explikation kulturwissenschaftlicher Grundbegriffe. In: Assmann, A. & Harth, D. (Hgg.): Kultur als Lebenswelt und Monument. Frankfurt a. M.: Fischer. 37~74.

Saito, Hiro(2011). An Actor—Network Theory of Cosmopolitanism, Sociological Theory, 29(2), 124~149.

Sassen. S.(1996). Analytic Borderlands: Race. Gender and Representation in the New City. in A. King(ed.), Representing the City: Ethnicity. Capital and Culture in the Twenty—First Century Metropolis. London: Macmillan, 183~202.

Saussure, F. (1916). Course in General Linguistics. London: Duckworth.

Sen, Amartya(2006). The Uses and Abuses of Multiculturalism: Chili and Liberty, The New Republic, 234(7), Feb. 27, 2006, 25~30.

Stanton, Domna C.(2006). Presidential Address 2005: On Rooted Cosmopolitanism, PMLA, 121(3), 627~640.

Steven Swann Jones(1995). The Fairy Tale—The Magic Mirror of Imagination, Twayne's Studies in Literary Themes amd Genres No. 5, Twayne Publishers.

Strouhal, Martin(2020). The Foundations of Multiculturalism and Its Moral and Axiological Implications, in Multiculturalism: From Crisis to Renewal? (ed. Mariusz Kwiatkowski et al.), Prague: Karolinum Press, 57~76.

Sunderland, Luke(2022). Cosmopolitanism, in Transnational Modern Language: A Handbook (ed. Jennifer Burns & Derek Duncan), Liverpool: Liverpool University Press, 69~76.

Taylor, Charles(1992). The Politics of Recognition, in Multiculturalism: Examining the Politics of Recognition (ed. Amy Gutmann) Princeton: Princeton University Press, 25~73.

Time Staff(2015). Here's Donald Trump's Presidential Announcement Speech, Time, June 16, 2015, https://time.com/3923128/donald−trump−announcement−speech/

Tylor, E.(1920). Primitive Culture: Research into the Development of Mythology, Philosophy, Religion, Art, and Custum. London: John Murray.

Žižek, Slavoj(1997). Multiculturalism, Or, the Cultural Logic of Multinational Capitalism, New Left Review, I/225, September−October 1997, 28~51.

찾아보기

———

ㄱ

가치 문화 178

개방성 55, 113, 281

거짓뿌리 237

결혼 이민자 164, 195

결혼 이주자 56, 104, 164

고향 126, 177, 207, 227, 268

고향집 246

공감 9, 16, 56, 102, 143, 179, 194

공선옥 267

공존 19, 119, 139, 179, 192, 257

관심 함양 102

관용 19, 125

교감 9, 56

구비 문학 10, 58, 101, 143

구술 9, 56, 104, 166

근대 124, 142, 218, 254

근대성 123

금희 274

기동성 126

기호 과정 15

기호 체계 20

기호 해석자 21

기호계 21

기호학 15

기획 11, 163, 205, 241

김려령 202, 274

김소진 267

ㄴ

난민 113, 272

내러티브 50, 145

ㄷ

다문화 가정 10, 102, 164, 276

다문화 교육 10, 102, 141, 185, 192

다문화 구비문학대계 60, 103, 174

다문화 동화 10, 163

다문화 문식성 10, 57

다문화 문학 11, 194, 265

다문화 사회 8, 19, 55, 101, 139, 163,
            192, 257

다문화 현상 192

다문화적 역량 139

다문화주의 10, 102, 139, 196, 264

다수자 11

다수자 집단 113

다양성 8, 15, 55, 113, 139, 169, 192

다원주의 115, 139, 213

단문화주의 112

단일 문화 37, 111, 198

답습 172

동시 11, 216

동심천사주의 218

동질화 22, 121

동화 56, 104, 234

디아스포라 247, 255

딸레 231

띄 225

ㄹ

롤랑 바르트 16

ㅁ

만주 70, 239

만주국 239

매체 24

멕시코 128, 169

멜랑콜리 227

모순 23, 146, 241, 249, 254

문학 교육 11, 57, 193

문학 치료 102

문학 텍스트 8, 15

문화 갈등 166

문화 교육 11, 102, 200

문화기호학 9, 20

문화 다양성 9, 15, 55, 182

문화적 다원주의 115

문화적 본질주의 115

문화 전쟁 110

문화 주체 9, 64

문화 충돌 166

미국 10, 18, 105, 145, 169, 195

미투 운동 130

민담 56, 134, 149

민속학 106

민족 8, 22, 55, 111, 139, 164, 192, 240, 254

민족 문학 103

민족주의 121, 244, 262

ㅂ

별똥 222

별 헤는 밤 7, 223

병 226

보편성 17, 102, 212

복수의 단문화주의 112

북한 135

블랙 팬서 131

비교 구비 문학 102

뿌리내린 세계시민주의 122

ㅅ

산소 233

상호 문화 교육 178, 199

상호 문화성 36, 57, 178

상호 문화 실천 36

상호문화주의 35, 117, 199

상호 주체 10, 79

샐러드 볼 199, 264

생명 39, 87, 130, 156, 214, 223

생명 현상 230

생활 문화 99, 178

서사적 교감 97

서시 235

선입견 84, 164

설화 9, 56, 102, 144, 166, 219

섭한 10, 143, 171

세계시민주의 117

세계 전래 동화 166

세계화 8, 18, 56, 117, 198

세포막 282

소극적 니힐리즘 228

소설 12, 33, 88, 198, 265

소셜 미디어 126

소수민 115

소수 민족 111, 169

소수자 11, 19, 61, 132, 139, 164, 193

소수자 집단 132

수신자 15

스웨덴 115, 144

시와 언어 220

시의 옹호 219

식민지 조선 240

신데렐라 10, 143, 170

신화 56, 102, 179, 231, 262

실향 240

ㅇ

아시아 10, 56, 142, 165

애도 233

얘기꾼 229

어린아이 11, 216

엘리트 125

역사 문화 178

연대 9, 43, 97, 107, 235

연민 8, 16, 235, 269

연행론 107

영국 111, 169, 272

영원성 227

오류가능주의 123

오족협화 241

오줌싸개 지도 243

왕도낙토 245

운명애 225

원형적 56, 233

유교 103

유네스코 18

유럽 113, 140, 168, 195, 255

윤동주 7, 45, 216

윤동주 평전 235

이등 국민 244

이런 날 249

이민자 101, 164, 255
이방인 73, 140, 202
이산 12, 254
이야기 8, 16, 55, 111, 142, 165, 198, 225
이야기판 60
이주 11, 19, 61, 113, 164, 255
이주 노동자 59, 164, 195, 255
이주민 9, 20, 57, 103, 163, 252, 267
이주민 2세대 277
이주 여성 101, 175, 204
이주자 9, 15, 56, 101, 140
인간학 213
인도 117, 169
인본주의 122
인성 교육 197
일제 45, 217, 256

자기 23, 62, 115, 150, 205, 220, 267
자문화 55, 143
자문화중심주의 36
자민족중심주의 142
자본주의 123, 272
자연 문화 178
재만 조선인 241
재생산 145, 164, 213
재정립 19, 165
전래 동화 10, 147, 166, 227
전통 17, 103, 142, 196, 217
전통문화 112

정도상 267
정령 220
정주자 93, 102
정지용 11, 216
정지용 시집 219
정책 18, 102, 163, 192, 241, 260
정체성 10, 21, 57, 106, 140, 194, 226,
  255
제3세계 121
조선인 239, 256
종교 17, 103, 192, 233
주체성 57
죽음 46, 209, 223, 256
지는 해 231
지배적인 문화 132

ㅊ
차이의 철학 139
참회록 250
창씨개명 216
창작 동화 165
초국가 102
출판사 32, 168
충만한 결여 223

ㅋ
캐나다 111, 169, 199
코드 24
코리안 드림 267

코코 131

콩쥐팥쥐 10, 143, 171

ㅌ

타문화 10, 37, 56, 108, 143

타일러 20

타자 8, 16, 61, 112, 140, 194, 218, 255

타자성 120, 235

타향 240

토착민 106

트럼프 38, 128

특수성 17, 119, 195, 262

ㅍ

편견 23, 84, 141, 164

폐쇄성 281

ㅎ

하늘과 바람과 별과 시 235

하버마스 36

하위 주체 115, 206, 252

한국 문학 12, 201, 255

해바라기 얼골 238

해바라기 씨 229

해석소 25

행위자연결망이론 125

헤르더 20

황국 신민 245

횔덜린 220

흑인의 생명이 중요하다 운동 130

다문화
인문학
총서03

문학으로
다문화 사회 읽기

초판 1쇄 발행 2025년 5월 26일

글   김영순, 신동흔, 나수호, 이성희, 오정미, 윤여탁, 최현식, 류수연

편집   김유정, 조나리
디자인   박준기

펴낸이   김유정
펴낸곳   yeondoo
등록   2017년 5월 22일 제300-2017-69호
주소   서울시 종로구 부암동 208-13
팩스   02-6338-7580
메일   11lily@daum.net
ISBN   979-11-91840-47-6 (03300)